A reflexão e a prática no Ensino Médio

6

Matemática

Blucher

A reflexão e a prática no Ensino Médio

6

Matemática

Márcio Rogério de Oliveira Cano
coordenador da coleção

Rosana Maria Mendes
organizadora do volume

Adair Mendes Nacarato
Camila Tenório Freitas de Oliveira
Daiana Bárbara de Almeida
Daniela Dias dos Anjos
Danielli Ferreira Silva
Helena Libardi
João Paulo Rezende
José Antônio Araújo Andrade
Leonor Santos
Marco Aurélio Kistemann Jr.
Maria Teresa Martins Dias
Phablo Roberto Figueiredo
Rosana Maria Mendes
Rosangela Eliana Bertoldo Frare
Silvia Maria Medeiros Caporale
Stefânia Efigênia Izá
Taís Soares Marques
autores

Coleção A reflexão e a prática no Ensino Médio - volume 6 - Matemática

Editora Edgard Blücher Ltda.

Blucher

Dados Internacionais de Catalogação na Publicação (CIP)
Angélica Ilacqua CRB-8/7057

Rua Pedroso Alvarenga, 1245, 4º andar
04531-012 - São Paulo - SP - Brasil
Tel.: 55 11 3078-5366
contato@blucher.com.br
www.blucher.com.br

Segundo o Novo Acordo Ortográfico, conforme 5. ed. do *Vocabulário Ortográfico da Língua Portuguesa*, Academia Brasileira de Letras, março de 2009.

Matemática / Adair Mendes Nacarato...[et al.]. ; organizado por Rosana Maria Mendes. - São Paulo : Blucher, 2019.

208 p. : il. (Coleção A reflexão e a prática no Ensino Médio ; 6 / coordenada por Márcio Rogério de Oliveira Cano)

Bibliografia
ISBN 978-85-212-1378-9 (impresso)
ISBN 978-85-212-1379-6 (e-book)

1. Ensino 2. Matemática (Ensino médio) - Estudo e Ensino 3. Didática (Ensino médio) 4. Professores de segundo grau - Formação I. Mendes, Rosana Maria. II. Cano, Márcio Rogério de Oliveira.

19-0194 CDD 373

Índice para catálogo sistemático:
1. Ensino médio - Matemática - Prática de ensino

Coordenação e autores

COORDENADOR DA COLEÇÃO

MÁRCIO ROGÉRIO DE OLIVEIRA CANO

Professor do curso de Letras do Departamento de Ciências Humanas da Universidade Federal de Lavras (UFLA), mestre e doutor pelo Programa de Estudos Pós-Graduados em Língua Portuguesa da Pontifícia Universidade Católica de São Paulo (PUC-SP). Desenvolve pesquisas na área de Ensino de Língua Portuguesa e Análise do Discurso. Possui publicações e trabalhos apresentados na área, além de vasta experiência nos mais variados níveis de ensino. Também atua na formação de professores de Língua Portuguesa e de Leitura e Produção de Textos nas diversas áreas do conhecimento.

ORGANIZADORA DO VOLUME

ROSANA MARIA MENDES

Licenciada em Matemática pelo Centro Universitário Assunção (Unifai), em 2000; tem mestrado em Educação pelo Programa de Estudos Pós-Graduados em Educação pela Universidade São Francisco (USF) de Itatiba (SP), em 2006, e doutorado em Educação Matemática pelo Programa de Pós-Graduação em Educação Matemática pela Universidade Estadual Paulista Julio de Mesquita (Unesp-Rio Claro), em 2013. Atualmente, está trabalhando na Universidade Federal de Lavras (UFLA) no Departamento de Ciências Exatas (DEX). Participa do Programa Institucional de Bolsas de Iniciação à Docência (Pibid) como coordenadora da área da Matemática desde 2010. Tem experiência na área de educação matemática, principalmente nos seguintes temas: jogos, jogos digitais, tecnologia da informação e comunicação, formação de professores, educação inclusiva.

AUTORES

ADAIR MENDES NACARATO

Licenciada em Matemática pela Pontifícia Universidade Católica de Campinas (PUC-Campinas), mestre e doutora em Educação pela Universidade Estadual de Campinas (Unicamp). Atua como professora do Programa de Pós-Graduação *Stricto Sensu* em Educação da Universidade São Francisco (USF). Suas pesquisas são centradas na formação docente e em práticas pedagógicas de matemática.

AUTORES

CAMILA TENÓRIO FREITAS DE OLIVEIRA

Licenciada em Matemática pelo Instituto Federal de Minas Gerais (IFMG), é membro do Grupo de Estudos e Pesquisas em Tecnologias na Educação Matemática (Gepetem). Atualmente, é aluna de mestrado em Educação, na linha de pesquisa Formação de Professores e Cultura Digital, na Universidade Federal do Triângulo Mineiro (UFTM).

DAIANA BÁRBARA DE ALMEIDA

Participou do Projeto Próbic-Jr da Universidade Federal de Juiz de Fora (UFJF) como bolsista-pesquisadora quando cursava o Ensino Médio na Escola Estadual Duque de Caxias, em Juiz de Fora (MG).

DANIELA DIAS DOS ANJOS

Possui graduação em Pedagogia, mestrado e doutorado em Educação, pela Faculdade de Educação da Universidade Estadual de Campinas (Unicamp). Tem experiência na área de Educação como professora da Educação Básica e do Ensino Superior. Atualmente, é docente do Programa de Pós-Graduação *Stricto Sensu* em Educação da Universidade São Francisco (USF) e atua na linha de pesquisa Educação, Sociedade e Processos Formativos. Participa dos seguintes grupos de pesquisa: Grupo de Pesquisa Pensamento e Linguagem (GPPL), Grupo de Pesquisa Relações de Ensino e Trabalho Docente e Grupo Colaborativo em Educação Matemática (GRUCOMAT).

DANIELLI FERREIRA SILVA

Doutoranda em Educação na linha de pesquisa Educação Matemática, na Universidade Federal de Minas Gerais (UFMG). Possui mestrado em Educação pela Universidade Federal de São Carlos (UFSCar) e graduação em Matemática (licenciatura) pela Universidade Federal de Lavras (UFLA). Atualmente, é professora do Instituto Federal de Minas Gerais (IFMG). É líder do Grupo de Estudos e Pesquisas em Tecnologias na Educação Matemática (Gepetem). Atua, principalmente, nas linhas de pesquisa Ensino-Aprendizagem de Matemática, Tecnologias de Informação e Comunicação no Ensino de Matemática e Formação de Professores de Matemática.

HELENA LIBARDI

Bacharel, mestre e doutora em Física, na área de óptica e *laser*, pela Universidade Federal do Rio Grande do Sul (UFRGS) e pós-doutora em ensino de Física pela Faculdade de Educação da Universidade de São Paulo (USP). Atualmente, é professora associada na área de ensino de Física na Universidade Federal de Lavras (UFLA) e trabalha com ensino inclusivo. Ao ingressar na UFLA, em 2009, começou a atuar com ensino inclusivo e especial e coordenou o Núcleo de Acessibilidade da universidade de 2012 a 2015.

AUTORES

JOÃO PAULO REZENDE

Atualmente, é professor de Matemática no Instituto Federal de Educação, Ciência e Tecnologia do Sul de Minas Gerais (IFSULDEMINAS), *campus* Inconfidentes (MG). Mestre em Educação pela Universidade Federal de São Carlos (UFSCar), em 2015. Especialista em Matemática pela Universidade Federal de São João del-Rei (UFSJ), em 2014. Licenciado em Matemática pela Universidade Federal de Lavras (UFLA), em 2010.

JOSÉ ANTÔNIO ARAÚJO ANDRADE

Possui licenciatura plena em Matemática pela Universidade São Francisco (USF), em 2000, mestrado em Educação também pela USF, em 2004, e doutorado em Educação pela Universidade Federal de São Carlos (UFSCar), em 2012. Atuou como diretor de apoio e desenvolvimento pedagógico e como diretor de avaliação e desenvolvimento do ensino na Pró-Reitoria de Graduação (PRG) da Universidade Federal de Lavras (UFLA) e foi membro da Comissão Própria de Avaliação da mesma universidade, entre 2012 e 2014. Atualmente, é professor do Setor de Educação Matemática do Departamento de Ciências Exatas da UFLA e leciona em cursos de graduação - em especial, na Licenciatura em Matemática - e na pós-graduação. É docente permanente do Programa de Mestrado em Educação, desenvolvendo pesquisas na linha Educação Mediada por Tecnologias e também é docente e pesquisador no Programa de Mestrado Nacional em Ensino de Física na linha Processos de Ensino e Aprendizagem no Ensino de Física. Tem experiência na área de Matemática e Educação Matemática, com ênfase no ensino de Matemática, principalmente nos seguintes temas: modelagem em educação matemática, história das ciências, ensino de Matemática em ambientes computacionais e formação de professores.

LEONOR SANTOS

É professora associada com agregação no Instituto de Educação da Universidade de Lisboa (Portugal). É coordenadora dos cursos de formação inicial de professores da Universidade de Lisboa e tem orientado diversas dissertações de mestrado e teses de doutoramento em Educação, nomeadamente em Didática da Matemática, e colaborado estreitamente com outras instituições de Ensino Superior nacionais e estrangeiras. As principais áreas de investigação têm incidido na avaliação das aprendizagens e no conhecimento e desenvolvimento profissional dos professores, tendo participado e/ou coordenado diversos projetos de investigação financiados. É membro da Comissão Internacional para Melhoria do Ensino e da Aprendizagem de Matemática (CIEAEM), da Comissão Internacional do Psychology of Mathematics Education (PME) e, até recentemente, foi presidente da Sociedade Portuguesa de Investigação em Educação Matemática. É autora de várias publicações, editadas em Portugal e em outros países, e membro do conselho editorial de diversas revistas nacionais e internacionais.

AUTORES

MARCO AURÉLIO KISTEMANN JR.

Pesquisador e professor adjunto do Departamento de Matemática da Universidade Federal de Juiz de Fora (UFJF) e líder do Grupo Pesquisa de Ponta na mesma universidade. Participou de apresentações em eventos nacionais e internacionais com o tema "Educação Financeira Escolar". É membro do Grupo de Apoio Pedagógico do Ministério da Educação (GAP-MEC).

MARIA TERESA MARTINS DIAS

Licenciada em Matemática pela Universidade de São Paulo (USP), fez cursos de extensão universitária na Universidade Federal de São Carlos (UFSCar) em Geometria pelas transformações. Cursa especialização em Neuropsicopedagogia Clínica pelo Centro Sul-Brasileiro de Pesquisa, Extensão e Pós-Graduação (Censupeg), da Faculdade São Fidélis (FSF), de Joinville (SC). Atuou como professora, coordenadora e assessora de Matemática em escolas particulares e sistema de ensino. Trabalhou em formação continuada de professores, ministrando cursos e oficinas com diferentes abordagens no ensino da Matemática em todos os segmentos.

PHABLO ROBERTO FIGUEIREDO

Participou do Projeto Próbic-Jr da Universidade Federal de Juiz de Fora (UFJF) como bolsista-pesquisador quando cursava o Ensino Médio na Escola Estadual Duque de Caxias, em Juiz de Fora (MG).

ROSANGELA ELIANA BERTOLDO FRARE

Licenciada em Matemática pelas Faculdades Integradas de Amparo (FIA), mestre e doutoranda em Educação pela Universidade São Francisco (USF). Atua como professora de Matemática na rede pública de ensino do estado de São Paulo.

SILVIA MARIA MEDEIROS CAPORALE

Licenciada em Matemática. Mestre e doutora em Educação. Atuou no Ensino Fundamental e Médio. Trabalha no Ensino Superior em licenciatura em Matemática. Desenvolve pesquisas na área de educação matemática.

STEFÂNIA EFIGÊNIA IZÁ

Mestre em Educação pela Universidade Federal de São João del-Rei (UFSJ), especialista em Educação pela Universidade Federal de Lavras (UFLA), em 2007, na subárea educação matemática. Licenciou-se em Matemática pelo Centro Universitário de Lavras (Unilavras) em 2005. Atua como professora da Associação dos Usuários do Núcleo Educacional, no *campus* UFLA, nos anos finais do Ensino Fundamental II. Tem experiência na área de educação, com ênfase em educação matemática, principalmente nos seguintes temas: formação de professores, ensino e aprendizagem em matemática e o papel do recurso didático na aprendizagem matemática. Em 2010 e 2011, participou como supervisora do Programa Institucional de Bolsas de Iniciação à Docência (Pibid), na UFLA. Em 2009, atuou

AUTORES

como formadora do GESTAR II, curso de formação continuada oferecido pelo Ministério da Educação (MEC) aos professores de Matemática dos anos finais do Ensino Fundamental da rede municipal de Lavras (MG), foi professora de Matemática na rede pública de ensino de novembro de 2006 a fevereiro de 2012.

TAÍS SOARES MARQUES

Licenciada em Matemática pela Universidade Federal de Lavras (UFLA), em 2015. Participou como bolsista do Programa Institucional de Bolsas de Iniciação à Docência (Pibid), entre 2013 e 2015, desenvolvendo o trabalho intitulado "Modelagem na educação matemática: uma análise de modelos de aterros sanitários para o município de Lavras". Atualmente, trabalha como professora da Educação Básica para o governo do estado de Minas Gerais.

Apresentação da coleção

A sociedade em que vivemos hoje é um espaço dos lugares virtuais, do dinamismo, da diversidade, mas também do consumo, da compra da felicidade e do seu envelhecimento para ser trocada por outra. Formar o sujeito em dias como esses é nos colocarmos no lugar do risco, da complexidade e do vazio que vem a ser preenchido pelos vários sentidos que esse sujeito existente produz nos espaços em que circula, mas que não são fixos. A escola é hoje um desses espaços. Em outras épocas, em lógicas anteriores, ensinar o conteúdo em detrimento da falta de conteúdo bastava: a escolha era entre aprovar e reprovar, entre a verdade e a mentira. Agora, o trabalho dessa mesma escola (ou de outra escola) é produzir o desenvolvimento desse sujeito no cruzamento de suas necessidades individuais com as do coletivo, do seu modo de aprendizagem com o modo coletivo, do local harmonizado com o global. Isso faz do ensino um trabalho árduo para contemplar essas adversidades e poder desenvolver um trabalho competente a partir delas.

Se a sociedade e a escola estão nessas dimensões, ao pensarmos em uma modalidade específica como o Ensino Médio, temos um exemplo em maior potencial de um lugar esvaziado pela história e pelas políticas educacionais. Qual a função do Ensino Médio em meio ao Ensino Fundamental e à Graduação, em meio à infância, à pré-adolescência e à fase adulta? O objetivo centra-se na formação para o trabalho, para o mundo do trabalho, para os processos seletivos de entrada em universidades, para uma formação humanística ou apenas uma retomada com maior complexidade do Ensino Fundamental?

Em meio a esses questionamentos, surgiu o projeto dessa coleção, voltado especificamente para pensar metodologias pedagógicas para as diversas áreas que compõem o Ensino Médio. A questão central que se colocava para nós, no início, não era responder a essas perguntas, mas sistematizar uma proposta, nas diversas áreas, que pudesse, ao seu término, produzir um discurso que preenchesse o espaço esvaziado dessa modalidade de ensino e que, de certa forma, se mostrasse como emblemático da discussão, propiciando outros questionamentos a partir de um lugar já constituído.

Por isso, nesta coleção, o professor que já atua em sala e o professor em formação inicial poderão ter contato com um material produzido a partir das pesquisas e reflexões de vários professores e pesquisadores de diversas instituições de pesquisa e ensino do Brasil que se destacaram nos últimos anos por suas contribuições no avanço da educação.

Aqui, a proposta contempla não formas e receitas para se trabalhar conteúdos, mas metodologias e encaminhamentos pedagógicos que possam contribuir com a reflexão do professor acerca do seu trabalho local em relação ao coletivo, bem como os objetivos de aprendizagens nas diversas instituições que formam professores.

Nossos pilares para a construção desse material foram definidos a partir das pesquisas já desenvolvidas, focando, primeiro, a noção de formação de um sujeito transdisciplinar/interdisciplinar, pois concordamos que o foco do ensino não deve ser desenvolver este ou aquele conteúdo, mas este e aqueles sujeitos. Por isso, entendemos que o ensino passou de um paradigma centrado no conteúdo para outro focado no ensino e, agora, na aprendizagem. Por isso, tendo como centro o sujeito e a sua aprendizagem, as propostas são construídas de forma a servirem de ponto de partida para a ação pedagógica, e não como roteiro fixo de aprendizagem, pois, se as aprendizagens são diferentes, todos os trabalhos precisam ser adaptados às suas realidades.

Essa ação pedagógica procura primar pelo eixo experiência-reflexão. Amparada pela história e por um ensino tradicional, a escola ainda reproduz um modelo puramente intelectivo sem, no entanto, oportunizar a experiência, fazendo a reflexão sobre o que não se viveu. O caminho que apresentamos aqui leva ao inverso: propor a experiência para os alunos e depois fazer a reflexão, seguindo o próprio caminho que faz com que a vida nos ensine. Vivemos as experiências no mundo e aprendemos com ela. À escola, cabe sistematizar essa reflexão sem nunca negar a experiência.

Se o sujeito e suas experiências são centrais, a diversidade dos sentidos apresentará um modelo bastante complexo de discussão, sistematização e encaminhamento pedagógico. A diversidade contempla as diferentes histórias, de diferentes lugares, de diferentes etnias, gêneros, crenças etc., mas só com ela presente em sala de aula podemos fazer com que esse sujeito veja sentido naquilo que aprende e possa construir um caminho para a vida a partir de sua diversidade.

Assim, pensamos, enfim, em contribuir com o Ensino Médio como um lugar cuja maturidade possibilite a ligação entre uma experiência de vida que se abre para o mundo, uma experiência local, familiar, muitas vezes protegida, que se abre para um mundo de uma ação de trabalho coletiva, democrática, centrada no outro, das adversidades das escolhas universitárias (ou não), de outros caminhos possíveis, de um mundo de trabalho ainda opressor, mas que pode ser emancipador. E, nesse espaço, queremos refletir sobre uma possibilidade de função para o Ensino Médio.

Agradecemos a escolha e convidamos todos a refletir sobre esse mundo conosco.

Márcio Rogério de Oliveira Cano

Coordenador da coleção

Conteúdo

Prefácio

Mulheres e homens, somos os únicos seres que, social e historicamente, nos tornamos capazes de aprender. *Por isso, somos os únicos em que* aprender *é uma aventura criadora, algo, por isso mesmo, muito mais rico do que meramente repetir a* lição dada. *Aprender para nós é* construir, reconstruir, constatar para mudar, *o que não se faz sem abertura ao risco e à aventura do espírito.*
Freire (1996, p. 77, grifos do autor)

Em minha experiência profissional, sempre me incomodava o modo como os meus estudantes se relacionavam com a Matemática e suas dificuldades ao trabalhar os conceitos de forma tradicional. Meu desejo, como professora da Educação Básica, era proporcionar a eles oportunidades de construir, desenvolver e aplicar os conceitos e as ideias matemáticas a fim de compreender o que estavam fazendo.

Por essa razão, procurei novas abordagens metodológicas na área da educação matemática, que estuda a relação entre o ensino e a aprendizagem de matemática, tendo como característica uma "práxis que envolve o domínio do conteúdo específico (matemática) e o domínio de ideias e processos pedagógicos relativos à transmissão/assimilação e/ou à apropriação/construção do saber matemático escolar" (FIORENTINI; LORENZATO, 2006, p. 5).

De acordo com Skovsmose, a educação matemática ocorre em todo lugar, em situações em que os processos de ensino-aprendizagem de matemática estão acontecendo como "parte da comunicação e [da] interação diária" (SKOVSMOSE, 2007, p. 48). Esse aspecto contribui para a formação integral do ser humano incluindo também, além do ensino de matemática, que contribui para a formação intelectual, aspectos sociais, morais, éticos e culturais.

Este livro apresenta a minha busca e a de outros educadores e educadoras da disciplina de Matemática, bem como nossas reflexões sobre prática em sala de aula, de acordo com os temas estruturadores propostos nos Parâmetros Curriculares Nacionais do Ensino Médio (PCNEM), que são Álgebra: números e funções, Geometria e medidas, e Análise de dados. Depois, desenvolvemos uma reflexão sobre três metodologias específicas: a modelagem matemática, a utilização de materiais manipulativos e o uso de jogos no processo de ensinar e aprender matemática. Desse modo, trabalhamos com alguns conceitos dos temas estruturadores. Para fechar a discussão, temos uma reflexão sobre avaliação.

Ousamos utilizar a figura da colcha de retalhos[1] para pensar no todo deste livro. Os capítulos são como os retalhos que estavam soltos e, ainda assim, revelavam o valor de serem únicos, especiais, já que representam as experiências compartilhadas pelos autores e autoras. Esses retalhos, ao serem interligados desde um centro, que é o processo de ensino-aprendizagem de matemática no Ensino Médio, aos poucos vão mostrando o todo, isto é, a colcha cuidadosamente tecida. Assim, do todo, temos os diversos capítulos que mostram diferentes abordagens metodológicas para o processo de ensino-aprendizagem de matemática. São exemplos a utilização de materiais manipulativos, jogos, tecnologia da informação e comunicação, modelagem matemática, possibilitando que leitores e leitoras, professoras e professores que atuam no Ensino Médio possam ressignificar sua prática, construir, reconstruir, pensar, repensar, *aprender*.

Os três primeiros capítulos discutem conceitos do tema estruturador Álgebra: números e funções. Abrindo a discussão, João Paulo Rezende apresenta, no Capítulo 1, a partir de estudos e pesquisas realizadas, os constructos teóricos relacionados à perspectiva lógico-histórica que entende a Matemática como histórica e culturalmente construída. Traz um exemplo de atividade de ensino que explora alguns dos nexos conceituais de número natural, um conceito importante para o Ensino Médio, uma vez que possibilita uma compreensão melhor dos conjuntos numéricos, suas propriedades e operações.

No Capítulo 2, intitulado "Mobilizando o pensamento algébrico: o contexto de uma sala de aula do Ensino Médio", Rosangela

1 Inspirado no poema "Colcha de retalhos", de Paula Baggio (disponível em: <http://www.luso-poemas.net/modules/news/article.php?storyid=52128>; acesso em: 15 jan. 2018.

Eliana Bertoldo Frare, Daniela Dias dos Anjos e Adair Mendes Nacarato realizam uma discussão teórica sobre a importância do desenvolvimento do pensamento algébrico, incluindo sua utilização em novas apropriações conceituais, como o ensino de funções. As autoras apresentam uma experiência envolvendo uma tarefa sobre sequências, desenvolvida com alunos do Ensino Médio, com o objetivo de possibilitar a identificação de regularidades e a realização de generalizações.

Stefânia Efigênia Izá, autora do Capítulo 3, apresenta uma proposta de trabalho para o processo de ensino-aprendizagem de funções. Tem como base sua experiência de dez anos como professora da Educação Básica. Para tanto, procurou refletir sobre questões ambientais, com o intuito de despertar os estudantes para essa problemática e explorar, a partir dos resultados de uma pesquisa proposta, o conceito de função como uma relação de dependência entre duas grandezas que variam.

Continuando o processo de unir "retalhos", o trabalho relacionando a álgebra com a vida cotidiana tem grande importância como instrumento de cálculos da matemática financeira. Nessa perspectiva, Marco Aurélio Kistemann Jr., Daiana Bárbara de Almeida e Phablo Roberto Figueiredo, no Capítulo 4, intitulado "Pesquisar educação financeira e tomada de decisão no Ensino Médio: as primeiras ações de jovens pesquisadores", têm como objetivo convidar estudantes do Ensino Médio a indagar sobre temas matemáticos extrapolando esses conteúdos e trazendo seus conhecimentos para a área da pesquisa científica. Nessa perspectiva, os autores apresentam a educação financeira como algo que deve permear as ações escolares, o que pode ajudar os jovens a lidar com instrumentos financeiros, como cartão de crédito, e a tomar decisões em cenários de consumo.

Para discutir o tema estruturador Geometria e medidas, Danielli Ferreira Silva e Camila Tenório Freitas de Oliveira, no Capítulo 5, chamado "O ensino de geometria espacial: uma proposta com o GeoGebra 3D", mostram algumas pesquisas sobre o uso de tecnologias no processo de ensino-aprendizagem de matemática. Em seguida, apresentam uma experiência com conceitos de geometria espacial utilizando o *software* GeoGebra 3D com estudantes do Ensino Médio de uma escola da rede pública do estado de Minas Gerais. Para as autoras, os *softwares* de geometria dinâmica podem contribuir com o processo de ensino-aprendizagem da geometria, uma vez que permitem ao estudante experimentar, interpretar, visualizar, induzir, conjecturar, abstrair, generalizar e demonstrar.

No Capítulo 6, intitulado "A utilização de recursos didáticos para o ensino de geometria para estudantes com deficiência", Helena Libardi aborda uma importante discussão sobre o ensino inclusivo. Inicia sua reflexão destacando as leis que garantem o direito à educação das pessoas com deficiência e a necessidade de atividades adaptadas para que esses alunos sejam incluídos na escola regular. Por fim, apresenta sugestões de atividades para o ensino de geometria, ressaltando que as adaptações realizadas podem contribuir com o aprendizado de todos os estudantes da sala de aula.

Nos três capítulos seguintes, são destacadas metodologias de ensino em que é possível trabalhar os conceitos dos temas estruturadores do Ensino Médio. No Capítulo 7, "Modelagem na educação matemática: uma análise da destinação de resíduos sólidos e da construção de um aterro sanitário", Tais Soares Marques e José Antônio Araújo Andrade realizam uma experiência que utilizou a modelagem matemática para a educação matemática crítica e a educação ambiental crítica. A primeira confere importância ao vínculo da matemática com os problemas sociais e políticos; a segunda, além dos aspectos políticos e da prática social, engloba ações que promovem os recursos naturais e a reflexão sobre elas. Assim, discute-se a destinação de resíduos sólidos em aterros sanitários com o objetivo de sensibilizar os alunos para o desenvolvimento de uma consciência ambiental.

Maria Teresa Martins Dias e Silvia Maria Medeiros Caporale debatem sobre a utilização de materiais manipulativos no processo de ensino-aprendizagem de matemática no Ensino Médio no Capítulo 8, intitulado "O uso de recursos didáticos nas aulas de Matemática com estudantes do Ensino Médio". Segundo as autoras, fazer estudos teóricos e utilizar esses recursos possibilita que professores e professoras tenham chance de conhecer e se apropriar das diversas maneiras de promover a aprendizagem de seus futuros estudantes, em uma relação dialética entre a teoria e a prática, refletindo sobre a possível adequação e validade de seus objetivos de aula e sobre como e quando esses materiais manipulativos podem ser utilizados.

O Capítulo 9, "O jogo no processo de ensino-aprendizagem de matemática no Ensino Médio", de minha autoria, continua a discussão do capítulo anterior e apresenta o jogo como um recurso didático, seja manipulativo, seja digital, que possui características próprias. Nele, discuto uma metodologia de ensino a partir dos momentos de jogos apontados por Grando

(2000, 2004) e compartilho algumas experiências de utilização em aulas de Matemática.

Por último, para encerrar as reflexões deste livro, Leonor Santos, no Capítulo 10, denominado "A avaliação das aprendizagens em matemática", apresenta uma discussão sobre avaliação desse processo de ensino-aprendizagem. A autora discute o que é avaliação e avaliar, para que avaliar, critérios de avaliação, *feedback* (oral e escrito). Ainda apresenta alguns instrumentos alternativos de avaliação, como o relatório escrito e o portfólio.

Nesse processo de refletir sobre minha prática, percebi que fui transformada. Minha visão do que significa ser uma educadora passou a ter novos significados, e muitas de minhas "certezas" foram se tornando "incertezas". Muitos pensamentos foram se transformando em novos pensamentos. Outras experiências, outras vozes, outras opiniões, o compartilhamento das experiências de outros, como aquelas que foram compiladas neste livro, fizeram com que outras ideias fossem surgindo, levantando questionamentos sobre minha prática pedagógica e minha identidade como professora. Foi esse processo de pensar e repensar meu papel de educadora que me fez educadora, pesquisadora.

Espero que os leitores e as leitoras deste livro possam fazer suas transformações, uma vez que somos seres inacabados, com a possibilidade de sempre estar mudando...

Rosana Maria Mendes

Organizadora

REFERÊNCIAS

FIORENTINI, D.; LORENZATO, S. **Investigação em educação matemática**: percursos teóricos e metodológicos. Campinas: Autores Associados, 2006. (Coleção Formação de Professores)

FREIRE, P. **Pedagogia da autonomia:** saberes necessários à prática educativa. Rio de Janeiro: Paz e Terra, 1996.

SKOVSMOSE, O. **Educação crítica:** incerteza, matemática, responsabilidade. São Paulo: Cortez, 2007.

A reflexão crítica sobre a prática se torna uma exigência da relação Teoria/Prática sem a qual a teoria pode ir virando blá-blá-blá e a prática, ativismo.

Freire (1996, p. 24).

1

Atividades de ensino-aprendizagem de números fundamentadas na perspectiva lógico-histórica

João Paulo Rezende

1.1 PARA INÍCIO DE CONVERSA...

Um dos interesses da educação matemática consiste em identificar e investigar os saberes que fazem parte da profissão "professor de Matemática". São inúmeros esses saberes, mas vamos nos reportar a três que figuram nos discursos sobre o assunto de modo recorrente, sendo eles: o saber disciplinar específico, isto é, aquele relacionado a conteúdos matemáticos, como funções, trigonometria e análise combinatória; o saber metodológico, ou seja, que se dedica às formas de se organizar, promover e avaliar o processo de ensino-aprendizagem de matemática, como as tradicionais aulas expositivas, a resolução de problemas e os trabalhos e projetos em grupo; e o saber filosófico, aquele relacionado às concepções que se tem sobre o que é ser professor, o que é matemática e como se ensina e se aprende matemática.

Vamos nos reportar: Este texto, embora contenha experiências pessoais do autor, está escrito na primeira pessoa do plural por dois motivos: 1) um texto só se concretiza em forma de conhecimento se é tomado como elo entre autor e leitor. Dessa forma, o tempo verbal escolhido é um convite para que os leitores possam acompanhar o autor nas reflexões propostas; 2) o conhecimento é de natureza coletiva, sendo assim, mesmo que algumas das experiências relatadas sejam de cunho pessoal, surgiram do contato do autor com professores, alunos, colegas de classe, artigos, livros etc.

Não pretendemos discutir detalhadamente esses saberes, mas precisamos fazer algumas reflexões para melhor entender a proposta que apresentamos neste texto. É senso comum, e concordamos com ele, que o professor de Matemática deve saber matemática – o que não significa memorizar uma lista de definições e fórmulas, mas sim possuir habilidades específicas dessa área de conhecimento. Contudo, a concepção de que somente esses saberes não são suficientes para o professor não parece ser tão corriqueira, embora muitos reconheçam a necessidade de ter conhecimento sobre modos específicos de ensinar e aprender os conceitos matemáticos.

1.2 OS MODOS DE ENSINAR E APRENDER MATEMÁTICA

Em nossa experiência com orientação de estágio supervisionado obrigatório na licenciatura em Matemática, esbarramos com relatórios em que os estagiários depositam toda sua confiança nas metodologias, acreditando que possam resolver os problemas do processo de ensino-aprendizagem. Porém, a metodologia é subjacente ao que se entende por matemática e pelas formas de produzir e disseminar esse conhecimento. Assim, justifica-se a importância do saber filosófico.

Um professor que acredita que a matemática existe de modo independente do homem e que cabe aos grandes estudiosos descobri-la, possivelmente também crê que o conhecimento matemático é acessível a poucos, que os estudantes têm que se esforçar para adquirir esse conhecimento e que, para isso, devem estar atentos às explicações do professor. Já o professor que acredita que a matemática é um produto cultural, possivelmente crê que esse conhecimento é produzido coletivamente e visa atender às necessidades humanas, sejam elas práticas, teóricas ou de cunho religioso.

As diferentes crenças também resultam em diferentes metodologias. Para o primeiro caso, é conveniente uma metodologia que preconize aulas expositivas em que os estudantes, individualmente, devem atentar-se ao máximo às explicações do professor, tomar nota da aula e resolver vários exercícios para assimilar o conhecimento transmitido. Já no segundo caso, atividades em grupo, em que os estudantes resolvem problemas coletivamente buscando atender a necessidades do processo de ensino-aprendizagem parecem mais interessantes. Em síntese, pode-se dizer que a metodologia escolhida é subjacente às crenças do professor em relação aos modos de produção e disseminação do conhecimento que leciona.

Existem estudos que tomam como fundamentação filosófica e epistemológica a perspectiva lógico-histórica. Isso significa, dentre outras coisas, que o conhecimento matemático é um produto cultural, criado a partir das necessidades humanas e em constante transformação, acompanhando a história da humanidade. Compreender o conhecimento matemático nessa perspectiva fez surgir a ideia de nexos conceituais, isto é, dos elementos fundamentais para o entendimento de dado conceito manifestados em sua história. Exemplo disso é a ideia de valor posicional, essencial para o entendimento do conceito de numeral indo-arábico, mas que não está explícita.

Existem estudos: As teses de doutorado de Maria do Carmo de Sousa (2004) e de Marisa da Silva Dias (2007) e a dissertação de mestrado de João Paulo Rezende (2016), dentre outros trabalhos, discutem com mais profundidade a perspectiva lógico-histórica como fundamentação para se pensar o processo de ensino-aprendizagem de matemática.

Valor posicional: Diz respeito ao valor que dado símbolo (algarismo) assume dependendo da posição que ocupa na escrita do numeral. O algarismo 2, por exemplo, aparece duas vezes na representação do numeral 232, mas o primeiro da direita para a esquerda vale duas unidades, e o último, duzentas unidades. A história (IFRAH, 2001) nos revela que nem sempre o valor posicional foi considerado nos sistemas de numeração. É o caso dos numerais romanos e egípcios, por exemplo.

A perspectiva lógico-histórica, portanto, aponta para a compreensão de que a matemática é histórica e culturalmente produzida e, como consequência disso, permite que o professor opte por uma metodologia que possa fazer com que esses aspectos também estejam presentes na sala de aula. Por acreditarmos nisso, organizamos este capítulo de modo a apresentar primeiro como temos compreendido, de estudos e pesquisas realizados, tais constructos teóricos. Essa compreensão tem nos revelado necessidades de reorganização do processo de ensino-aprendizagem de conceitos matemáticos. Para exemplificar isso, apresentamos uma proposta de atividade de ensino que explora alguns dos nexos conceituais de número natural, que é um conceito de extrema importância no Ensino Médio, uma vez que possibilita uma melhor compreensão de conjuntos numéricos, suas propriedades e operações.

1.3 O LÓGICO-HISTÓRICO E OS NEXOS CONCEITUAIS

O lógico-histórico fundamenta-se no materialismo histórico dialético de Karl Marx. Um dos pontos fundamentais dessa teoria é a relação dialética entre pensamento e realidade, ou seja, o autor rompe com as filosofias idealistas – que concebiam a realidade no mundo das ideias e não reconheciam a atividade prática como modo de obter a verdade – e com o materialismo tradicional – em que o processo de conhecer o mundo era possível pela contemplação, pois a realidade estava na matéria (MORETTI; ASBAHR; RIGON, 2011, p. 478). Para Marx, o processo de conhecer dava-se pela atividade prática do homem que possibilitava a interação entre o abstrato e o concreto. Nesse processo, o homem modifica a natureza e a si mesmo e, portanto, o conhecimento, inclusive o matemático, trata-se de um produto cultural que está sempre se transformando.

Karl Marx: Karl Marx foi um pensador alemão que viveu no século XIX. Suas obras tratavam principalmente de filosofia, economia e socialismo alemão. Sua obra mais famosa, dentre muitas outras, foi intitulada *O capital*.

Filosofias idealistas: Um dos precursores desse modo de pensamento foi o filósofo grego Platão. Segundo Miguel (1995), essa visão filosófica contribui para a constituição de um modo internalista de conceber a matemática, isto é, considerando-a como dependente única e exclusivamente da razão.

Nesse sentido, concordamos com Caraça (1984, p. 110) quando ele resgata um ensinamento do filósofo Heráclito de Éfeso e aponta que a vida está pautada em um eterno vir a ser, em que a única coisa que se mantém é a fluência. Os objetos transformam-se, modificam-se, constituem-se nesse devir. As etapas de surgimento e desenvolvimento do objeto constituem sua própria história. O pensamento busca reproduzir a história, mas limpa todos os desvios, casualidades, zigue-zagues presentes na história do objeto, que não é linear, mas marcada por dilemas e incertezas. Assim, o "lógico é o meio pelo qual o pensamento realiza essa tarefa, mas é o reflexo do histórico em forma teórica [...] o lógico é o histórico libertado das casualidades que o perturbam" (KOPNIN, 1978, p. 183).

Porém, ao buscar no lógico a compreensão do objeto, nós o vemos em um aspecto quase puro, ou seja, sem todos os zigue--zagues que permearam a sua construção e as estruturas internas que o fundamentam. Essa pureza não se realiza na história. Daí a necessidade de buscarmos na história os elementos que fundamentam o lógico para a compreensão do objeto. É um processo dialético e necessário.

O pensar, por exemplo, no conceito de medida de um ângulo, remete-nos imediatamente a sua formalização teórica, que pressupõe uma unidade de medida e um numeral, por exemplo, 37° 25' 33" (trinta e sete graus, vinte e cinco minutos e trinta e três segundos). Essa representação lógica da medida de um ângulo carrega toda a história desse conceito e, em um breve resumo, podemos encontrar alguns elementos históricos (IFRAH, 2001, p. 67), como o sistema de numeração de base sexagesimal usado pelos sumérios e depois transmitido aos babilônicos (sucessores dos sumérios na Mesopotâmia), que, dentre outros estudos, se preocuparam com a astronomia e criaram um calendário anual com 360 dias, tempo necessário para o Sol descrever um movimento em forma de circunferência completa centrada na Terra. Claro que alguns conhecimentos, analisados com o olhar de hoje, a partir da matemática formal, induzem-nos a pensar que estavam equivocados segundo as teorias atuais. No entanto, há de se entender o quanto era conveniente usar a base sexagesimal, pois 60 é divisor de 360, o que ainda permitia várias relações possíveis com o movimento da Terra. Deve-se compreender também que era interessante dividir uma circunferência em 360 partes iguais.

Olhar apenas para a formalização lógica dos conceitos não nos permite compreender sua mutabilidade, pois nos apropriamos apenas de suas definições e propriedades, as quais parecem ter sempre sido construídas alheias às necessidades humanas. Compreender apenas seu caráter externo, definições e propriedades que, de acordo com Sousa (2004), são chamadas de nexos externos. Poderíamos olhar para a história e nos perder diante de dilemas, incertezas e desvios que ela carrega, porém, guiados pela lógica, encontramos os elementos fundamentais à formalização do conceito. A esses elementos Sousa denomina "nexos internos do conceito" (2004, p. 61). Assim, a compreensão do conceito por meio de seus nexos internos e externos exige um movimento dialético entre a lógica e a história. Trata-se da dialética lógico-histórica.

Sousa ajuda-nos a compreender os limites entre os nexos internos e externos de um conceito:

> *os nexos externos se limitam aos elementos perceptíveis do conceito enquanto os internos ao lógico-histórico do conceito. Os nexos externos ficam por conta da linguagem. São formais. Exemplo disso é a classificação dos ângulos em retos, agudos e obtusos. (2004, p. 61)*

A compreensão de um conceito matemático por meio do lógico-histórico não só é mais rica e profunda do que aquela que valoriza apenas os nexos externos, como humaniza o conhecimento matemático, pois o entende como construção social. "Os nexos conceituais que fundamentam os conceitos, contêm a lógica, a história, as abstrações, as formalizações do pensar humano no processo de constituir-se humano pelo conhecimento" (SOUSA, 2004, p. 61). Portanto, ao elaborar propostas de atividades de ensino na perspectiva lógico-histórica, o professor tem a oportunidade de refletir e possibilitar que seus alunos também reflitam sobre os processos humanos que possibilitaram que determinados conceitos se cristalizassem nos currículos escolares. Isso significa tomar consciência de que certas escolhas são feitas no processo histórico de vir a ser e que, na medida em que o lógico aparece, vai haver certa limpeza nos conceitos de todas as casualidades, próprias do trabalho humano, que permearam a sua criação. Contudo, mais importante que isso, permite que os sujeitos em atividade de ensino pensem no conteúdo não só por ele mesmo, mas pelos processos de abstrações e simplificações, adquirindo habilidades, autonomia e não apenas um amontoado de informações desconexas.

Nexos internos e externos: Sousa (2004) define "nexos internos" como sinônimo de "nexos conceituais". Cunha (2008), por sua vez, define "nexos conceituais" como nexos internos e externos. Essa diferença é natural, já que um nexo externo, em dado contexto, pode ser um nexo interno em outro. Nesse texto, consideramos a definição de Cunha.

1.4 OS NEXOS CONCEITUAIS DE NÚMERO EM ATIVIDADES DE ENSINO

Nossa compreensão acerca da perspectiva lógico-histórica nos faz pensar em novas formas de organização do ensino-aprendizagem de matemática. Uma das formas que mais tem sido abordada pelas pesquisas que discutem o tema é a atividade orientadora de ensino. Esse conceito é elaborado e aprimorado pelo professor Manuel Oriosvaldo de Moura e é pautada na teoria da atividade de Leontiev. Dentre os princípios que a sustentam, destacam-se:

> *1) a atividade representa a ação humana que mediatiza a relação entre o homem, sujeito da atividade, e os objetos da*

Teoria da atividade: A teoria da atividade foi desenvolvida pelo sociólogo russo Aleksei Nikolaievitch Leontiev. Fundamentada no materialismo dialético de Marx, versa sobre a atividade humana e seus determinantes, como as necessidades, os motivos e as ações. O professor Manuel Oriosvaldo de Moura, desde os anos 1990, com base nas teorias de Leontiev, desenvolve a ideia de atividade orientadora de ensino.

realidade, dando a configuração da natureza humana; 2) o desenvolvimento da atividade psíquica, isto é, dos processos psicológicos superiores, tem sua origem nas relações sociais do indivíduo em seu contexto social e cultural (LIBÂNEO; FREITAS, 2006, p. 4).

Esses princípios, assim como a perspectiva lógico-histórica, também se fundamentam no materialismo histórico dialético. Na mesma corrente teórica, Lev Vygotsky (2002) defende a psicologia histórico-cultural que considera que o desenvolvimento cognitivo dos sujeitos se dá de fora para dentro. O sujeito internaliza, de forma abstrata, a realidade que o cerca e essa internalização é mediada pelas relações socioculturais, principalmente por meio da linguagem. As significações sociais são estabelecidas pela cultura, e o sujeito humaniza-se ao apropriar-se dessa cultura, que é histórica. "É na relação do sujeito com o meio físico e social que, mediadas por instrumentos e signos (entre eles a linguagem), se processa o desenvolvimento cognitivo" (MOURA et al., 2010, p. 208).

O homem se apropria da cultura por meio de atividades, ou seja, ações que tem um objetivo abstrato *a priori* e um resultado concreto *a posteriori*, modificando a realidade e o próprio sujeito. No caso da escola, a atividade do professor é a de ensino e a atividade do aluno é a de aprendizagem (MOURA et al., 2010). Para que essas atividades se realizem, é necessário que elas se relacionem de forma dialética por meio de um conjunto de ações do estudante e do professor que Moura (2001) denomina de atividade orientadora de ensino (AOE).

Portanto, buscamos organizar o processo de ensino-aprendizagem de forma que os sujeitos envolvidos nesse processo interajam coletivamente e negociem significados em relação aos conceitos matemáticos. Entendemos que a organização do ensino não se dá somente em sala de aula, ele se inicia antes, com a preparação do professor. Nesse sentido, é necessário preparar o ambiente onde a atividade vai acontecer, os conceitos que vão ser trabalhados, os aspectos do conceito que vão ser privilegiados e a forma como os estudantes vão interagir, seja entre eles, seja com os objetos e as mídias escolhidos para fazer parte da atividade, seja com o professor.

Para compreender melhor esse processo, apresentamos uma possível forma de organização do processo de ensino-aprendizagem de número natural. É resultado dos estudos que desenvolvemos

Nexos externos: O nexo externo está ligado aos elementos mais perceptíveis do conceito. Porém, o conhecimento superficial dos conceitos faz esses nexos se relacionarem, principalmente, com o formalismo. Ao pedirmos que um estudante, por exemplo, explique o que é mínimo múltiplo comum (MMC), ele possivelmente nos responderá mostrando o algoritmo para encontrar o MMC. Portanto, esse algoritmo é um nexo externo. O estudante pode ter domínio do algoritmo, mas não compreender o conceito.

Entre número, numeral e algarismo: Número é a ideia de quantidade, numeral é a representação dessa quantidade e algarismos são os símbolos utilizados para compor o numeral. Por exemplo, uma mesma quantidade numérica pode ser representada pelos distintos numerais 23 (numeral indo-arábico) e XXIII (numeral romano). Na primeira representação são usados os algarismos 2 e 3; na segunda são usados X e I.

Número natural: Os demais conjuntos numéricos, segundo Caraça (1984), foram criados a partir de ampliações do conceito de número natural. Os números fracionários, por exemplo, foram elaborados para suprir a necessidade de representar quantidades não inteiras, mas sua criação não se deu por meio da reinvenção do conceito de número, mas sim pela ampliação do conceito de número natural.

nos últimos anos e traduz nosso entendimento em relação à perspectiva lógico-histórica como sustentação para o desenvolvimento de atividades de ensino.

Os conjuntos numéricos, abordados no Ensino Fundamental e amplamente utilizados no Ensino Médio, principalmente no estudo de funções, comumente são tratados de forma a privilegiar somente os nexos externos do conceito de número, principalmente no que se refere às operações aritméticas. Poucos estudantes e professores, por exemplo, sabem a diferença entre número, numeral e algarismo. Esse entendimento é fundamental para a compreensão do conceito de número, bem como das características que nos permitem classificá-los em conjuntos. Entender o número natural é o primeiro passo para compreender o conjunto dos números reais e, por consequência, as funções, conceitos bastante usados no Ensino Médio.

Desse modo, o primeiro passo para a organização do ensino do conceito de número natural é compreendê-lo em seu percurso lógico-histórico e, para isso, precisamos recorrer à história do conceito. Destacam-se, então, dois aspectos: "primeiro, o contexto no qual conceitos matemáticos são desenvolvidos, e, segundo, o movimento do pensamento no contexto em que tais conceitos foram concebidos" (DIAS; SAITO, 2009, p. 5). Em nossas últimas pesquisas, buscamos compreender o conceito de número natural sob esses aspectos e, para isso, nos apoiamos em obras como as de Karlson (1961), Caraça (1984), Ifrah (2001) e Roque (2012).

Não é foco deste trabalho resgatar o percurso lógico-histórico do conceito de número natural. Apenas queremos mostrar o produto desse resgate, isto é, os nexos conceituais de números naturais e uma possível forma de abordá-los em atividades de ensino. Sendo assim, apoiados em Rezende (2010), destacamos os seguintes nexos conceituais de número natural:

- **Senso numérico**: Está relacionado à capacidade de o homem perceber quantidades de dado conjunto, mesmo sem recensear seus elementos. Não é necessário contar os elementos de dois conjuntos distintos para avaliar se um tem mais ou menos elementos que o outro, desde que a diferença entre eles seja suficientemente discrepante. Tampouco é preciso contar os elementos, um por um, de um conjunto que tenha apenas quatro, por exemplo. Apenas em um relance, podemos identificar essa quantidade.

Percurso lógico-histórico: O livro *Números e operações: elementos lógico-históricos para a atividade de ensino*, de Marisa da Silva Dias e Vanessa Dias Moretti (2011), apresenta uma versão do percurso lógico-histórico dos conjuntos numéricos e suas operações. Entendemos que outra versão pode ser encontrada na parte um do livro *Conceitos fundamentais da Matemática*, de Bento de Jesus Caraça (1984), embora possivelmente não tenha sido a intenção do autor.

Roque (2012): O livro *História da Matemática: uma visão crítica, desfazendo mitos e lendas*, de Tatiana Roque (2012), é a primeira obra publicada no Brasil que tenta romper com uma visão tradicional da história da matemática, pois desfaz as ideias de linearidade no desenvolvimento dos conceitos; busca por criadores/descobridores dos conceitos; valorização da biografia dos grandes matemáticos etc. Em vez disso, o livro tenta relacionar os conceitos matemáticos com os contextos em que foram produzidos.

Percurso lógico-histórico do conceito de número natural: Uma discussão mais ampliada do assunto pode ser encontrada no trabalho de conclusão de curso de graduação de João Paulo Rezende, intitulado *Nexos conceituais de número natural como sustentação para o desenvolvimento de atividades de ensino* (2010).

Nexos conceituais de número natural: Como os outros conjuntos numéricos são »

» ampliações dos naturais, os nexos conceituais de número natural também são nexos de outros tipos de número, porém, apresentam características próprias e, consequentemente, podem conter outros nexos. A ideia de conjunto denso, por exemplo, está presente nos números racionais, mas não nos naturais.

Correspondência um a um: Ao relacionar cada ponto de uma reta a um número real, estamos fazendo correspondência um a um. O mesmo acontece quando relacionamos domínio e imagem de uma função. Essa ideia extraordinária de fazer correspondência está presente em vários conceitos matemáticos, inclusive nos mais complexos, como os de densidade e continuidade.

- **Correspondência um a um**: Refere-se à técnica de fazer corresponder cada um dos elementos de um conjunto que se deseja recensear a um elemento de um conjunto de controle. É o clássico exemplo das ovelhas e das pedras. Para controlar a quantidade de ovelhas, os pastores faziam com que passassem, uma por uma, por um corredor estreito e, para cada ovelha, colocavam uma pequena pedra em um saco. Para conferir a quantidade de animais, repetiam o processo; se no final sobrassem pedras, estavam faltando animais, e se sobrassem animais, o rebanho havia aumentado. Isso poderia ser feito substituindo as pedras por entalhes em madeira, osso ou pedra, por exemplo. Ainda hoje, utilizamos essa técnica, mas em vez de pedras, fazemos correspondência com o conjunto dos números naturais.
- **Agrupamento**: Com a utilização de entalhes em ossos, por exemplo, ficava confuso conferir a quantidade de entalhes se fossem mais do que cinco e estivessem organizados homogeneamente. Porém, se fossem agrupados, ficava mais fácil identificar a quantidade representada. Por exemplo, na representação |||||||||||||||||||| cada traço indica uma unidade. Portanto, são vinte unidades, mas é difícil reconhecer isso, a não ser se os reorganizarmos em pequenos grupos ||||| ||||| ||||| |||||. Em vez de separarmos os traços, poderíamos também usar símbolos distintos. Um símbolo novo a cada cinco unidades, por exemplo, ||||V ||||V ||||V ||||V. Com isso, o homem percebeu que era desnecessário fazer todos os entalhes, uma vez que o novo entalhe poderia representar, em vez de uma unidade, um agrupamento. Então, V, por exemplo, poderia representar um agrupamento de cinco unidades; assim, vinte poderia ser representado por VVVV. Porém, para representar números maiores, o problema persistia, mas isso foi resolvido facilmente com a invenção de novos símbolos. Segundo Ifrah (2001), essa prática deu origem ao sistema de numeração romano.
- **Valor posicional**: À medida que a sociedade se desenvolveu, surgiu a necessidade de representações de quantidades muito grandes ou muito pequenas. Se fosse mantida a ideia anterior e fossem inventados mais e mais símbolos para representar diferentes quantidades, possivelmente teríamos problema em memorizar tantos símbolos. A ideia de valor posicional resolveu esse problema. No sistema de

Se desenvolveu: Aqui, entendemos evolução no sentido restrito da palavra, isto é, como movimento. Nesse caso, houve movimento no tempo. Esse cuidado é necessário para não atribuir juízo de qualidade a diferentes épocas da história da humanidade e favorecer a ideia de que a melhor época é sempre a mais moderna.

numeração indo-arábico, por exemplo, existem apenas dez símbolos (1, 2, 3, 4, 5, 6, 7, 8, 9 e 0). Porém, um mesmo símbolo assume valores diferentes dependendo da posição que ocupa. O numeral 22, por exemplo, é composto apenas do algarismo 2 que se repete, sendo que o primeiro 2, da esquerda para a direita, vale 20 unidades, pois indica que existem dois agrupamentos de dez unidades, e o segundo 2 vale duas unidades.

- **Base**: No sistema indo-arábico, por exemplo, é usada a base 10. Significa que dez é a quantidade de referência para formar agrupamentos. Dez unidades formam uma dezena, dez dezenas formam uma centena, dez centenas formam uma unidade de milhar, e assim por diante. Outro exemplo bastante comum atualmente são as unidades de medida de tempo que utilizam base 60. Nesse caso, o que ocorre é uma mistura, pois, para representar essas medidas, são utilizados algarismos indo-arábicos.
- **Composição de decomposição**: O numeral indo-arábico, portanto, é formado pela composição de agrupamentos numéricos. Assim, ao operar com esses numerais, podemos decompô-los e recompô-los sempre que necessário, utilizando, para isso, as operações aritméticas e/ou as ideias de valor posicional e base. O número 125, por exemplo, pode ser representado de várias formas:

$$125 = 100 + 25 = 5^3 = \frac{250}{2} = 1 \times 10^2 + 2 \times 10^1 + 5 \times 10^0 = ...$$

- **Representação (número, numeral e algarismo)**: O número é um ente abstrato, isto é, não existe no mundo real. Em outras palavras, o número é a ideia de quantidade. O numeral, por sua vez, é a representação dessa quantidade. Ao representar uma quantidade de forma escrita, utilizamos símbolos gráficos, que são os algarismos. O número cento e vinte e cinco, por exemplo, pode ser representado pelos numerais 125 e CXXV. No primeiro caso, são usados os algarismos indo-arábicos 1, 2 e 5; no segundo, são usados os algarismos romanos V, X e C.

Esses são os sete nexos conceituais de número natural que identificamos; contudo, podem existir outros. Na sequência, apresentamos uma proposta de atividade para o processo de ensino-aprendizagem com o objetivo de explorar esses nexos conceituais.

Composição de decomposição: Saber como são compostos os números naturais (agrupamentos de base 10) pode ser o primeiro passo para compreender como são formados os decimais não inteiros. Uma unidade é decomposta em 10 partes iguais, que são chamadas décimos. Um décimo é dividido em 10 partes formando os milésimos, e assim por diante.

Representação: A ideia de representação é de grande importância para outros tipos de números. Um número racional, por exemplo, pode ser representado em forma de fraçao ($q = \frac{a}{b}$, *sendo a e b naturais e* $b \neq 0$) ou em forma decimal. No entanto, não se discute de maneira concisa a relação entre essas duas representações. Acreditamos que isso pode ser feito de várias formas, mas uma das mais interessantes é considerar a representação decimal como sendo uma fração equivalente, cujo denominador é uma potência de base 10. Por exemplo, $\frac{1}{4} = \frac{25}{100} = 0{,}25$.

Sete nexos: O oitavo nexo conceitual, que ainda não foi considerado porque não temos estudos suficientes, poderia ser a noção de infinito. Existe uma infinidade de números inteiros e, entre dois números racionais, existe uma infinidade de outros números racionais. São diferentes tipos de infinitos, »

» podendo existir outros que guardam propriedades dos números que estão sendo considerados. Os números reais, por exemplo, só puderam ser pensados a partir do momento em que foi possível identificar que, mesmo havendo infinitos números racionais em um intervalo finito, ainda assim existiam "buracos" nesse intervalo, os quais foram preenchidos com os números irracionais.

Minicurso: Minicurso intitulado "De onde vem o vai 1?", desenvolvido por Isabel Cristina Rabelo Gomes e Thiarla Xavier Dal-Cin Zanon (2010).

Quantidade maior que dois: Por essa razão, o jogo é chamado "nunca 3".

1.5 O "JOGO DO NUNCA"!

Conhecemos o "Jogo do nunca" em um minicurso oferecido no X Encontro Nacional de Educação Matemática (Enem). Ao percebermos sua potencialidade para explorar alguns dos nexos conceituais de número natural, decidimos usá-lo, porém com algumas adaptações. O objetivo do jogo é fazer os estudantes envolvidos compreenderem melhor os números naturais explorando os sete nexos conceituais que identificamos.

O jogo pode ser realizado em grupos de quatro estudantes. Apresentamos aqui uma proposta para duas aulas de 50 minutos cada, mas isso pode ser expandido dependendo da necessidade e da disponibilidade do professor e dos estudantes. Como material, utilizamos um conjunto de 100 palitos de picolé, 20 elásticos, papel e caneta para as anotações. Como o jogo apresenta algumas variações, demonstramos neste texto apenas o "nunca 3", mas acreditamos que, conhecendo esta versão, facilmente o leitor vai poder adaptá-la para "nunca 4", "nunca 5", "nunca 10" etc. As regras do "nunca 3" são as seguintes:

1º Não é permitido que o participante permaneça com uma quantidade maior que dois em suas mãos;

2º Cada vez que o participante tiver a quantidade três, deve agrupá-la com um elástico, quantas vezes forem necessárias;

3º Um participante por vez arremessa dois dados e retira do monte de palitos a quantidade referente ao produto dos valores obtidos nos dois dados, organizando-os em seguida de acordo com as regras anteriores;

4º Os passos da atividade devem ser registrados.

Exemplo

Um estudante lança os dois dados e sorteia os valores 5 e 3. Deve retirar 15 palitos do monte. Ele pega o primeiro e o segundo palito, mas, ao pegar o terceiro, não pode ficar com três palitos soltos, já que o jogo é nunca 3. Então, pega um elástico e prende os palitos passando a ter, em vez de 3 palitos, um agrupamento. O estudante continua o processo sempre agrupando os palitos de 3 em 3; porém, ao pegar o nono palito, ele passa a ter 3 agrupamentos. Como isso não pode acontecer, novamente usa o elástico para unir os três grupos formando um grupo maior. Ao final, terá um agrupamento de 9 palitos (3 grupos de 3 palitos), dois agrupamentos de 3 palitos e nenhum palito solto.

Dessa forma, são formados agrupamentos de tamanhos distintos e, portanto, é preciso criar uma nomenclatura que os diferenciem. Para isso, dizemos que os palitos soltos são agrupamentos de ordem zero, os agrupamentos de 3 palitos são de ordem 1, aqueles de 9 palitos são de ordem 2, os de 27 palitos são de ordem 3, e assim por diante.

Para facilitar o registro, podemos usar uma tabela:

***Tabela 1.1** – Representações do jogo do "nunca 3"*

<table>
<tr><th colspan="4">Ordem dos agrupamentos</th><th rowspan="2">Representação</th><th rowspan="2">Quantidade de palitos</th></tr>
<tr><th>3</th><th>2</th><th>1</th><th>0</th></tr>
<tr><td>0</td><td>1</td><td>2</td><td>0</td><td>120</td><td>||| ||| ||| ||| |||</td></tr>
<tr><td>0</td><td>0</td><td>2</td><td>1</td><td>21</td><td>||| ||| |</td></tr>
<tr><td>0</td><td>1</td><td>0</td><td>2</td><td>102</td><td>||| ||| ||| ||</td></tr>
</table>

Observe que a primeira quantidade representada na tabela é a de quinze palitos do exemplo anterior. A representação dessa quantidade no jogo do "nunca 3" é:

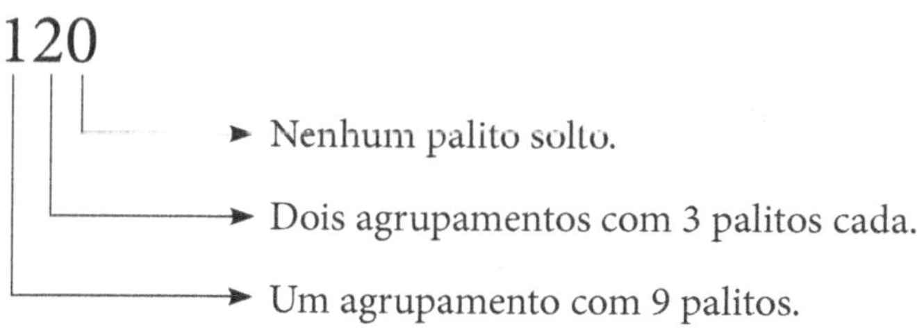

Apesar de usarmos os mesmos símbolos do sistema de numeração indo-arábico, os numerais representam quantidades distintas.

Após essa atividade, pode-se pedir que os estudantes façam ao menos dez lançamentos e registrem os dados na tabela. Depois, podem responder às seguintes questões:

Responder às seguintes questões: As questões que colocamos são sugestões; o professor que decidir desenvolver essa atividade em suas turmas pode adaptá-las ou criar novas.

1. Qual a semelhança entre a representação dos agrupamentos e a representação usual dos números do nosso sistema de numeração?

Com essa questão, espera-se que os estudantes percebam que uma mesma quantidade está representada de distintas formas, porém existem estruturas semelhantes nas duas formas de representação, como o agrupamento e o valor posicional. Além disso, como a nova representação ("nunca 3") possivelmente não é conhecida pelos estudantes, eles terão que contar (fazer correspondência uma a um) os tracinhos da última coluna da Tabela 1.1. Pode-se aproveitar a oportunidade para verificar se os estudantes fizeram as representações, nessa última coluna, por meio de agrupamentos. Por exemplo, o numeral 120 ("nunca 3") está representado com traços agrupados de três em três (||| ||| ||| ||| |||), porém os estudantes poderiam tê-los organizado em um só grupo (|||||||||||||||). A quantidade representada é a mesma, mas no segundo caso é mais difícil ter uma ideia precisa da quantidade. Assim, os educandos podem perceber a ideia de senso numérico.

2. O algarismo 1, na ordem três, tem valor diferente do que na ordem um?

Esta questão permite que os estudantes percebam o nexo conceitual de valor posicional.

3. Se respondeu "sim" à questão anterior, qual a diferença entre esses agrupamentos?

Espera-se que os estudantes discutam sobre o valor a que cada agrupamento corresponde dependendo de sua ordem. Por exemplo, o algarismo 1 vale três unidades na ordem 1 e 27 unidades na ordem 3. Assim, podem perceber o nexo conceitual de valor posicional.

4. De que são compostos os agrupamentos utilizados?

Espera-se que os estudantes respondam que são compostos de agrupamentos menores. Com isso, o professor pode instigá-los a descobrir o valor de um agrupamento em cada ordem. Uma possível forma de fazer isso é por meio de uma tabela:

Tabela 1.2 *– Número de palitos por ordem dos agrupamentos*

Ordem	**4**	**3**	**2**	**1**	**0**
Número de palitos por agrupamento	81	27	9	3	1

Com essa tabela, os estudantes podem perceber também que os agrupamentos representam quantidades que são potências de base 3. Assim, o professor pode pedir que acrescentem uma terceira linha na tabela com essas potências, como indicado a seguir.

Tabela 1.3 *– Número de palitos por ordem dos agrupamentos representados como potências de base 3*

Ordem	**4**	**3**	**2**	**1**	**0**
Número de palitos por agrupamento	81	27	9	3	1
Representação por potências de base 3	3^4	3^3	3^2	3^1	3^0

5. Como encontrar as representações de uma quantidade dada no jogo do "nunca 3" no sistema de numeração indo-arábico?

Tomando como referência a Tabela 1.3 da questão anterior, os estudantes podem perceber que os agrupamentos são múltiplos das potências de base três e que o expoente de cada potência corresponde à ordem dos agrupamentos. O numeral 120 ("nunca 3"), por exemplo, tem um agrupamento de ordem 2, dois agrupamentos de ordem 1 e nenhum agrupamento de ordem zero. Então, para representá-lo no sistema indo-arábico, podemos escrevê-lo desta forma: $1 \times 3^2 + 2 \times 3^1 + 0 \times 3^0 = 9 + 6 = 15$.

Nessa questão, os estudantes têm a possibilidade de compreender o nexo conceitual de base. Uma conclusão cabível é a de que o jogo do "nunca 3" é organizado com numerais escritos em base 3 e o sistema de numeração indo-arábico, em base 10. Isso significa que este último pode ser trabalhado com o jogo do "nunca 10". Da mesma forma, outras bases podem ser trabalhadas com o "nunca 5", "nunca 8" etc.

Além da base, os estudantes podem reforçar o entendimento dos nexos conceituais de representação, composição e decomposição, valor posicional e agrupamento.

6. Qual a diferença entre a representação desses números e a representação no sistema de numeração romano?

Espera-se, com essa questão, que os estudantes percebam que nem sempre os sistemas de numeração tiveram a mesma configuração. O sistema romano, por exemplo, era organizado por meio de agrupamentos, mas não tinha valor posicional. O professor pode aproveitar a oportunidade para questionar sobre o zero. Existe zero nos algarismos romanos? Havendo tempo para explorar melhor a questão, pode-se discutir sobre as representações de outros sistemas de numeração, como o egípcio, maia e babilônico.

Egípcio, maia e babilônico: Mais detalhes sobre esses sistemas de numeração podem ser encontrados no livro *Os números: a história de uma grande invenção*, de Georges Ifrah (2001).

7. Como fazer operações com um sistema de numeração de base 3?

Com esta questão, espera-se que os estudantes investiguem como os tradicionais algoritmos das operações aritméticas podem ser usados em um sistema de numeração com base 3. Ao fazer isso, eles acabam explorando os nexos conceituais de número natural. É possível apresentar alguns exemplos de como as operações podem ser pensadas.

Como as operações podem ser pensadas: Nesta etapa, é interessante sugerir que os estudantes representem os numerais com os palitos e os usem para entender o algoritmo. Lembre-se de que, como se trata do jogo do "nunca 3", somente podem ser usados os algarismos 1, 2 e 0 para compor os numerais. Nesse caso, 2 + 1 = 10; 2 + 2 = 11; 22 × 2 = 121.

Ao término das atividades, todos os nexos conceituais de número natural que apresentamos terão sido explorados, mas há necessidade de que o professor, sempre que possível, reforce essas ideias com os estudantes.

1.6 PARA FINALIZAR...

Inicialmente, neste texto, defendemos a ideia de que a escolha de dada metodologia é condicionada pelas concepções do professor acerca do que é matemática e de como esse conhecimento é produzido. Portanto, apresentamos as concepções teóricas que têm fundamentado nosso trabalho, isto é, a perspectiva lógico-histórica e os nexos conceituais. Na sequência, apresentamos alguns dos nexos conceituais de número natural e uma proposta de atividade, o "Jogo do nunca", que tem a potencialidade de explorar tais nexos. Nosso intuito com essa apresentação não foi esgotar o assunto, até porque acreditamos que isso não é possível. Em vez disso, buscamos apresentar um panorama para que o leitor possa perceber um possível caminho de uso da perspectiva lógico-histórica em atividades de ensino.

Em síntese, pode-se dizer que esse caminho consiste em identificar, nos registros da história da Matemática, os nexos conceituais dos conceitos, bem como contextos, formas de pensamento e necessidades que levaram à elaboração de dado conceito. Por fim, busca-se possibilitar que os nexos conceituais identificados sejam explorados em atividades de ensino. Um estudo embasado nessa perspectiva não tem a intenção de, necessariamente, reportar a história do conceito, mas entender o movimento do pensamento que culminou em sua formalização teórica, ou seja, possibilitar que os estudantes se apropriem das particularidades do histórico que fundamentam o lógico.

Portanto, o "Jogo do nunca" serviu de exemplo de nossa proposta de trabalho. Apesar de trabalharmos um conceito frequentemente considerado como básico, percebemos que, mesmo no Ensino Médio, os estudantes não compreendem nosso sistema de numeração. Contudo, julgamos que temos a oportunidade de explorar tal conceito no momento em que discutimos conjuntos numéricos com os estudantes. Um trabalho parecido pode ser feito com outros tipos de números e também com outros conceitos matemáticos, no entanto, devemos estar atentos ao fato de a compreensão dos números naturais ser o ponto de partida.

Quando o estudante compreende melhor os nexos conceituais de número natural, torna-se capaz de entender também uma série de outros conceitos matemáticos, como os algoritmos das operações aritméticas; a álgebra, pois a consideramos como o ramo do conhecimento que nos possibilita pensar o número sem sua presença, isto é, apenas por meio de suas propriedades gerais; os outros conjuntos numéricos, já que sua construção, embora não tenha sido feita de maneira linear, como apontam os livros didáticos, foi realizada a partir da ampliação de ideias já presentes no conceito de número natural; as funções, pois são matematicamente definidas por meio de uma relação unívoca entre dois conjuntos numéricos, e assim por diante.

Desse modo, esperamos que este texto seja o ponto de partida para o leitor ampliar seu entendimento em relação à organização do ensino-aprendizagem de matemática fundamentado na perspectiva lógico-histórica. Esperamos, ainda, que os professores que tenham contato com nosso trabalho possam repensar suas práticas e também, havendo interesse, lançar-se em pesquisas acerca do tema, ampliando o repertório que já existe sobre o assunto. Para isso, indicamos, na seção seguinte, alguns trabalhos que podem contribuir para a ampliação do tema.

Os outros conjuntos numéricos: Algumas ampliações do conceito de número ocorreram por meio da negação de algumas impossibilidades. A impossibilidade da subtração, por exemplo, foi resolvida com a criação dos números negativos. A impossibilidade da divisão, com exceção da divisão por zero, foi resolvida com a invenção dos números fracionários. A impossibilidade da representação da medida de alguns segmentos, como a diagonal de um quadrado de lado 1, por exemplo, foi resolvida com a criação dos números irracionais. Já a impossibilidade da raiz de índice par e radicando negativo tornou-se possível a partir da criação dos números complexos.

Relação unívoca: Relação entre dois conjuntos A e B de forma que, para cada elemento pertencente ao conjunto A, exista em correspondência somente um elemento pertencente ao conjunto B.

1.7 SUGESTÕES DE AMPLIAÇÃO DO TEMA

Ao leitor que deseja ampliar os estudos sobre os temas propostos neste livro, destacamos alguns trabalhos separados por tema:

- Filosofia da Matemática: Fiorentini (1995); Miguel (1995).
- Perspectiva lógico-histórica: Cunha (2008); Dias (2007); Kopnin (1978); Rezende (2016); Sousa (2004).
- Atividade orientadora de ensino: Moura (2001); Moura et al. (2010).

- Atividades de ensino-aprendizagem de números: Dias e Moretti (2011); Rezende (2010).
- História da Matemática: Caraça (1984); Ifrah (2001); Karlson (1961); Roque (2012).

REFERÊNCIAS

CARAÇA, B. de J. **Conceitos fundamentais da Matemática**. 1. ed. Lisboa: Livraria Sá da Costa Editora, 1984. 318 p.

CUNHA, M. R. K. da. **Estudo das elaborações dos professores sobre o conceito de medida em atividades de ensino**. 2008. 135 f. Tese (Doutorado em Educação) – Faculdade de Educação, Universidade Estadual de Campinas, Campinas, 2008.

DIAS, M. da S. **Formação da imagem conceitual da reta real**: um estudo do desenvolvimento do conceito na perspectiva lógico-histórica. 2007. 252 f. Tese (Doutorado em Educação) – Faculdade de Educação, Universidade de São Paulo, São Paulo, 2007.

DIAS, M. da S.; MORETTI, V. D. **Números e operações:** elementos lógico-históricos para a atividade de ensino. Curitiba: IBPEX, 2011.

DIAS, M. da S.; SAITO, F. Interface entre história da Matemática e ensino: uma aproximação entre historiografia e perspectiva lógico-histórica. In: SEMINÁRIO INTERNACIONAL DE PESQUISA EM EDUCAÇÃO MATEMÁTICA, 4, 2009, Brasília. **Anais...** Brasília: SBEM, 2009. p. G05.

FIORENTINI, D. Alguns modos de ver e conceber o ensino da matemática no Brasil. **Zetetiké**, Campinas, v. 3, n. 4, p. 1-38, 1995.

GOMES, I. C. R; ZANON, T. X. D. De onde vem o vai 1? In: ENCONTRO NACIONAL DE EDUCAÇÃO MATEMÁTICA, 10, 2010, Salvador. **Anais...** Salvador: ENEM, 2010. p. 1-9.

IFRAH, G. **Os números:** história de uma grande invenção. 10. ed. São Paulo: Editora Globo, 2001. 367 p.

KARLSON, P. **A magia dos números:** a Matemática ao alcance de todos. 1. ed. Porto Alegre: Editora Globo, 1961. (Coleção Tapete Mágico).

KOPNIN, P. V. **A dialética como lógica e teoria do conhecimento**. 1. ed. Rio de Janeiro: Editora Civilização Brasileira, 1978. 123 p. (Coleção Perspectivas do Homem).

LIBÂNEO, J. C.; FREITAS, R. A. M. da M. Vygotsky, Leontiev, Davydov: três aportes teóricos para a teoria histórico-cultural e suas contribuições para a didática. In: CONGRESSO BRASILEIRO DE HISTÓRIA DA EDUCAÇÃO, 4, 2006, Goiânia. **Anais do IV Congresso Brasileiro de História da Educação**. Goiânia: Editora Vieira/UCG, 2006.

MIGUEL, A. A constituição do paradigma do formalismo pedagógico clássico em educação matemática. **Zetetiké**, Campinas, v. 3, n. 3, p. 7-39, 1995.

MORETTI, V. D.; ASBAHR, F. da S. F.; RIGON, A. J. O humano no homem: os pressupostos teórico-metodológicos da teoria histórico-cultural. **Psicologia & Sociedade**, Belo Horizonte, v. 23, n. 3, p. 477-485, 2011.

MOURA, M. O. de. A atividade de ensino como ação formadora. In: CASTRO, A. D. de; CARVALHO, A. M. P. de (Org.). **Ensinar a ensinar:** didática para a escola fundamental e média. 1. ed. São Paulo: Pioneira, 2001. cap. 8, p. 143-162.

MOURA, M. O. de; ARAÚJO, E. S.; MORETTI, V. D.; PANOSSIAN, M. L.; RIBEIRO, F. D. Atividade orientadora de ensino: unidade entre ensino e aprendizagem. **Revista Diálogo Educacional**, Curitiba, v. 10, n. 29, p. 205-229, jan./abr. 2010.

REZENDE, J. P. **Nexos conceituais de números naturais como sustentação para o desenvolvimento de atividade de ensino**. 2010. 75 f. Trabalho de Conclusão de Curso (Graduação) – Departamento de Ciências Exatas, Universidade Federal de Lavras, Lavras, 2010.

______. **Sentidos e significados manifestos por licenciandos e pós-graduandos ao produzirem atividades de ensino de matemática na perspectiva lógico-histórica**. 2016. 217 f. Dissertação (Mestrado em Educação) – Universidade Federal de São Carlos, São Carlos, 2016.

ROQUE, T. **História da Matemática:** uma visão crítica, desfazendo mitos e lendas. 1. ed. Rio de Janeiro: Zahar, 2012. 512 p.

SOUSA, M. do C. de. **O ensino de álgebra numa perspectiva lógico-histórica:** um estudo das elaborações correlatas de professores do Ensino Fundamental. 2004. 286 f. Tese (Doutorado em Educação) – Faculdade de Educação, Universidade Estadual de Campinas, Campinas, 2004.

VYGOTSKY, L. S. **Pensamento e linguagem**. Edição Ridendo Castigat Mores. [S.l.]: EbooksBrasil, 2002. Disponível em: <http://www.ebooksbrasil.org/adobeebook/vigo.pdf>. Acesso em: 15 ago. 2014.

2

Mobilizando o pensamento algébrico: o contexto de uma sala de aula do Ensino Médio

Rosangela Eliana Bertoldo Frare
Daniela Dias dos Anjos
Adair Mendes Nacarato

2.1 PARA INÍCIO DE CONVERSA...

Na visão de muitos alunos, a Matemática tornou-se uma matéria de difícil compreensão a partir do momento em que "as letras" passaram a fazer parte das aulas. Para que haja compreensão da matemática, segundo Hiebert et al. (1997), ela deve fazer sentido para os alunos. Para isso, é importante priorizar, entre outras características, a natureza das tarefas a serem desenvolvidas, o papel do professor como mediador do processo de ensino-aprendizagem e o estabelecimento de uma cultura de compartilhamento de ideias e estratégias de resolução em sala de aula.

A não compreensão da álgebra – conteúdo introduzido no 7º ano do Ensino Fundamental –, possivelmente atrelada ao não desenvolvimento do pensamento algébrico pelos alunos em anos anteriores, faz com que muitas vezes cheguem ao Ensino Médio sem o conhecimento necessário, que o professor pressupõe já terem por ser indispensável para aprofundar o assunto e, assim, ingressar na abordagem de outros conceitos. Por isso, é imprescindível, desde cedo, o trabalho com tarefas que preparem os alunos para que, mais tarde, possam desenvolver o pensamento algébrico e utilizá-lo em novas apropriações.

Tendo em vista esse movimento, a álgebra vem fazendo parte de nossos estudos. Além disso, a introdução ao pensamento algébrico já aparece como proposta de trabalho desde os anos iniciais da Educação Básica na Base Nacional Curricular Comum.

Nossos estudos: Grupo colaborativo em educação matemática (Grucomat), da Universidade São Francisco.

A partir do 8º ano do Ensino Fundamental, a álgebra passa a constituir um eixo central da Matemática e ganha maior centralidade no Ensino Médio, quando todos os conteúdos passam a ser seu objeto, inclusive com aplicações em outras disciplinas, como a Química e a Física. Portanto, diríamos que é o eixo integrador dos conteúdos matemáticos desse ciclo e, por essa razão, precisa ser compreendida pelos alunos.

Neste capítulo, apresentamos inicialmente uma discussão teórica sobre o ensino da álgebra, utilizando algumas pesquisas. Em seguida, destacamos uma experiência em sala de aula, envolvendo uma tarefa sobre sequência, desenvolvida com alunos do Ensino Médio de uma escola da rede pública do estado de São Paulo, objetivando identificar regularidades e realizar generalizações. Trazemos o contexto de sala de aula, as estratégias dos alunos, bem como as problematizações da professora, apontando as potencialidades da tarefa proposta.

2.2 A ÁLGEBRA EM ALGUMAS PESQUISAS

Para Vale (2013), conhecimentos algébricos fundamentais – como as generalizações – constituem a base do pensamento algébrico por favorecer a transição do numérico para o algébrico. A autora reconhece as tarefas em contextos figurativos como o ponto de partida para a generalização, uma vez que "a procura e a observação de padrões conduz à elaboração de conjecturas e muitas das vezes à generalização e consequente prova" (VALE, 2013, p. 69). Defende, então, que a escolha das tarefas pelo professor deve ser realizada de modo que possibilitem aos alunos fazer generalizações, baseando-se tanto em propriedades das figuras como em propriedades numéricas. Hiebert et al. (1997) apontam que as tarefas devem levar os alunos a pensar sobre as estratégias de resolução e comunicá-las ao outro, tanto para (re)pensar sobre suas próprias como para conhecer as dos outros.

As tarefas em contextos figurativos: As tarefas em contextos figurativos, também chamadas por Vale (2013) de tarefas visuais/figurativas, são aquelas que envolvem uma sequência de figuras que obedecem a determinada regularidade. Essas tarefas, conforme aponta a autora, incitam a percepção e o pensamento visual, algo muito importante para que os alunos entendam a relação existente entre a ordem das figuras e o valor numérico que elas representam.

Desse modo, observar as características figurativas nessas tarefas, procurar o padrão, explorar regularidades e estabelecer relações são ações indispensáveis para a resolução de problemas e para a generalização. De acordo com Vale, "a busca da expressão da generalidade constitui também em si uma atividade de resolução de problemas" (2013, p. 69). Também indica dois tipos de generalização que as tarefas em contextos figurativos podem abranger.

> A generalização próxima, *que se refere à descoberta do termo seguinte, que pode ser obtido por contagem, desenho ou por*

> *recurso a uma tabela, e que normalmente envolve relações recursivas, e a* generalização distante, *que implica a descoberta do padrão e exige a compreensão da lei de formação, ou seja, de uma regra geral expressa matematicamente, e requer a procura de relações funcionais. (VALE, 2013, p. 70, grifos da autora)*

Segundo Cyrino e Oliveira (2011), há vários tipos de pensamento algébrico. Podem ser mobilizados de acordo com as tarefas propostas, o nível de escolaridade, as experiências algébricas anteriores. Os tipos identificados pelas autoras, referendados em outros estudos, foram nomeados de aritmética generalizada, pensamento funcional e modelação. Esses tipos de pensamento algébrico estão em conformidade com as três vertentes da álgebra trazidas por Kaput (2007).

As três vertentes da álgebra trazidas por Kaput (2007): Kaput (2007) considera que há dois aspectos centrais para o raciocínio algébrico: álgebra como generalização de regularidades sistemáticas de simbolizações; álgebra como raciocínio guiado sintaticamente e ações, e generalizações expressas em sistemas simbólicos convencionais. Para ambos os aspectos, o autor aponta três vertentes: 1) álgebra como generalização da aritmética; 2) álgebra como estudo de funções, relações e variações; e 3) álgebra como modelação dentro e fora da matemática.

A aritmética generalizada refere-se ao uso da aritmética para expressar e formalizar generalizações. Fazem parte desse tipo de pensamento algébrico: a exploração de propriedades de operações com números, o estabelecimento de relação de identidade, a exploração da igualdade como relação, a resolução de sentenças com números desconhecidos, a exploração de propriedades e relação entre números, o tratamento algébrico do número e a expressão de raciocínios aditivos e multiplicativos. O pensamento funcional, por sua vez, consiste na mobilização de relações funcionais para generalizar padrões e envolve expressar quantidades ou operações por meio de símbolos (linguagem sincopada), encontrar uma relação funcional (termo geral e lei de formação), antecipar condições desconhecidas a partir de dados conhecidos, identificar e descrever um padrão numérico e reconhecer relações equivalentes. Por fim, a modelação corresponde à construção de um modelo para expressar uma generalização, justificando, demonstrando e testando suas conjecturas. Cyrino e Oliveira (2011) enfatizam ainda que, para explorar esses diferentes tipos de pensamento algébrico manifestados na sala de aula, os professores precisam estar atentos para identificá-los e compreendê-los.

Em nossas discussões, pautadas na perspectiva histórico-cultural, o processo de desenvolvimento do pensamento algébrico está imbricado com o papel da linguagem e, em especial, da palavra. Nessa perspectiva teórica, no campo da educação algébrica, destacam-se os estudos de Mason (2007), que faz referência aos modos de conceber a relação entre a palavra e o pensamento algébrico. Para ele, a generalização está no coração da matemática, e a palavra é

Relação entre a palavra e o pensamento algébrico: O trabalho com a palavra, a linguagem, seja ela falada ou escrita, é fundamental para que o aluno desenvolva o pensamento algébrico e chegue às generalizações. O pensamento constitui-se pela palavra, embora a palavra nem sempre expresse a amplitude do pensamento.

fundamental para chegar lá. Esse autor também defende o quanto o trabalho com situações de generalização, desde o início da escolarização, é uma forma de empoderamento dos alunos, se tiverem possibilidade de expor seus modos de pensar – e é nessa perspectiva que temos trabalhado. O ambiente da sala de aula, diante de tarefas de álgebra, é de investigação, com abordagens problematizadoras e dialógicas, em um espaço onde os alunos podem se expressar, argumentar, contra-argumentar, levantar hipóteses, explicar procedimentos etc., ou seja, um ambiente de negociação de significados. Como afirma Mason, "a álgebra é vista como uma poderosa linguagem para expressar relações como generalidades, permitindo que essas relações possam ser vistas como propriedades e, portanto, como base para deduções" (2007, p. 86). Complementa apontando que esse ambiente de desenvolvimento do pensamento algébrico empodera matematicamente os alunos.

Essas reflexões teóricas evidenciam a importância de um trabalho com álgebra no Ensino Médio que faça um diagnóstico do modo de pensamento dos alunos, servindo como subsídio para um trabalho posterior do professor com a classe, no sentido de possibilitar a apropriação e a mobilização do pensamento algébrico. Pensando nisso, a seguir, apresentamos uma proposta de tarefa que pode ser utilizada e adaptada pelo professor, caso haja necessidade, como forma de identificar o tipo de pensamento algébrico de seus alunos, em determinadas situações, para posteriores ações.

2.3 O DESENVOLVIMENTO DA TAREFA

A tarefa sobre sequência apresentada neste texto foi desenvolvida em duas turmas do 2º ano do Ensino Médio, em fevereiro de 2015, em uma escola pública do interior do estado de São Paulo, em que a primeira autora lecionava a disciplina de Matemática. Participaram 27 alunos do 2º A e 29 alunos do 2º B, distribuídos em grupos, cuja formação foi de livre escolha, desde que respeitando o limite de quatro integrantes. Para o seu desenvolvimento, foram necessárias três aulas, mas esse tempo pode variar de acordo com a turma. Quando todos os grupos finalizaram a atividade, houve a socialização das ideias e das estratégias de resolução utilizadas, e a professora realizou o fechamento da tarefa, algo indispensável para o movimento de aprendizagem.

Fechamento da tarefa: O fechamento da tarefa é indispensável para que os alunos, após apresentarem suas estratégias, possam discutir e argumentar, validando (ou não) as estratégias elaboradas e chegando a uma ideia final organizada, a uma sistematização do que foi abordado com a tarefa.

O ambiente de aprendizagem estabelecido era novo para os alunos selecionados para participar desse movimento. Não fazia parte de suas experiências escolares realizar trabalhos em grupo nas aulas de Matemática, tampouco socializar ideias e procedimentos de resolução com os demais alunos da sala.

Como estavam no 2º ano do Ensino Médio, já haviam estudado sequências numéricas – progressões aritmética e geométrica – no ano anterior, cumprindo o currículo oficial do estado de São Paulo. Com base nisso, a expectativa da professora era de que não tivessem tantas dificuldades com o desenvolvimento das tarefas propostas e conseguissem fazer generalizações.

Como objetivo da tarefa[1], os alunos deveriam observar regularidades, estabelecer relações e generalizar, por meio de uma lei de formação, considerando três situações: o total de cubos do muro e a quantidade de pontas de cada muro; a quantidade de pontas de cada muro e o número da figura; o número da figura e o total de cubos do muro.

- Utilizando cubos, são construídos muros, conforme vemos na sequência de figuras a seguir.

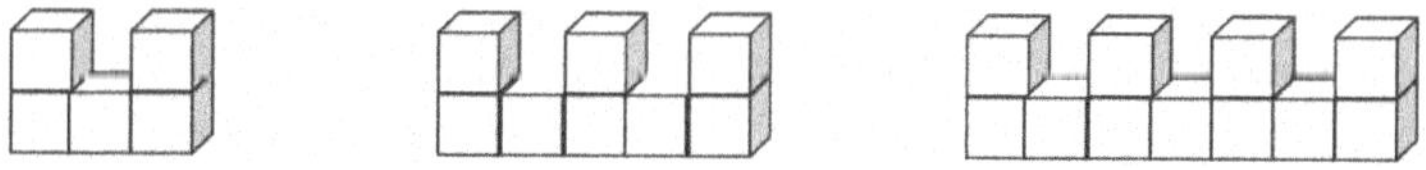

Figura 1 Figura 2 Figura 3

a) Qual seria o número de cubos necessários para construir um muro de dez pontas?

b) Há alguma relação entre o número de pontas de cada muro e a quantidade de cubos necessários para sua construção?

c) Vocês conseguiriam criar uma expressão matemática para calcular a quantidade de cubos necessários para a construção de um muro com n pontas?

d) Qual seria a quantidade de pontas do muro representado pela Figura 12?

e) Há alguma relação entre o número da figura e a quantidade de pontas do muro que ela representa?

f) Vocês conseguiriam criar uma expressão matemática para calcular a quantidade de pontas do muro representado pela Figura N?

---

1 Adaptada do Banco de Questões da Olimpíada Brasileira de Matemática das Escolas Públicas (Obmep), de 2014, de acordo com a intencionalidade da professora.

g) Qual seria a quantidade de cubos necessários para a construção do muro representado pela Figura 16?

h) Há alguma relação entre o número da figura e a quantidade de cubos necessários para a construção do muro que ela representa?

i) Vocês conseguiriam criar uma expressão matemática para calcular a quantidade de cubos necessários para a construção do muro representado pela Figura *N*?

Cada um dos grupos participantes recebeu uma cópia da tarefa a ser desenvolvida, contendo espaços para o registro dos procedimentos de resolução e das respostas alcançadas. Logo que a professora distribuiu as folhas, os alunos queriam saber que "conta" tinham que fazer e o que deviam escrever na folha. Essa atitude deve-se a uma tradição de aula de Matemática baseada no "paradigma do exercício" (ALRØ; SKOVSMOSE, 2006), em que o professor tem o papel de expor os conteúdos e as técnicas de resolução, e os alunos fazem exercícios de livros-textos, aplicando diretamente as técnicas apresentadas. Esses exercícios são, na maioria das vezes, realizados individualmente, corrigidos posteriormente e apresentam somente uma solução correta. Não há espaço para socializações, trabalhos em grupos, problematizações, investigações, resoluções de problemas etc.

Para a escrita: A escrita nas aulas de Matemática possibilita ao aluno que explicite e (re)elabore seu pensamento. "A ação de escrever permite que ele tenha tempo para pensar, processar seus raciocínios, corrigir, rever o que escreveu e reestruturar sua escrita. Enfim, há todo um movimento reflexivo, por parte do escritor sobre a sua própria aprendizagem" (NACARATO; LOPES, 2009, p. 34).

Nesse processo, também não há lugar para a escrita como forma de registro de estratégias de resolução, uma vez que o que é visto como importante é o resultado, e não o processo. Entretanto, a escrita deveria ser considerada como "uma ferramenta importante para desenvolver e fomentar o aprendizado matemático" (POWELL; BAIRRAL, 2006, p. 101), como um veículo potencializador de aprendizagens.

Mediações e problematizações: De acordo com Fontana (2000), a mediação é a ação do professor que possibilita a circulação de significados, a elaboração e (re)elaboração de argumentos e estratégias, criando condições para que os alunos formem conceitos. A problematização, também considerada uma forma de mediação, consiste na elaboração de perguntas, de questionamentos que o professor pode fazer para ajudar os alunos a avançar, para dirigir o pensamento do aluno, levando-o a refletir, investigar, compreender.

Sabendo que o início do trabalho com a escrita não é fácil, pois rompe com uma cultura de aula de Matemática, conforme apontam Nacarato e Lopes (2009), foi necessário que a professora incentivasse os alunos a registrar suas ideias, suas estratégias de resolução, em vez de apenas apresentar um resultado obtido por cálculos.

Além desse incentivo, a professora também realizou outras ações durante o desenvolvimento das tarefas, as quais incluíam mediações e problematizações, a fim de levar os alunos a refletir. Enquanto circulava pelos grupos, em vez de fornecer informações ou dar respostas, procurava instigá-los à percepção de regularidades, à realização de generalizações e ao pensamento algébrico, ou seja, estimulava-os a investigar, levantar hipóteses de solução e efetivá-las.

A tarefa possibilitou a utilização de uma variedade de estratégias para a determinação de um termo da sequência de figuras, o reconhecimento de diferentes leis de formação para uma mesma sequência e a percepção de equivalência entre elas. Pela natureza da tarefa, entendemos também ser possível que os alunos estabeleçam a relação entre as três variáveis envolvidas nela. Por isso, caso deseje, o professor pode propor uma última questão: seria possível estabelecer alguma relação entre a quantidade de cubos do muro, o número da figura e a quantidade de pontas do muro?

2.4 EVIDENCIANDO O PENSAMENTO ALGÉBRICO A PARTIR DAS ESTRATÉGIAS DE RESOLUÇÃO

Durante o desenvolvimento da tarefa, para cada um dos itens, surgiram diferentes estratégias de resolução. Para ilustrar isso, inicialmente trazemos uma situação referente à questão **a**, na qual os alunos tinham que descobrir a quantidade de cubos utilizados na construção de um muro de dez pontas. Vale destacar que as pontas são os cubos dispostos de forma separada uns dos outros que estão na segunda linha do muro, não são os vértices desses cubos.

Alguns grupos optaram pela utilização do desenho para fazer uma contagem, ou seja, desenharam a figura de dez pontas, seguindo a regularidade observada e a disposição dos cubos das figuras disponíveis. A figura a seguir revela essa opção.

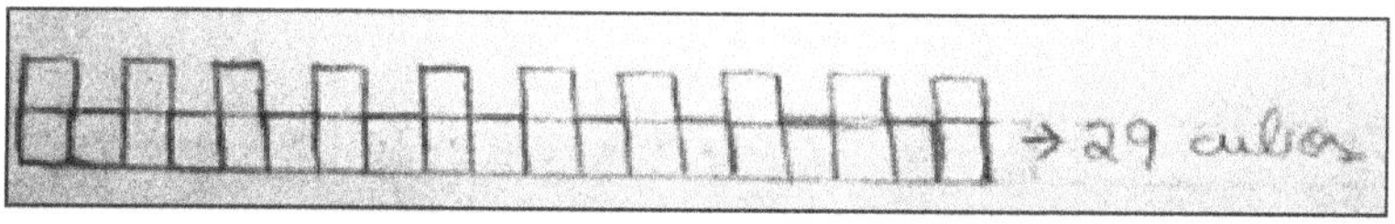

Figura 2.1 *– Solução utilizando o desenho.*
Fonte: folha de respostas dos alunos.

Com a apropriação da regularidade existente na disposição dos cubos, não houve necessidade de representar cada um dos elementos da sequência formada pelos muros para chegar ao de dez pontas. Nesse caso, é possível notar que o grupo, apesar de ter percebido regularidades, utilizou a contagem no desenho.

Outra estratégia empregada, ilustrada pela Figura 2.2, foi o estabelecimento de relações e a percepção de regularidades entre o número da figura com as respectivas quantidades de pontas e o número da figura com a quantidade de cubos da parte de baixo do muro de cada figura.

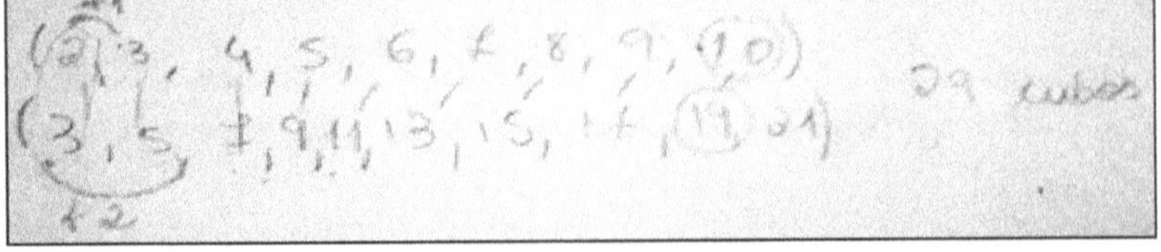

Figura 2.2 – Solução utilizando sequências.
Fonte: folha de respostas dos alunos.

O grupo fez a representação numérica de cada figura, em forma de sequências, indicando que a Figura 1 teria 2 pontas em cima e 3 cubos embaixo, e assim sucessivamente até chegar a 10 pontas, que seria a Figura 9, com 19 cubos embaixo. A soma das 10 pontas com os 19 cubos de baixo, totalizou 29 cubos.

Isso foi possível a partir da descoberta de que a quantidade de pontas aumentava uma unidade a cada figura – uma P.A. de razão 1 –, e de que a quantidade de cubos da parte de baixo aumentava duas unidades a cada figura – uma P.A. de razão 2. Esse pensamento pode ser confirmado ao observar o "+ 1" na primeira sequência registrada e ao "+ 2" na segunda sequência.

Além dessas estratégias, outro grupo conseguiu utilizar uma mais bem elaborada, envolvendo tabela, sequência e lei de formação. A Figura 2.3 expõe essa estratégia.

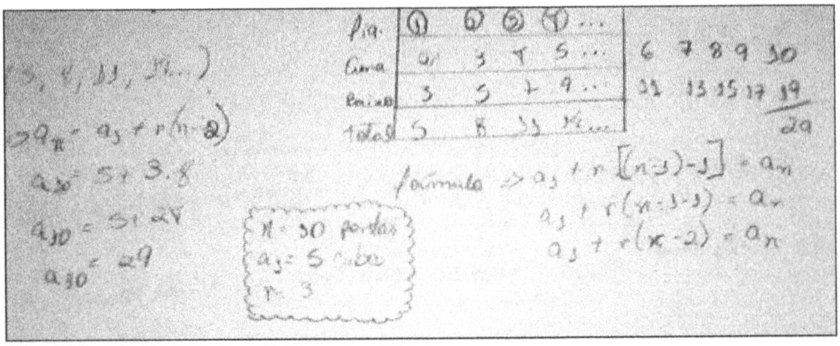

Figura 2.3 – Solução utilizando tabela, sequência e lei de formação.
Fonte: folha de respostas dos alunos.

O primeiro passo, segundo os integrantes desse grupo, foi a construção de uma tabela contendo o número da figura, a quantidade de cubos da parte de cima (pontas), da parte de baixo e o total de cubos do muro representado nessa figura. Em seguida, completaram a tabela e identificaram 29 como sendo a quantia de cubos da figura de dez pontas. A partir daí, percebendo que o total de cubos formava uma P.A. de razão 3, cujo primeiro termo era 5, tentaram utilizar a fórmula do termo geral dessa sequência, mas, ao colocar o *n* como quantidade de pontas, não obtiveram 29. Para chegar a esse valor, esses alunos notaram que obteriam a resposta se, em vez de manter o $n - 1$ da fórmula, tirassem mais uma unidade, ou seja, colocassem $n - 2$, visto que havia uma diferença de uma unidade entre a quantidade de pontas e o número da figura. Assim, determinaram que a lei de formação para a quantidade de cubos do muro de uma figura qualquer dessa sequência é dada por $a_n = a_1 + r.(n - 2)$, em que *n* é a quantidade de pontas.

Desse modo, cada grupo, ao utilizar uma estratégia de resolução diferente, mostra ter um tipo de pensamento algébrico. Diante disso, o professor pode possibilitar um ambiente de comunicação e reflexão, propondo uma socialização para que as estratégias sejam conhecidas, verificadas e discutidas pelos demais grupos, buscando a compreensão e o desenvolvimento do pensamento algébrico. Nesse movimento de circulação de ideias, os significados vão sendo negociados, e os alunos vão se apropriando de diferentes estratégias para resolver uma mesma situação. Constata-se, também, a importância do registro, pois por meio dele o professor pode ter acesso às formas de pensamento algébrico dos alunos - desde uma estratégia pautada no desenho até uma generalização com o uso da linguagem simbólica. Evidentemente, para o Ensino Médio, as nossas expectativas seriam as duas últimas estratégias. No entanto, há de se questionar a vivência que os alunos tiveram anteriormente com a resolução de tarefas como a proposta.

2.5 DIALOGANDO SOBRE LEIS DE FORMAÇÃO EQUIVALENTES

Durante a socialização das tarefas, evidenciou-se que diferentes grupos encontraram diferentes leis de formação para uma mesma sequência. Então, a professora procurou fazer mediações para levá-los à percepção da equivalência entre essas soluções. Esse é o papel fundamental do professor: por meio de intervenções, provocar reflexões para avanços nos modos de pensar dos alunos.

Isso aconteceu, primeiramente, na questão **c**, cuja proposta era criar uma expressão matemática para calcular a quantidade de cubos necessários para a construção de um muro com *n* pontas. Apresentamos alguns dos registros nas Figuras 2.4 e 2.5.

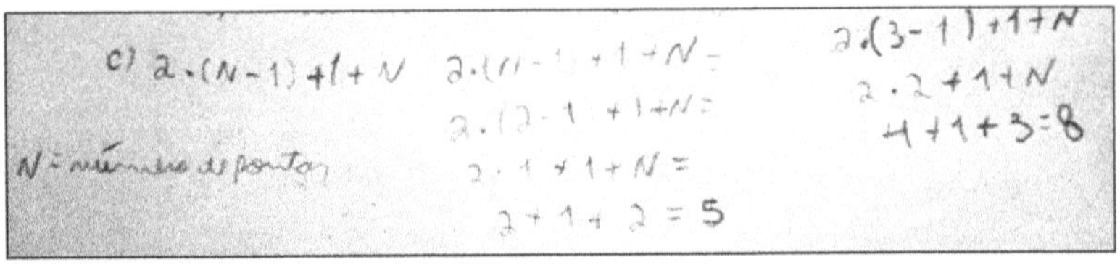

Figura 2.4 *– Lei de formação 1.*
Fonte: folha de respostas dos alunos.

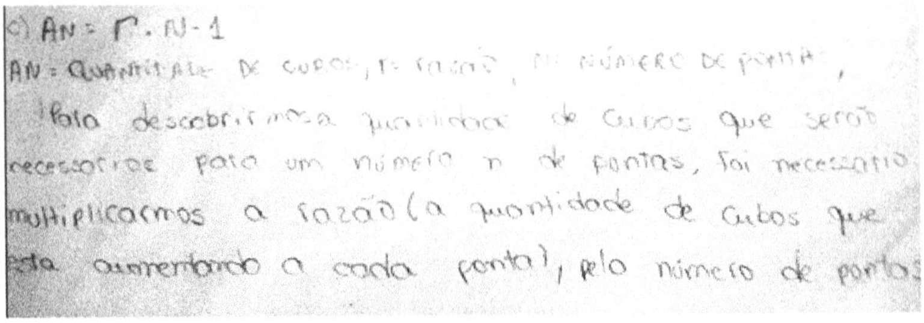

Figura 2.5 *– Lei de formação 2.*
Fonte: folha de respostas dos alunos.

No momento da socialização, esses dois grupos falaram das leis de formação encontradas, e a professora propôs à sala uma verificação de sua validade. Em seguida, questionou os alunos, na tentativa de fazê-los perceber a equivalência entre elas. A fim de elucidar esse movimento, a seguir apresentamos um excerto da transcrição da audiogravação:

Professora: *Vocês conseguiram criar uma expressão matemática para calcular a quantia de cubos de um muro de* n *pontas?*

A: *Colocamos* a_n, *que é a quantidade de cubos, igual à razão vezes o número de pontas menos 1, que fica* a_n = r. *n – 1.*

Professora: *Vamos ver se dá para calcular a quantia de cubos. Quanto vale a razão? O que é razão?*

L: *É 3. É de quanto em quanto vai aumentando. Fica* a_n *= 3.* n *– 1.*

Professora: *Então, vamos colocar o 3 aqui. O número de pontas é o* n. *Quantas pontas tem a primeira figura?*

Alunos: *2.*

Professora: *Então fica 3. 2 – 1, que vai dar...?*

Alunos: *5.*

Professora: *Deu 5 e tem 5 cubos mesmo na primeira. Vamos testar com a segunda: 3. 3 – 1 são 8 e tem 8 cubos. Na terceira fica 3. 4 – 1 que dá 11. Então vocês acham que essa expressão permite calcular a quantia de cubos de acordo com a quantia de pontas?*

Alunos: *Sim.*

Professora: *Algum grupo colocou outra expressão?*

D: *Nós fizemos 2.* (n – *1) +1* + n.

Professora: *Será que com essa expressão também dá certo? O que esse* n *significa?*

Le: *Número de pontas.*

Professora: *Vamos ver: na primeira figura fica 2. (2 – 1) + 1 + 2. Como se resolve isso?*

Le: *Parênteses primeiro, depois multiplicação.*

Professora: *Ah, então fica 2 – 1 = 1 e 2. 1 = 2. Daí eu faço...?*

Le: *2 + 1+ 2 = 5.*

Professora: *Vamos ver a segunda também: 2. (3 – 1) + 1 + 3. Faço 3 – 1 = 2, depois 2. 2 = 4 e 4 + 1 + 3 = 8. E como vocês chegaram a essa expressão?*

D: *A gente testou o 2.*(n – *1), mas não deu certo. Daí fomos pensando como teria que ser para dar certo e chegamos nessa expressão.*

Professora: *Mas será que não dá para reduzir essa expressão?*

L: *Dá para juntar o* n.

Professora: *Mas como eu vou juntar o* n*?*

Le: 2n*?*

Professora: *Será? Vocês acham que dá para reduzir a expressão ou não?*

Le: *Dá, mas temos que pensar.*

Professora: *Então vamos pensar juntos? Se eu falar assim: fui à feira e comprei 2 abacaxis, 1 melancia; depois comprei 2 abacaxis e 3 melancias; depois 10 abacaxis, 2 peras... Eu não poderia ter resumido tudo isso ao invés de ficar repetindo toda vez abacaxi e melancia?*

Alunos: *Sim.*

Professora: *Como?*

Le: *Juntando.*

Professora: *E nessa expressão dá para juntar?*

J: *Dá pra fazer assim* [fazendo gestos com a mão no ar, indicando a propriedade distributiva da multiplicação em relação a adição].

Professora: *Ah, mas fazer assim tem um nome.*

D: *Distributiva.*

Professora: *Isso. Daí eu faço 2.*n *que dá...?*

Alunos: *2*n.

Professora: *E depois?*

Alunos: *2. (–1) = –2*

Professora: *E depois?*

Alunos: *Copia o que sobrou.*

Professora: *Fica 2*n *– 2 + 1 +* n. *E agora?*

A: *Você pode fazer 2*n *+* n *que dá 3*n *e –2 + 1 que é –1.*

L: *Isso mesmo.*

Professora: *Vamos fazer. Vai ficar então, 3*n *– 1?*

Alunos: *Isso.*

Professora: *E essa expressão não lembra algo que a gente já fez?*

L: *É igual à que tinha a razão que era 3, vezes* n *menos 1.*

Professora: *Isso. Então, vejam que são formas diferentes de representar a expressão, mas que com todas dá para calcular a quantia de cubos. A gente diz, então, que elas são equivalentes.*

O diálogo se passou em uma das salas de aula, sendo considerado por nós mais relevante, pois as expressões encontradas foram praticamente as mesmas. Esse mesmo movimento ocorreu também na socialização da questão **i**, mas não vamos abordar aqui.

Assim, os alunos puderam perceber que, mesmo parecendo diferentes, as leis de formação encontradas – "$2. (n + 1) + 1 + n$" e "$a_n = r. n - 1$", com r valendo 3 – eram equivalentes. Ambas permitiam a determinação da quantidade de cubos de um muro, conhecida a sua quantidade de pontas, representada por *n*. O momento que destacamos foi importante para que os grupos pudessem perceber que suas respostas, embora parecessem diferentes, eram equivalentes. Do mesmo modo, os grupos que não haviam conseguido fazer representações algébricas puderam conhecer algumas das possibilidades de elaborá-las. Isso só reforça que é imprescindível que, nesse tipo de tarefa, o professor proponha a socialização após o término do desenvolvimento.

2.6 O APARECIMENTO DE UMA RELAÇÃO NÃO PROPOSTA

Quando a questão **c** foi socializada, a professora observou que, enquanto alguns grupos responderam exatamente o que a questão pedia, outros criaram uma lei de formação que relacionava as três variáveis – quantidade de pontas do muro, número da figura e total de cubos do muro. A Figura 2.6 traz esse registro.

Figura 2.6 *– Registro 1 da relação não proposta.*
Fonte: folha de respostas dos alunos.

Nesse caso, o grupo descobriu que o dobro do número de pontas do muro (n), somado ao número da figura (F) que representa esse muro, resulta no total de cubos do muro. Para definir a referida relação, os alunos testaram a hipótese com as figuras 1, 2 e 3, conforme mostra o registro anterior.

Um segundo grupo também encontrou essa relação, como demonstra a figura a seguir.

Figura 2.7 *– Registro 2 da relação não proposta.*
Fonte: folha de respostas dos alunos.

Para os integrantes desse grupo, o resultado (ℓ) podia ser determinado pela soma do número de pontas (n) multiplicada por 2 como número da figura (m) multiplicado por 1.

Além disso, ainda houve outro grupo que, na questão **b**, propunha a identificação de uma relação entre o número de pontas de cada muro e a quantidade de cubos necessários para sua construção, indicando uma relação existente entre as três variáveis, a qual foi repetida na questão **c**. Essa resposta está na figura a seguir.

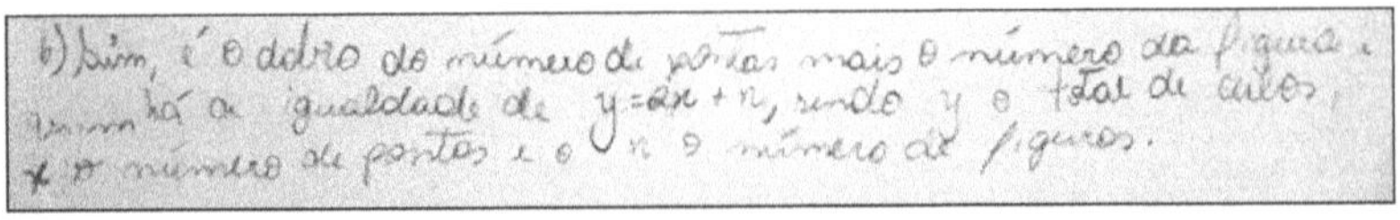
b) Sim, é o dobro do número de pontas mais o número da figura e assim há a igualdade de y=2x+n, sendo y o total de cubos, x o número de pontas e o n o número de figuras.

Figura 2.8 – *Registro 3 da relação não proposta.*
Fonte: folha de respostas dos alunos.

Nesse registro, o grupo explicita a relação existente entre as variáveis e indica a lei de formação referente, detalhando cada uma das variáveis.

Todos esses grupos justificaram a relação apresentada algebricamente devido à disposição dos cubos na construção dos muros, conforme o registro de exemplo apresentado na Figura 2.9.

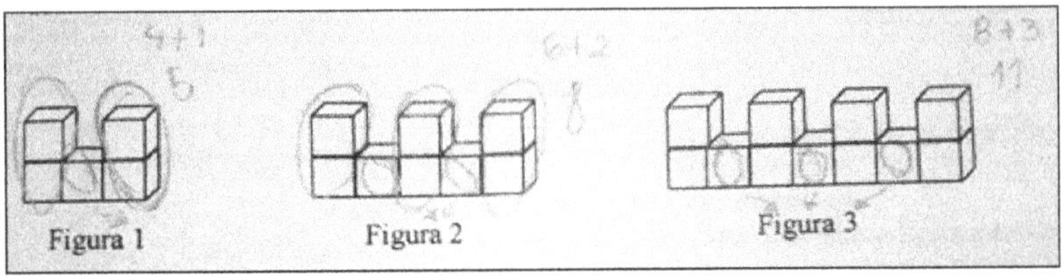

Figura 2.9 – *Justificativa de um dos grupos para a relação não proposta.*
Fonte: folha de respostas dos alunos.

As demarcações feitas sobre as figuras indicam o que havia sido notado: o dobro da quantia de pontas somada ao número da figura, o que correspondia aos cubos que separavam uma ponta da outra, resultando no total de cubos do muro representado naquela figura, como os próprios grupos haviam observado.

No momento da socialização, a professora deixou claro que não era esse o objetivo da questão, mas que, no entanto, tinham feito uma descoberta interessante, em que ela própria não havia pensado. A situação fez a professora refletir, possibilitando a percepção de que, além da escolha e da adaptação das tarefas, é importante que elas sejam aplicadas para possíveis (re)formulações. Assim, aos itens propostos na tarefa, poderia ser acrescentado outro, visando estabelecer a relação entre o número de pontas do muro, o número da figura e o total de cubos do muro que ela representa e, consequentemente, a identificação de sua lei de formação.

2.7 PARA FINALIZAR...

A tarefa apresentada evidencia que é possível quebrar uma rotina de aula de Matemática vivenciada pelos alunos e criar um ambiente de ensino e aprendizagem potencializador, que mobilize o pensamento algébrico. Para o trabalho com tarefas que visem à mobilização desse pensamento nessa etapa da escolaridade, é importante não só a escolha da tarefa, para que possibilite o levantamento de hipóteses e sua validação e a identificação de outras relações não previstas, mas também a mediação e as problematizações realizadas pelo professor. É indispensável que ele faça boas perguntas, com a finalidade de ajudar os alunos a avançar.

As estratégias apresentadas por eles também evidenciam a heterogeneidade de uma sala de aula. Nesse ambiente, o professor precisa estar preparado para, de um lado, propiciar condições para que todos avancem nos modos de resolver uma situação e, de outro, lidar com a imprevisibilidade e saber ouvir os alunos, a fim de compreender os diferentes modos como resolvem a tarefa proposta.

Em síntese, na perspectiva aqui adotada, a cultura da sala de aula precisa contar com a intencionalidade do professor na escolha da tarefa e na condução do trabalho em sala de aula, com problematizações e intervenções necessárias; as interações entre os alunos, quando trabalham em grupos e nos momentos de socialização, em que podem apresentar suas estratégias, discutir e argumentar, validando (ou não) as estratégias elaboradas; e os modos de registrar, tanto no individual do aluno quanto na síntese produzida pelo professor. Esse movimento é permeado pelas diferentes linguagens que circulam na sala de aula: oral, escrita, gestual e pictórica.

2.8 SUGESTÕES DE AMPLIAÇÃO DO TEMA

Aqui, indicamos alguns sites que podem ser consultados.

- Blog do Grucomat (http://grucomat.blogspot.com.br): disponibiliza sequências de tarefas envolvendo a álgebra.
- Coleção M³ Matemática Multimídia (http://m3.ime.unicamp.br): traz algumas propostas de vídeos, áudios, experimentos e *softwares* que podem ser utilizados para auxiliar no desenvolvimento do trabalho com sequências e progressões.
- *Álgebra no ensino básico*, de Ponte, Branco e Matos (http://repositorio.ul.pt/handle/10451/7105): disponibiliza para *download* esse livro que constitui um material de apoio para a abordagem algébrica na Educação Básica.
- Encontro de Investigação em Educação Matemática (EIEM), de 2001 (https://drive.google.com/file/d/0BwWNSGLRSkY1aG5UYU5WOUFmTDQ/view): apresenta textos que tratam do processo de ensino-aprendizagem da álgebra.

- Programa de Formação Contínua em Matemática para Professores do 1º e 2º Ciclos do Ensino Básico (https://drive.google.com/file/d/0BwWNSGLRSkY1dG05T3lQbGRMeFU/view): divulga propostas de tarefas.
- Proposta de conjunto de tarefas para o 2º ciclo (https://drive.google.com/file/d/0BwWNSGLRSkY1R2o4RUtvR2w4WDQ/view): apresenta propostas de tarefas de álgebra.

REFERÊNCIAS

ALRØ, H.; SKOVSMOSE, O. **Diálogo e aprendizagem em educação matemática**. Belo Horizonte: Autêntica, 2006.

CIRYNO, M. C. de C. T.; OLIVEIRA, H. M. de. Pensamento algébrico ao longo do ensino básico em Portugal. **Bolema**, Rio Claro, v. 24, n. 38, p. 97-126, 2011.

FONTANA, R. A. C. **Mediação pedagógica na sala de aula**. Campinas: Autores Associados, 2000.

HIEBERT, J. et al. **Making sense:** teaching and learning mathematics with understanding. Portsmouth: NH Heinemann, 1997.

KAPUT, J. J. What is algebra? What is algebraic reasoning? In: KAPUT, J. J.; CARRAHER, D. W.; BLANTON, M. L. (Ed.). **Algebra in the early grades**. New York: Lawrence Erlbaum Associates/NCTM, 2007. p. 5-17.

MASON, J. Making use of children' powers to produce algebraic thinking. In: KAPUT, J. J.; CARRAHER, D. W.; BLANTON, M. L. (Ed.). **Algebra in the early grades**. New York: Lawrence Erlbaum Associates/NCTM, 2007. p. 57-94.

NACARATO, A. M.; LOPES, C. A. E. Práticas de leitura e escrita em educação matemática: tendências e perspectivas a partir do seminário de educação matemática do COLE. In: LOPES, C. A. E.; NACARATO, A. M. (Org.). **Educação matemática, leitura e escrita:** armadilhas, utopias e realidade. Campinas: Mercado de Letras, 2009.

POWELL, A.; BAIRRAL, M. **A escrita e o pensamento matemático:** interações e potencialidades. Campinas: Papirus, 2006.

VALE, I. Padrões em contextos figurativos: um caminho para a generalização em matemática. **REVEMAT**, Florianópolis, v. 8, n. 2, p. 64-81, 2013.

3

Funções no Ensino Médio: propostas de trabalho

Stefânia Efigênia Izá

3.1 PARA INÍCIO DE CONVERSA...

Obstante a Matemática estar ligada à vida e à produção material, por razões históricas, é na maioria das vezes apresentada como ciência desligada da prática. Nos dias atuais, ainda há uma ênfase em aulas expositivas baseadas na reprodução de conteúdos e exercícios considerados importantes pelo professor e que vão ser copiados e reproduzidos pelos estudantes segundo determinado modelo. Como consequência, observa-se uma valorização do processo de memorização de regras sem a preocupação de sua compreensão. São práticas que revelam a concepção de que é possível aprender matemática por meio de um processo de transmissão de conhecimento, ou até mesmo, que a resolução de problemas pode se reduzir a procedimentos estabelecidos pelo professor (D'AMBROSIO, 1989; GERDES, 2002).

Pesquisas têm mostrado que, desde a década de 1930, havia nos colégios de formação de professores primários de Matemática a preocupação com a renovação pedagógica, de modo a superar o modelo de ensino baseado na dedução e optar por um modelo mais intuitivo (VALENTE, 2011). Com o Movimento da Matemática Moderna na década de 1970, aumentaram no Brasil as discussões acerca da forma como o conhecimento matemático era selecionado e transmitido. Desde então, pesquisas evidenciam a necessidade de oportunizar atividades que privilegiem o pensar, o refletir, as possibilidades de fazer e refazer, e também a necessidade de pensar em uma organização do currículo que permita a participação ativa do aluno no processo

Matemática Moderna:
No Brasil, o Movimento da Matemática Moderna constituiu-se em um conjunto de iniciativas em prol da melhoria do currículo e do ensino de matemática. Começou a ser difundido no país no início da década de 1960 como uma alternativa ao ensino tradicional.

de aprendizagem (D'AMBROSIO, 1999, 2002; FIORENTINI; MIORIM, 1990; LORENZATO, 2006).

Por sua vez, as avaliações externas realizadas no Brasil mostram que a maior parte dos estudantes da Educação Básica não domina os conceitos matemáticos considerados básicos. Apenas 11% dos estudantes até o 9º ano (290.458 de um total de 2.589.764), segundo dados da Fundação Lemman, aprenderam de forma adequada a competência relacionada à resolução de problemas.

Propostas metodológicas que considerem a resolução de problemas, a modelagem, o uso de tecnologias, a etnomatemática, a história da matemática como motivação para o ensino de tópicos do currículo e o uso de jogos matemáticos no ensino são alguns exemplos de propostas de trabalho que visam à melhoria do ensino de matemática (D'AMBROSIO, 1989).

Nesse sentido, apresentamos neste capítulo propostas de abordagens metodológicas relacionadas ao ensino de funções em uma perspectiva de trabalho que prioriza o ensinar e o aprender de modo significativo para o aluno.

3.2 O CONCEITO DE FUNÇÃO

No período que vai do final do século XVII ao XIX - pode-se dizer também desde o Renascimento -, os problemas de mecânica e hidráulica relacionados às necessidades das indústrias que começavam a surgir nesse período começaram a envolver a matemática das grandezas variáveis. Até o século XVII, na matemática não se estudava o movimento em si. Resolvia-se equações em que a incógnita era uma constante que deveria ser calculada. Nos problemas relacionados a mecânica e hidráulica, encontravam-se variáveis concretas, como tempo, distância, velocidade, ângulo de rotação, aceleração, entre outros. A partir do estudo desses problemas, evoluiu-se para a ideia de uma variável matemática. Nesse contexto, foi inventado o conceito de função (GERDES, 1981, p. 40).

Ponte (1990), em uma abordagem histórica sobre o conceito de função, mostra que a noção desse conceito já esteve associada à noção de lei natural, tendo como destaque a ideia de "regularidade" como um dos seus elementos constitutivos mais determinantes. Eram considerados três elementos essenciais na formação do conceito primitivo de função: a notação algébrica, a representação geométrica - proporcionando uma base intuitiva fundamental para compreensão de conceitos relacionados à tangente de uma curva ou derivada de uma função – e a relação com problemas concretos do mundo físico e associado à ideia de regularidade.

Obstante as muitas possibilidades de relacionar o conceito de função com o mundo real, o ensino desse conceito ainda se constitui um desafio para os professores.

> *Ensinamos demais e os alunos aprendem de menos e cada vez menos! Aprendem menos porque os assuntos são cada vez mais desinteressantes mais desligados da realidade dos fatos e dos objetivos mais distantes da realidade da vida dos adolescentes. (WERNECK, 1987, p. 13).*

As ideias sobre funções percorrem o conhecimento escolar desde as primeiras noções de proporcionalidade nos anos iniciais do Ensino Fundamental, na Educação Básica, até o ensino de cálculo diferencial e integral, no Ensino Superior. No entanto, nos livros didáticos de Matemática para o Ensino Médio, observa-se a metodologia mais utilizada para o ensino das funções afim e quadrática:

Cálculo diferencial e integral, no Ensino Superior: O livro *Conceitos fundamentais da matemática*, de Bento de Jesus Caraça (2000), mostra o processo histórico de elaboração do conceito de função.

- partindo de uma situação-problema para, em seguida, formalizar;
- partindo da definição e seguindo de exemplos e exercícios, respectivamente.

Os Parâmetros Curriculares Nacionais (BRASIL, 2002, 2006) propõem que a álgebra seja um dos temas a serem abordados no Ensino Médio. Nesse tema, podemos destacar os números e as funções, sugerindo um enfoque maior ao conceito de função relacionado a uma abordagem gráfica, bem como os estudos de suas propriedades e as relações com o mundo físico, em detrimento ao enfoque tradicional, que privilegia as manipulações algébricas e uma linguagem excessivamente formal.

Vale considerar, no entanto, o desafio do professor ao ensinar funções. Como articular de forma permanente a representação numérica, gráfica e algébrica? Existem abordagens que permitam que os estudantes compreendam de forma mais tranquila o conceito de função e suas variadas representações? A seguir, apresentamos algumas abordagens metodológicas relacionadas ao ensino de funções.

3.3 ENSINO DE FUNÇÕES A PARTIR DE UMA ABORDAGEM GRÁFICA

Esta abordagem metodológica considera que:

> *[...] a familiarização do aluno com os diversos tipos de gráficos pode se dar ao mesmo tempo em que o aluno adquire as noções de variável e dependência, básicas para a construção do conceito de função. Essas noções ficam cada vez mais claras ao passo que o aluno constrói e interpreta gráficos. (TINOCO et al.,1998, p. 12)*

As noções de regularidade e proporcionalidade, necessárias para um correto entendimento do conceito de função, podem ser revistas e ao mesmo tempo trabalhadas com situações do cotidiano dos estudantes, como sugerem Smole, Centurión e Diniz:

> *Nossa sugestão é que, a partir de problemas concretos e interessantes, o aluno seja capaz de construir e interpretar tabelas e gráficos, sendo que as situações apresentadas devem sempre se reportar ao universo mais próximo do aluno. No entanto, o material concreto não corresponde, necessariamente, a uma situação-problema real. (1989, p. 1)*

Nessa perspectiva, foi elaborada e desenvolvida a atividade "Consciência ecológica × comportamento ecológico. É função?". Com uma proposta de trabalho que buscou pensar as questões ambientais e despertar os estudantes para essa problemática, explorando resultados e representações, abordamos o conceito de função como relação de dependência entre duas grandezas que variam. Para tal, elaboramos dois questionários. O primeiro tinha como finalidade recolher dados para classificar o entrevistado quanto ao nível de conscientização ecológica; o segundo buscava considerá-lo de acordo com o seu comportamento ecológico. A discussão girou em torno dos seguintes questionamentos: um comportamento ecológico considerado adequado depende diretamente de se ter uma consciência ecológica? Uma ação é função da outra?

Apesar de nossos olhares estarem voltados para os desdobramentos da atividade, que poderiam ser representados por meio de gráficos, diagramas e tabelas, visando discutir o conceito de função em uma abordagem que privilegiasse a ideia de variação – grandezas que variam, uma em dependência da outra –, vimos que muitos outros conceitos foram trabalhados.

***Figura 3.1** – Conceitos trabalhados na fase inicial de construção do conceito de função.*

A proposta da atividade foi realizada, inicialmente, com professoras de Matemática da Educação Básica, no programa de formação continuada Gestão da Aprendizagem Escolar (Gestar II) e, posteriormente, em sala de aula. Após organização e representação dos dados coletados, pudemos retomar aos questionamentos iniciais, isto é, um comportamento ecológico considerado adequado depende diretamente de se ter uma consciência ecológica? Uma ação é função da outra? Então, iniciamos o estudo de funções nessa perspectiva de trabalho.

Analisando o gráfico elaborado em sala de aula (Figura 3.2), os estudantes puderam visualizar que uma ação não variava em uma relação de dependência com a outra. Em alguns casos, pessoas foram classificadas como altamente conscientizadas e com um comportamento ecológico altamente conscientizado. Entretanto, tivemos alguns com uma consciência ecológica altamente conscientizada e com um bom comportamento ecológico.

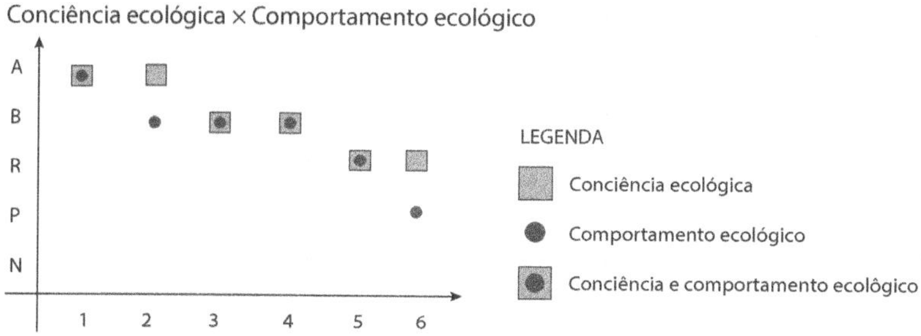

***Figura 3.2** – Consciência ecológica × comportamento ecológico.*

Assim, pudemos introduzir o conceito de função. Os estudantes participaram de todas as etapas da atividade. Inicialmente, havia uma relação de dependência entre duas grandezas que variavam obedecendo a uma regularidade. Ficou claro para eles que nem toda relação era função.

Após trabalharmos o conceito inicial de funções com situações e exemplos, demos sequência confrontando, sempre que possível, o teórico com o visual, como apresentamos na figura a seguir:

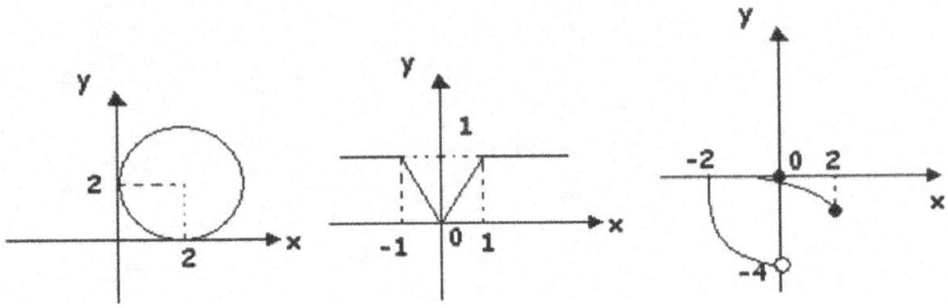

1. Não é função 2. É função 3. Não é função

Figura 3.3 *– Exemplos.*

Nos três primeiros exemplos, para identificar se o gráfico representa ou não uma função, o aluno deve ter uma noção de que cada valor de x corresponde a um único valor de y. Entretanto, vale ressaltar que o exemplo, inicialmente, pode induzir o aluno a concluir que não se trata de uma função, dando ao professor a oportunidade de intervir e mostrar que, apesar dos pontos não estarem ligados como nas funções contínuas, trata-se de uma representação de função. Nesse momento inicial, é válido trabalhar com modelos não lineares.

Outra proposta de atividade: No capítulo 9, intitulado "Procedimento geral em ação", da dissertação de Eliane Saliba Botta, *O ensino do conceito de função e conceitos relacionados a partir da resolução de problemas* (2010), é possível encontrar diversas sugestões de atividades práticas para serem realizadas no Ensino Médio. As atividades sugeridas já foram aplicadas pela autora.

Outra proposta de atividade que pode ser explorada nesse início de trabalho e que dá ao professor a oportunidade de articular o conceito de função e suas diversas representações (algébrica, tabela, relações e gráfica), possibilitando ao aluno dar sentido ao que está sendo estudado, é a da maior área possível, como, por exemplo:

Determinar a maior área possível de um cercado retangular de perímetro 28 m.

Em um primeiro momento, construímos com os estudantes uma tabela, listando todas as possibilidades, levantadas por eles, de valores para os lados do retângulo, de modo que o perímetro seja igual a 28 metros. Nesse momento, são abertas possibilidades para que se estabeleça um diálogo sobre matemática, de modo que os estudantes exponham suas estratégias e ideias para si mesmos e para os demais.

Tabela 3.1 *– Representação de possibilidades elencadas por alunos para obter um perímetro igual a 28 metros*

Lado 1	Lado 2	Área
1	13	13
2	12	24
3	11	33
4	10	40
5	9	45
6	8	48
7	7	49
8	6	48
9	5	45
10	4	40

Atividades como esta permitem que os estudantes usem suas próprias estratégias informais, pelo menos inicialmente, até que o professor possa direcioná-los a estratégias mais eficientes e a uma compreensão mais avançada.

Em seguida, sugerimos a montagem de uma expressão algébrica que represente a situação dada:

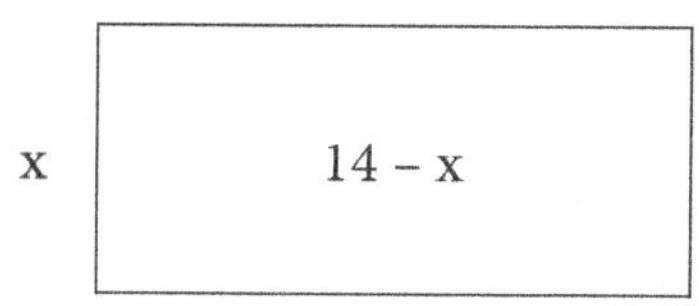

Como o perímetro é igual a 28 m, logo $2x + 2y = 28$ e $x + y = 14$ e $y = 14 - x$.

Assim, chegamos à expressão algébrica que representa a área: $y = -x^2 + 14x$.

Com a expressão algébrica em mãos, passamos para a fase de construção do gráfico.

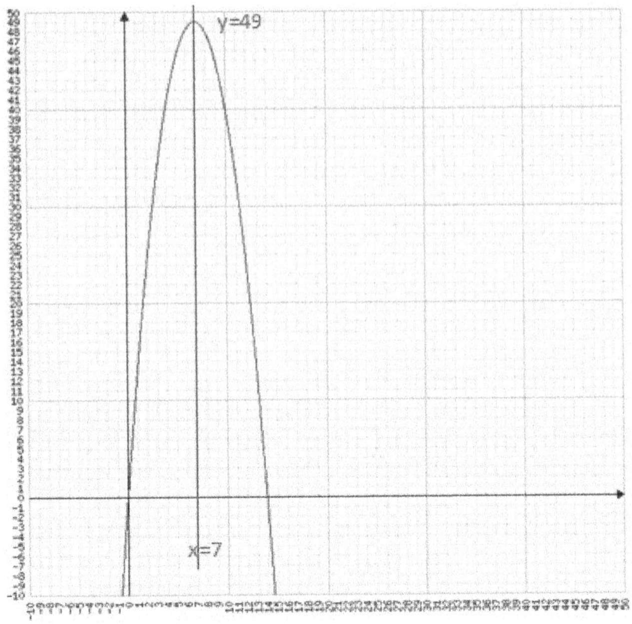

Figura 3.4 – Representação gráfica do problema do perímetro.

Ao visualizar o gráfico e compará-lo com a situação apresentada, os estudantes percebem que a maior área possível está no retângulo em forma de quadrado. Entendem também, ao observar a tabela construída e os dados do gráfico, a simetria que há no gráfico quando representa uma função do segundo grau. Nesse momento inicial, verificamos que o valor de x que se relaciona com o maior valor de y é 7. Tal observação feita em conjunto permite-nos calcular as coordenadas do vértice utilizando apenas o conceito de simetria. Assim, o significado do vértice fica mais evidente para os estudantes. Trata-se de um processo de construção do conceito. Não costumamos dividir inicialmente função do primeiro grau e depois função do segundo grau. Trabalhamos o conceito de função e todas as possibilidades de compreensão desse conceito e, quando diagnosticamos que compreenderam, avançamos de forma mais abstrata construindo e utilizando fórmulas. Com esse exemplo, trabalhamos o conceito de contradomínio, domínio, imagem, entre outros.

Na literatura, encontramos diversos trabalhos que se dedicam a mostrar diferentes formas alternativas metodológicas para o ensino de funções. Botta (2010) traz propostas de trabalho a partir da resolução de problemas. Rorrato et al. (2011) apresenta uma sequência didática considerando a história da Matemática em uma perspectiva evolucionista linear. Há também diversos artigos e trabalhos de mestrado e doutorado que trazem o ensino de funções com modelagem matemática. O trabalho de Fortes et al. (2013) apresenta os registros de experiências vividas ao usar o conceito de função em uma abordagem metodológica direcionada pela modelagem matemática.

3.4 PARA FINALIZAR...

Embora tenhamos avançado nas discussões sobre o ensino de matemática no Brasil, observamos no cotidiano da escola que grande parte da revolução no modo de ensinar e aprender deu-se no campo das ideias. É comum um ensino que tem no conceito sua finalidade máxima, uma exploração do conceito pelo conceito, sem o considerar como um meio para chegar a outros contextos ou relacionar-se com eles. A sensação que se tem é de que estamos perto e ao mesmo tempo longe de uma prática integrada com as demais disciplinas, considerando o conceito como meio e não como uma finalidade. Perto, diante dos avanços nos estudos e trabalhos que buscam discutir o ensinar e o aprender matemática de forma significativa; longe, ante os desafios de realizar-se no dia a dia da sala de aula um modo de ensinar matemática que se oponha ao modelo tradicional, a despeito de atores e fatores externos à prática do professor.

3.5 SUGESTÕES DE AMPLIAÇÃO DO TEMA

- No site do Instituto Nacional de Estudos e Pesquisas Educacionais Anísio Teixeira (Inep), é possível ter acesso aos resultados de avaliações, questões e propostas de trabalho, como o Geekie Games e Qedu. Disponível em: <http://portal.inep.gov.br/web/guest/educacao-basica>.
- O Programa Gestão da Aprendizagem Escolar (Gestar II) foi desenvolvido pelo Ministério da Educação (MEC), em parceria com a Universidade de Brasília (UnB). No *link*, é possível encontrar os cadernos de teoria e os de prática com sugestões de atividades para sala de aula, projetos, artigos na área da educação matemática e avaliações diagnósticas. Disponível em: <http://portal.mec.gov.br/secretaria-de-educacao-basica/programas-e-acoes/315-programas-e-acoes-1921564125/gestar-ii-1916286001/12383-material-de-ensino->.

REFERÊNCIAS

BOTTA, E. S. **O ensino do conceito de função e conceitos relacionados a partir da resolução de problemas**. 2010. 427 f.

Dissertação (Mestrado em Educação Matemática) – Universidade Estadual Paulista, Rio Claro, 2010.

BRASIL. Secretaria da Educação Média e Tecnológica. **PCNEM:** Parâmetros Curriculares Nacionais para o Ensino Médio. Brasília: MEC, 2002.

______. **Orientações curriculares para o Ensino Médio:** Ciências da Natureza, Matemática e suas Tecnologias. Brasília: MEC, 2006.

CARAÇA, B. J. **Conceitos fundamentais da matemática**. 3 ed. Lisboa: Gradiva, 2000.

D'AMBROSIO, B. S. Como ensinar matemática hoje? **Temas e Debates. SBEM**, Brasília, ano II, n. 2, p. 15-19, 1989. Disponível em: https://edisciplinas.usp.br/pluginfile.php/1953133/mod_resource/content/1/%5B1989%5D% 20DAMBROSIO%2C%20B%20-%20Como%20Ensinar %20Matem%C3%A1tica%20Hoje.pdf. Acesso em: 01 jul. 2016.

D'AMBROSIO, U. A história da Matemática: questões historiográficas e políticas e reflexos na Educação Matemática. In: BICUDO, M. A. V. (Org.). **Pesquisa em educação matemática:** concepções e perspectivas. São Paulo: Editora Unesp, 1999. p. 97-115.

______. **Etnomatemática:** elo entre as tradições e a modernidade. 2. ed. Belo Horizonte: Autêntica, 2002. 110 p. (Coleção Tendências em Educação Matemática).

FIORENTINI, D.; MIORIM, M. A. Uma reflexão sobre o uso de materiais concretos e jogos no ensino da matemática. **Boletim SBEM-SP**, São Paulo, v. 4, n. 7, p. 5-10, jul./ago. 1990.

FORTES, E. V.; JUNIOR, A. W. S.; OLIVEIRA, A. M. L. O. O uso de modelagem matemática no ensino de funções nas séries do Ensino Fundamental: um estudo de caso. **Itinerarius Reflectionis**, v. 9, n. 2, 2013. Disponível em: <https://www.revistas.ufg.br/rir/article/view/26414>. Acesso em: jan. 2019.

GERDES, P. **A ciência matemática**. Instituto Nacional para o Desenvolvimento da Educação (Inde): Maputo, 1981.

______. Sobre a produção de conhecimentos matemáticos em países da África Central e Austral. In: FERREIRA, M. K. L. (Org.). **Idéias matemáticas de povos culturalmente distintos**. São Paulo: Global, 2002. p. 206-220.

LORENZATO, S. **O laboratório de ensino de matemática na formação de professores**. São Paulo: Autores Associados, 2006. 226 p. (Coleção Formação de Professores).

PONTE, J. P. O conceito de função no currículo de matemática. **Educação e Matemática**, n. 15, p. 21-29, 1990.

RORRATO, C.; NOGUEIRA, C. M. I; KATO, L. A. Ensino de matemática, história da Matemática e aprendizagem significativa: uma combinação possível. **Investigações em Ensino de Ciências**, v. 16, n. 1, p. 117-142, 2011.

SMOLE, K. C. S.; CENTURIÓN, M. R.; DINIZ, M. I de S. V. A interpretação gráfica e o ensino de funções. **Revista do Professor de Matemática**, São Paulo, n. 14, 1989. p. 15-17.

TINOCO, L. A. A. et al. **Construindo o conceito de função no 1º grau**. Rio de Janeiro: Instituto de Matemática/UFRJ, 1998.

VALENTE, W. R. **A matemática na formação do professor do ensino primário**. São Paulo: Annablume, 2011.

WERNECK, H. **Ensinamos demais, aprendemos de menos**. Petrópolis: Vozes, 1987.

4

Pesquisar educação financeira e tomada de decisão no Ensino Médio: as primeiras ações de jovens pesquisadores

Marco Aurélio Kistemann Jr.
Daiana Bárbara de Almeida
Phablo Roberto Figueiredo

4.1 PARA INÍCIO DE CONVERSA...

Experiências que apresentam propostas diferentes das usuais em sala de aula de Matemática, no Ensino Médio, são relevantes porque podem ser compartilhadas. Assim, outros professores, saindo de sua zona de conforto, podem se sentir motivados a arriscar e, por meio de adaptações aos contextos sociais e culturais de seus estudantes, realizar ações que promovam problematizações envolvendo temas em que os conteúdos matemáticos possam auxiliar nas tomadas de decisão.

O Ensino Médio no Brasil, em nosso entendimento, necessita de reformulações curriculares e metodológicas na disciplina de Matemática, de modo que o que se aprende na sala de aula deve ser problematizado pelo professor em parceria com seus alunos, buscando, por meio da teoria, solucionar problemas do cotidiano em que se encontram inseridos os estudantes. Há muitos conteúdos que são ensinados e ainda não se conectam com a realidade e as necessidades dos estudantes, revelando, em muitos contextos, desinteresse com os temas tratados e evidenciando uma preocupante evasão de alunos do Ensino Médio.

A figura e a ação do professor de Matemática, nesse contexto, são de suma importância, pois cabe a esse profissional não mais ser o único detentor do conhecimento, mas sim o mediador de conhecimento. Deve, então, trabalhar junto de seus estudantes de modo a construir o conhecimento matemático que promove a inclusão social dos estudantes.

Equipe: A equipe era formada por um orientador e dois bolsistas, Phablo e Daiana. O Próbic-Jr/Fapemig/UFJF é um projeto de pesquisa, com duração de dez meses, que se torna efetivo sob a orientação de um orientador-pesquisador e a participação de bolsistas-pesquisadores do Ensino Médio, que recebem uma bolsa para serem iniciados em ações de pesquisa em uma universidade pública. Destacamos que uma das principais propostas do projeto é convidar estudantes do Ensino Médio a investigar temas matemáticos nesse segmento de ensino, de modo a promover a sintonia entre teoria e prática que facilitarão a construção significativa do conhecimento matemático e a autonomia do estudante.

Leituras: Os livros lidos são de educação financeira, como *Sobrou dinheiro*, de Luis Carlos Ewald, e *Casais inteligentes enriquecem juntos*, de Gustavo Cerbasi. As pesquisas selecionadas são as realizadas com a temática da educação financeira, disponíveis no site http://www.ufjf.br/mestradoedumat/. Os pesquisadores ainda investigaram sites como http://www.vidaedinheiro.gov.br/, em que se apresentam as propostas de educação brasileira (Acesso em: 10 jan. 2018).

Neste capítulo, relata-se uma experiência vivenciada por uma equipe, orientador e dois bolsistas, chamados Phablo e Daiana, no Próbic-Jr, da Fundação de Amparo à Pesquisa do Estado de Minas Gerais (Fapemig), da Universidade Federal de Juiz de Fora (UFJF). O tema da experiência foi o da matemática financeira e da educação financeira no Ensino Médio. Durante o desenvolvimento do projeto voltado para esse segmento de ensino, foram realizadas leituras, seminários científicos, pesquisas teóricas e de campo e participação em eventos com a temática envolvida.

Em um primeiro momento, em horários distintos daqueles em que os estudantes estavam em sala de aula, investigaram-se os princípios que regem propostas brasileiras de educação financeira. Em segundo, realizou-se uma pesquisa qualitativa de campo com entrevistas semiestruturadas com consumidores sobre o tema "garantia estendida" e pesquisas bibliográficas em compêndios de educação e planejamento financeiro. Como resultado principal do projeto, destaca-se a evolução como pesquisadores e um aprofundamento teórico e prático, relativos à pesquisa científica e educação financeira e tomada de decisão.

O principal objetivo do Próbic-Jr/Fapemig/UFJF é incentivar jovens que cursam o Ensino Médio a extrapolar os conteúdos desse nível de ensino, trazendo seus conhecimentos para a área da pesquisa científica. Entendemos que a educação financeira deve permear as ações escolares com projetos interdisciplinares e transversais, em termos curriculares, com populações cada vez mais jovens. Tal entendimento se dá na medida em que se constata incipiência dos jovens em lidar com instrumentos financeiros, como cartão de crédito, e as consequências da imaturidade financeira na tomada de decisões em cenários de consumo.

Após orientação e execução das ações de pesquisa, ao final do período, os bolsistas-pesquisadores apresentaram seus resultados de pesquisa no Seminário de Iniciação Científica (Semic) da UFJF, momento em que foram avaliados por uma banca de pesquisadores experientes. Um segundo objetivo do projeto foi proporcionar uma sedimentada formação inicial científica aos bolsistas-pesquisadores, permitindo o estudo da metodologia de pesquisa científica e seus ramos.

Em contextos em que a comunidade docente não encontra apoio de órgãos como a universidade, em cada ambiente escolar, de uma forma interdisciplinar, os professores podem eleger temas em concordância com os estudantes e investigá-los. Os resultados dessas ações investigativas podem compor uma semana científica no ambiente escolar, com a exibição de pôsteres e seminários curtos conduzidos pelos estudantes e apresentados à comunidade. Tais ações, em nosso entendimento e experiência, empoderam os estudantes e os habilitam a exercitar suas argumentações acerca de temas relevantes usando metodologia científica. Também é possível propiciar habilidades que não são exploradas no cotidiano escolar, como o trabalho em grupo na realização e apresentação de pesquisas.

Esse projeto tem extrema importância para despertar o estudante do Ensino Médio para a área acadêmica. É de conhecimento amplo que muitos estudantes desistem do Ensino Médio, optando pelo mercado de trabalho. Boa parte do contingente de estudantes que terminam essa etapa da educação formal foi reprovada algumas vezes.

O Censo Escolar de 2011 revelou um dado preocupante. A taxa de reprovação no Ensino Médio brasileiro atingiu 13,1%, maior número desde 1999. A constatação levanta importantes questões: o país está regredindo na educação dos jovens? Os alunos do Ensino Médio aprendem menos hoje e, por isso, são mais retidos? Segundo diversos especialistas, não é esse o caso. A reprovação é resultado de uma conjunção de fatores nem sempre negativa, embora longe de ser positiva.

Como professores da rede pública e particular, vivenciamos, por vários anos, as mudanças curriculares no Ensino Médio e o desânimo que muitos estudantes demonstram nos três anos que cursam essa etapa. Cremos que muito do desânimo deve-se a metodologias de ensino que excluem e promovem reprovações, fragilizando a motivação para aprender o que é oferecido nas disciplinas. Outro fator que pode ser verificado é a falta de perspectiva após o Ensino Médio, uma vez que muitos especialistas apontam que esse segmento educacional brasileiro não prepara os estudantes para uma vida acadêmica nem para o mundo do trabalho.

Ensino Médio: A renovação do Ensino Médio é uma das prioridades do país iniciada pelo governo em 2017. Há mobilização governamental, em sua base no Congresso Nacional, para priorizar a votação do Projeto de Lei (PL) 6.840/2013, que propõe mudanças importantes nos anos finais do ensino regular. A nova proposta estabelece que os currículos do Ensino Médio sejam organizados por áreas do conhecimento: Linguagens, Matemática, Ciências da natureza e Ciências humanas. A divisão visa priorizar práticas interdisciplinaridades, bem como a aplicação dos conhecimentos em outras áreas, adequando-os ao cotidiano e ao contexto social e a cultural dos estudantes brasileiros.

4.2 ENSINO MÉDIO COM PESQUISA

O *locus* em que vivemos no século XXI, bem como nossos estudantes, é uma sociedade de consumo em que tanto bens materiais quanto pessoas são consumidas e descartadas rapidamente. O efêmero rege as regras sociais nesse *locus*, fazendo com que tudo e todos tenham um preço; mesmo que a maioria não se dê conta dessas regras, os consumidores acabam por reforçá-las na medida em que se submetem a elas consumindo muito e

Sociedade líquido-moderna de consumo: A sociedade líquido-moderna de consumo, amplamente analisada pelo sociólogo polonês Zigmunt Bauman, distingue-se no seu viés do consumo de outras sociedades. O que antes era denominado sociedade de produtores, em que os bens produzidos serviam para a subsistência de um grupo social, a partir da Revolução Industrial, converte-se em uma sociedade de consumidores em que o mote principal é produzir muito, consumir muito e descartar rápido o que se consumiu. Nessa sociedade, em geral, promulga-se que o relevante é consumir agora e pagar depois, o desejo comanda as ações, e a racionalidade econômica, muitas vezes, é secundarizada, ocasionando endividamentos e inadimplência dos indivíduos-consumidores. Trata-se de uma sociedade de consumo na qual os indivíduos-consumidores, pela primeira vez na história, usufruem de uma oferta de crédito quase ilimitada. Há uma facilidade nesse contexto socioeconômico em que o indivíduo é premiado com vários cartões de crédito, limites ilimitados de compras em lojas, tratamento *VIP*; é preciso comprar, satisfazer-se, buscar a felicidade em produtos cada vez mais atrativos e que, por sua vez, rapidamente se tornam obsoletos para que uma nova remessa chegue às prateleiras e a vontade de comprar seja acionada nos consumidores que com seus cartões realizam seus desejos de consumo, consumindo »

refletindo pouco sobre os porquês de suas ações de consumo ou consumistas.

Vivenciamos, nesse sentido, o que Bauman discute nos livros *Vida para consumo* (2008) e *Vida à crédito* (2010), ou seja, uma sociedade líquido-moderna de consumo, em que tudo se tornou um produto vendável, em que os desejos devem ser cada vez mais satisfeitos, custe o que custar. Um ambiente em que todas as vontades devem ser premiadas e os prêmios dessa insaciabilidade devem ser efêmeros, conduzindo-nos novamente para a esteira do consumo conspícuo.

Os resultados do consumo conspícuo, de acordo com Thorstein Veblen (1857-1929), é o impacto ambiental, de modo que tal consumo estabelece-se como antagonista da sustentabilidade, pois induz a desmedida exploração de recursos naturais para alimentar a produção de bens supérfluos. Com essa necessidade de obter objetos que utilizam o meio ambiente como fonte para sua produção, todo o mercado de produção intensificou-se para satisfazer tal modo de consumo, tendo implicações em diferentes atividades sociais, como no surgimento de mais profissões especializadas para a contínua realização do consumo. Um cenário social em que tomar decisões passa a ser escolher entre o que dizem ser ideal e próprio ao nosso estilo de vida, em que as estratégias de *marketing* nos assediam a cada página da internet que abrimos ou a cada pesquisa que realizamos no Google, por exemplo. Estamos sendo rastreados e pensamos ser autônomos em nossas escolhas.

Nesse sentido, a principal motivação desse projeto foi propiciar a jovens indivíduos consumidores, que cursavam o Ensino Médio, a oportunidade de investigar o potencial de conceitos básicos de *marketing*, de matemática financeira e de princípios essenciais de educação financeira para refletir e tomar suas decisões, na atual sociedade de consumo líquido-moderna, com relação às ações de consumo. Ressaltamos que, ao longo do projeto, era nossa preocupação oferecer, ao final, uma possibilidade de ação para outros estudantes e seus professores em suas salas de aulas de Matemática, com práticas interdisciplinares, efetuando ações e discussões sobre o consumo e suas consequências.

Segundo o SCPC Brasil (2013), aproximadamente 6,3 milhões de jovens entre 18 e 24 anos estão com restrições no Certificado de Pessoa Física (CPF), em razão de atrasos financeiros. Esse número preocupante representa 26% da população brasileira compreendida nessa faixa etária, ou seja, 1 em cada 4 brasileiros nessa idade. Vale ressaltar que, quando um jovem norte-americano ou europeu se endivida com cartões de crédito, os juros a serem pagos são de 10% a 20% ao ano. Já no Brasil, chegam a quase 260%, índice acumulado em 2014.

Nesse contexto, possibilitar uma alfabetização financeira de jovens indivíduos consumidores é possibilitar precocemente o entendimento das regras que regem o mercado financeiro cotidiano, com taxas de juros, índices inflacionários, estratégias de *marketing*, uso consciente do dinheiro, seu valor no tempo e o valor do planejamento financeiro. Desse modo, entendemos que a educação financeira e o uso de conceitos básicos de matemática financeira podem e devem ser um instrumento de leitura crítica do mundo econômico, das normas que regem esse mundo, auxiliando os indivíduos consumidores a tomar decisões quando em contato com situações cotidianas de consumo (KISTEMANN JR, 2011, p. 103).

No atual contexto econômico brasileiro, que revela alto grau de endividamento das famílias e dos jovens, a capacitação de jovens indivíduos consumidores no viés financeiro-econômico é uma das possibilidades de redução de endividamentos e de incremento de uma cultura da valorização das ações conscientes de consumo.

Percebemos, ao longo do projeto, que, para efetuar a proposta de investigação em termos metodológicos seria necessário fazer um aprofundamento não só em tópicos de matemática financeira, por parte dos bolsistas, como também um estudo amplo do que caracteriza a atual sociedade de consumo, as leis que regem o mercado econômico, as propostas de *marketing* e suas intersecções com os tópicos da matemática financeira. É necessário que o consumo ocorra, mas o consumismo desenfreado revela os prejuízos das deficientes tomadas de decisão de cunho financeiro-econômico da população brasileira em geral (BRITTO, 2012, p. 85).

Para que os professores possam trabalhar de uma forma interdisciplinar em projetos de educação financeira como o que apresentamos neste capítulo, é imprescindível compartilhar seus conhecimentos entre si, das áreas em que estão inseridos, para que todos, em sintonia, possam orientar seus estudantes em ambientes de aprendizagem dos temas escolhidos. Entendemos que, com os temas escolhidos, oficinas de matemática financeira básica possam ser oferecidas pelos professores, uma vez que são temas básicos, mas que podem auxiliar significativamente nas ações de investigação e nas tomadas de decisão.

» muito. A oferta é grande, os instrumentos financeiros como cartões de crédito e cheque especial têm sido oferecidos aos consumidores. Porém, como diz um ditado: "um dia a conta chega". E quando isso acontece, muitos consumidores começam a se preocupar em como vão pagá-la. Há desconhecimento, e isso foi verificado nessa pesquisa das normas e regras que regem os instrumentos financeiros. Existe um uso mínimo da matemática financeira básica na tomada de decisões que envolvem o consumo. Os consumidores brasileiros, em geral, não se familiarizam com os contratos que regem a contratação de um serviço ou a aquisição de um produto.

Consumo conspícuo:
O consumo conspícuo, ou consumo ostentatório, é um termo usado para descrever os gastos em bens e serviços adquiridos principalmente com o propósito de mostrar riqueza ou ostentação. Na mente do consumidor conspícuo, tal exibição serve como meio de ter ou manter um *status* social perante um grupo, que determina socialmente objetos e bens, como uma classificação de um *status* mais elevado ou mais baixo por conta dessas respectivas aquisições, estabelecendo assim uma classificação social com base em bens adquiridos e exibidos.

Em suma, neste capítulo, reiteramos que a pesquisa em questão teve como objetivo central propiciar o estudo de tópicos de matemática financeira como suporte para educação financeira e tomada de decisão, bem como possibilitar estudos (econômicos, sociológicos, filosóficos) sobre a dinâmica da sociedade de consumo líquido-moderna e compreender o uso de instrumentos e conceitos matemáticos para atuar e tomar decisões nesse contexto. Tais estudos e tal objetivo podem sensibilizar os professores dos ensinos Fundamental e Médio a criar projetos em que temas relativos ao consumo possam permear suas práticas, alinhados aos conteúdos escolares que estão sendo problematizados, possibilitando o incremento da criticidade dos estudantes e promovendo sentido ao relacionar os saberes escolares com as demandas sociais dos estudantes e professores.

4.3 EDUCAÇÃO FINANCEIRA NO ENSINO MÉDIO: É NECESSÁRIO? É POSSÍVEL?

O currículo brasileiro do Ensino Médio é um dos mais completos do mundo, em termos de quantidade de conteúdos programáticos, no entanto, há desafios como a evasão e as ainda altas taxas de retenção nesse segmento do ensino no Brasil. São abordados diversos temas nas muitas disciplinas e horas-aulas nessa etapa educacional. Contudo, constatamos uma ênfase em teorizações e pouco ou quase nenhum espaço para ações práticas de investigação. Nesse sentido, propor a inserção de uma disciplina, como já foi cogitado anteriormente, como educação financeira ou educação para o consumo é mais um problema do que uma solução, diante das demandas que os professores já têm.

Ensino no Brasil: O Índice de Desenvolvimento da Educação Básica (Ideb) de 2015 mostra que o Ensino Médio é o que está em pior situação no Brasil quando comparado aos anos iniciais e finais da Educação Fundamental. A meta de 2015 era de 4,3, mas o índice ficou em 3,7. Segundo dados de 2015 do Ministério da Educação (MEC), mais de 6,7 milhões de brasileiros estavam matriculados no Ensino Médio. Enquanto a taxa de abandono do Ensino Fundamental foi de 1,9%, a do Médio chegou a 6,8%. Já a reprovação no Ensino Fundamental é de 8,2%, diante de 11,5% no Médio.

Entendemos que propostas investigativas com a temática do consumo, da sustentabilidade e de finanças pessoais devem ser propostas transversais com a participação de diversas áreas do saber e com metodologias alternativas de ensino e de aprendizagem, visando ao desenvolvimento do viés crítico e analítico dos estudantes. Algo muito além de fazer os cálculos e as contas já bem executadas, embora na maioria das vezes de forma acrítica e mecânica no Ensino Médio. Aqui, surgem as questões: por que não realizar os cálculos e buscar investigar os significados dos dados obtidos? Por que não inserir o "se" nas atividades de pesquisas com os alunos do Ensino Médio?

A educação matemática configura-se como uma área consolidada com diversas frentes de pesquisa no Brasil e no exterior. Uma das frentes, ainda nova nessa área, é a que faz investigações de cunho financeiro-econômicas, com abordagens metodológicas qualitativas, referentes a educação financeira, consumo e tomada de decisão. Em particular, a educação financeira de consumidores ainda necessita de mais pesquisas, com propostas que possibilitem o entendimento do uso de instrumentos financeiro-econômicos, como cartões de crédito de bancos e de lojas e dinheiro, em suas ações de consumo. Ainda é preciso promover a alfabetização e o incremento da literacia financeira dos consumidores, por meio de ações que alfabetizem e capacitem o consumidor em suas ações de consumo.

A "Pesquisa de Endividamento e Inadimplência do Consumidor" (Peic), que analisa a inadimplência das famílias brasileiras, realizada com dados da Confederação Nacional do Comércio de Bens, Serviços e Turismo (CNC), entidade sindical de um dos principais setores da economia brasileira, apontava que o grau de endividamento do brasileiro voltava a subir, atingindo 61,1% das famílias. Apesar do pagamento do 13º salário, um grande contingente de famílias estava com o orçamento comprometido com cartão de crédito, cheque especial, carnê de loja, financiamento e seguro de carro, ou tinha parcela em atraso da casa própria e contas de meses anteriores em aberto, o que fez o índice atingir 23,2% das famílias.

De acordo com os dados da Peic, 78,3% dos 18 mil entrevistados em todos os estados brasileiros relataram que a causa maior de suas dívidas era resultante do uso do cartão de crédito. O tempo médio de atraso para pagamento das dívidas das famílias já estava em 62,5 dias, em média, e em torno de 27,3% das famílias possuía metade da renda familiar comprometida com dívidas.

Tais dados, que são apenas a "ponta do iceberg", por si só já justificam a relevância de atividades nas aulas de Matemática do Ensino Médio que abordem a educação financeira. O crescente grau de endividamento das famílias e o aumento do desemprego, que se iniciou em 2015 e se agrava em 2016, com altos índices inflacionários, contrastam com o ainda incipiente grau de alfabetização financeira do consumidor brasileiro, em particular do jovem.

A área de educação financeira é recente, com pesquisas na educação matemática iniciadas há menos de uma década (SKOVSMOSE, 2000). Tais investigações começam a apresentar resultados acerca da necessidade de adequar esse tema à realidade do cotidiano das escolas brasileiras. Na UFJF, há um grupo de pesquisa no mestrado profissional em Educação

Escolas brasileiras: Com uma proposta de educação financeira, a Estratégia Nacional de Educação Financeira (Enef), criada pelo decreto federal 7.397/2010, o governo brasileiro e vários parceiros, influenciados pela Organização para a Cooperação e Desenvolvimento Econômico (OCDE), buscam o fortalecimento da cidadania ao fornecer e apoiar ações que ajudem a população a tomar decisões financeiras mais autônomas e conscientes. Com a proposição de uma nova Base Nacional Curricular Comum (BNCC) no Brasil, conceitos básicos e conteúdos vão ser inseridos de forma interdisciplinar nas práticas curriculares com a temática da educação financeira.

Matemática, chamado Grupo de Investigações Financeiro-‑Econômicas em Educação Matemática (Grife), que vem desde 2011 investigando em diversos âmbitos (Ensino Fundamental, Médio, Superior e EJA) a produção de significados e a tomada de decisão de indivíduos consumidores, em situações criadas pelo próprio grupo, com temas de natureza financeira e econômica. O grupo publica artigos e divulga resultados de suas pesquisas em eventos no Brasil e no exterior.

Os bolsistas desse projeto participaram do cotidiano do Grife e realizaram seminários com a temática do projeto, conforme estava previsto em suas ações. Nesse contexto, foi possível uma aproximação da educação matemática e dos quefazeres de seus pesquisadores, em particular, nas ações de pesquisa com a temática financeiro-econômica.

Segundo a OCDE, a:

> *[...] Educação Financeira é o processo mediante o qual os indivíduos e as sociedades melhoram a sua compreensão em relação aos conceitos e produtos financeiros, de maneira que, com informação, formação e orientação, possam desenvolver os valores e as competências necessários para se tornarem mais conscientes das oportunidades e riscos neles envolvidos e, então, poderem fazer escolhas bem informadas, saber onde procurar ajuda e adotar outras ações que melhorem o seu bem estar. Assim, podem contribuir de modo mais consistente para a formação de indivíduos e sociedades responsáveis, comprometidos com o futuro. (2005, p. 27)*

Desse modo, em um contexto em que o consumo ostentação tem seu lugar, com as redes de televisão e a internet bombardeando o consumidor com campanhas que incentivam o consumo, cremos que os indivíduos devem melhorar sua compreensão do funcionamento dos instrumentos financeiros, do valor do dinheiro no tempo, da importância do planejamento financeiro para consumir e quitar bens. Acreditamos que o consumidor precise vivenciar uma alfabetização financeira que lhe capacite a tomar decisões que vão capacitá-lo para consumir de forma consciente e sustentável. É de suma importância que os professores, em suas ações cotidianas em sala de aula, possam auxiliar os jovens consumidores em suas ações de consumo. Deve-se buscar trazer para o centro das discussões temas relativos a *ter* e *ser*, no âmbito da sociedade de consumo líquido-moderna (BAUMAN, 2008), em que, em busca da sedimentação de uma imagem, dívidas são

BAUMAN, 2008: Um dos grandes desafios da educação financeira no ambiente escolar, a partir de práticas interdisciplinares com a promulgação da BNCC, é problematizar temáticas que possibilitem a ocorrência de cenários, em que se debata e investigue os valores e a importância em uma sociedade de consumo líquido-moderna do *ser* e do *ter*. Em uma sociedade líquido-moderna de consumo, como a definida por Bauman, tudo se torna mercadoria, os objetos e os indivíduos que consomem objetos. Nesse sentido, indivíduos consomem objetos e seu desejo é insaciável e, muitas vezes, ao ser satisfeito, esse indivíduo já está carente de uma nova dose de consumo, pois a efemeridade é uma característica dessa sociedade de consumo imediato e descarte instantâneo. Uma sociedade em que indivíduos consomem objetos e indivíduos consomem indivíduos, em que há objetificação do indivíduo, a precificação também é uma marca, e o *ter* se coloca acima do *ser*.

feitas em nome do *status* (ter) e em detrimento da consolidação do indivíduo consumidor, que privilegia suas necessidades e sua emancipação como cidadão (ser).

4.4 AÇÕES DA SALA DE AULA PARA O CAMPO: SINTONIZANDO TEORIA E PRÁTICA

Compartilhamos o pensamento de Bicudo (2005), quando propõe que, ao pensar em autonomia na produção e investigação do conhecimento (matemático e outros), o professor de Matemática, como agente político, condicionado, porém nunca determinado (FREIRE, 1996), deve exercitar suas variadas formas de se questionar e, se questionando, propiciar práticas com seus alunos que promovam a dúvida e sua decorrente investigação.

De acordo com D'Ambrosio (1996), faz-se urgente e necessário resgatar a matemática que se insere na codificação de toda uma realidade física e social, vivenciada pelos educandos, e analisar com eles, de forma questionadora e dialógica, os distintos significados atribuídos e as diferentes formas de pôr ordem nas ideias na construção do conhecimento matemático. Para Demo (2004), é preciso enfatizar mais uma vez que "aprender" é algo muito distinto do que vem sendo professado nas escolas brasileiras em geral. Estudos realizados pela psicologia cognitiva relatam que a aprendizagem se constitui como um processo reconstrutivo, tipicamente de dentro para fora, como é sugerido em argumentações de fundo biológico (MATURANA; VARELA, 2001).

A crítica que se faz hoje com relação à atuação do professor é justamente a insistência em práticas que subvalorizam o aspecto investigativo das ações em sala de aula com processos de (re)construção do conhecimento matemático que optam por apenas fornecer informações e dados.

A aprendizagem matemática embasada em práticas investigativas implica uma relação dialética, muito ao contrário do que se tem chamado "relação pedagógica entre alunos e professor", reduzida à aula e à transmissão de conteúdos. Nessa relação, prevalece a submissão, por conta do instrucionismo exacerbado, ou seja, da ênfase no ensino, deixando para segundo plano a aprendizagem significativa, ligada a contextos em que se inserem tanto os professores quanto os estudantes. Propomos, assim, que na relação professor-aluno, como agentes da construção do conhecimento matemático advindo de práticas investigativas, reifique-se a autonomia do professor e do aluno, colocando-os no centro do processo de investigação gerador de aprendizagem matemática. Desse modo, Skovsmose (2008) defende que a aprendizagem é um processo que pode ser entendido como *ação*. Para esse autor, quando há uma *aproximação* entre perspectivas dos alunos e do professor, tem-se um aspecto fundamental para a aprendizagem. Essa aproximação pode indicar que a prática ocorrida na sala de aula não caiu em uma rotina.

Aproximação: De acordo com Skovsmose, uma *aproximação* é um processo no qual um grupo considerável de alunos volta sua intenção para o processo de aprendizagem. Uma *aproximação* indica uma busca por compartilhar perspectivas. Ela indica um desejo de condução e representa *ação*. Para classificarmos a atividade de um indivíduo como *ação*, Skovsmose (2008) afirma que, por trás dessa atividade, deve existir uma intencionalidade, e que a pessoa não deve estar em uma situação sem alternativas.

Cremos que é possível cumprir o programa dos conteúdos definidos para cada ano do Ensino Médio e, simultaneamente, proporcionar aos estudantes momentos de investigação com temas relativos aos conteúdos discutidos na sala de aula de Matemática. Para tal, é possível propor horários em um contraturno em que os estudantes possam estar mediados por seu professor para investigar temas que são do interesse e da curiosidade deles e que revelam significância social.

Inicialmente, cabe ao professor convidar os estudantes para participar dessas ações extras, sabendo que, no início, a adesão pode não ser de todos os estudantes, porém, o que destacamos é que tais ações sejam iniciadas e que, com o tempo, se tornem uma prática na escola. Tal fato pode servir de incentivo para a participação de outros professores e de outros estudantes.

Ao longo dos dez meses do projeto, os bolsistas Phablo e Daiana cursavam o Ensino Médio na Escola Estadual Duque de Caxias, em Juiz de Fora (MG), na parte da manhã, ou seja, vivenciavam a rotina dessa etapa com aulas expositivas e semanas de provas. No período da tarde, periodicamente, eles encontravam-se conosco, orientadores, quando dialogávamos sobre as leituras que estavam realizando de materiais de educação financeira e matemática financeira. Discutíamos nessas sessões tópicos como: (i) onde são encontrados os juros simples no cotidiano econômico, (ii) por que o Brasil era o campeão mundial de juros abusivos no cheque especial e no cartão de crédito e o que era *spread* bancário, (iii) como tomar decisões sobre compras a prazo ou à vista, (iv) contratar ou não um seguro denominado "garantia estendida" para produtos e serviços, (v) manter um orçamento equilibrado, evitando o desperdício e o endividamento. Como se pode notar, são temas que não estão no cotidiano da sala de aula do Ensino Médio e, em geral, não são problematizados na disciplina de Matemática.

Código de Defesa do Consumidor (CDC): Instituído pela lei n. 8.078, de 11 de setembro de 1990, o Código de Defesa do Consumidor (CDC) é um conjunto de normas que visam à proteção dos direitos do consumidor. Ainda, embasado no ordenamento jurídico brasileiro, busca disciplinar as relações e as responsabilidades entre o fornecedor (fabricantes de bens ou prestadores de serviços) e o consumidor final, estabelecendo padrões de conduta, regulamentos, prazos e penalidades.

É mister destacar que a frequência dos bolsistas do Ensino Médio em um grupo de pesquisa auxiliou-os na execução das tarefas e no cumprimento dos objetivos, indo além das expectativas.

O preparo teórico dos bolsistas, a convivência e os diálogos com os orientadores possibilitaram um rico ganho de autonomia deles que escolheram investigar, em um primeiro momento, temas relativos ao Código de Defesa do Consumidor (CDC) (BRASIL, 1990) e à contratação de garantia estendida. Tal tarefa não estava prevista no projeto, porém ganhou a adesão dos bolsistas, que realizaram um estudo teórico prévio e, posteriormente, uma pesquisa de campo etnográfica no Procon de Juiz de Fora e na Escola Estadual Duque de Caxias, entrevistando de forma semiestruturada funcionários e consumidores.

No Procon de Juiz de Fora os bolsistas entrevistaram Roberta Lade, supervisora de atendimento. De acordo com ela, a garantia estendida é uma indução ao erro. Ela diz:

> *O consumidor acaba comprando algo que já é seu por direito. Além de induzirem pessoas não informadas e que não conhecem muito este tipo de atividade, os comerciantes ainda introduzem na descrição da garantia estendida frases do Artigo 18 do Código do Consumidor não para lembrar o consumidor de que este são seus direitos, mas sim para que ele pense que os está comprando. Centenas de pessoas vêm aqui por mês reclamando, por exemplo, de um tablet que de início custava R$ 300,00; após o contrato da garantia estendida passou a ser R$ 1000,00. E por quê? Porque, além da garantia, há também diversos tipos de seguros que foram incluídos sem a sequer aprovação e consentimento do consumidor. Sou totalmente contra (informação verbal).*

A supervisora ainda completa dizendo que o nome desse bem deveria ser diferente, pois o nome garantia não define exatamente o que acontece com sua compra, já que são raríssimos os casos em que ocorre o reembolso do dinheiro do produto ou até mesmo um conserto. Outros depoimentos foram colhidos pelos bolsistas. Em entrevista, Silma de Moura Veloso, diretora da Escola Estadual Duque de Caxias, declarou achar interessante a garantia estendida. Ela disse que, quando achou necessário, a adquiriu, dependendo do valor. A diretora já adquiriu a garantia em produtos como geladeira, computador e televisão. Maria Elisabeth Perotti, professora da escola, declarou que acha desnecessária a garantia estendida, pois diz que qualquer acréscimo no que está pagando pelo produto adquirido não é vantajoso para o consumidor. Ao entrevistarem Ana Maria Campos de Amorim, a cabeleireira e proprietária de um salão de beleza disse que já teve experiência com a garantia estendida, quando comprou um

Garantia estendida: A garantia estendida é uma modalidade de seguro paga pelo consumidor e regulamentada pela Superintendência de Seguros Privados (Susep). Esse seguro consiste na manutenção do produto adquirido após o vencimento da garantia legal ou garantia contratual. O consumidor deve ficar atento para os termos da garantia e o início da sua vigência. Nesse sentido, o produto só está segurado a partir da vigência da garantia estendida e naquilo que está devidamente descrito na apólice e nas condições gerais, ou seja, o produto pode ter cobertura apenas em parte, por exemplo, somente o celular e não sua bateria. O termo da garantia estendida pode assegurar, para fins de indenização, o pagamento em dinheiro ou a substituição do produto, caso não seja possível seu conserto em até trinta dias corridos, desde que a apólice seja de extensão de garantia original ou extensão de garantia original ampliada, como determinam as resoluções 122 e 146 da Susep.

Procon: A Agência de Proteção e Defesa do Consumidor (Procon) é um órgão destinado à proteção e à defesa dos direitos e interesses dos consumidores, exercendo as funções de acompanhamento e fiscalização das relações de consumo. O atendimento aos consumidores ocorre, »

» preferencialmente, de modo presencial, mas nada impede que o Procon disponibilize telefone, endereço eletrônico (e-mail) ou endereço para envio de correspondência. O consumidor pode acionar o Procon antes mesmo de adquirir um serviço ou comprar um produto. Antes de assinar um contrato, por exemplo, ele pode procurar o atendimento eletrônico, que serve para esclarecer dúvidas. É esse órgão que fiscaliza os estabelecimentos comerciais, aplicando as penalidades contidas no CDC, que vão desde uma multa até a interdição do local, por exemplo. E, agindo dessa maneira, previne a ocorrência de novos danos aos consumidores. Junto à comunidade, o Procon é uma instituição que possui alto grau de confiança, uma vez que está sempre lutando por melhorias no atendimento aos consumidores.

aparelho de fazer cachos em cabelos. Ela relata que, certa vez, ao fazer cachos no cabelo de uma cliente, o aparelho prendeu o cabelo e começou a soltar fumaça. Para resolver o problema, foi necessário cortar o cabelo da cliente. Ana acionou a empresa responsável pelo produto, mas a assistência dada foi um pouco demorada. A empresa não quis trocar o produto e concluiu que a culpa era da cabeleireira. Então, Ana informou a empresa que levaria o caso à Justiça, e apenas assim teve seu produto consertado, o que demorou mais de um mês. A cabeleireira lembra que no começo a experiência foi muito ruim.

O tema da garantia estendida foi uma escolha dos bolsistas Phablo e Daiana para a realização de uma pesquisa de campo, após observarem em alguns artigos que esse assunto é alvo de muitas reclamações no Procon, geralmente resultando em alguns problemas. O primeiro é o da contratação de um seguro extra, uma vez que os produtos já têm uma garantia de fábrica que os resguarda. O segundo é que, ao contratar a garantia estendida, os consumidores não leem com detalhes as regras que condicionam o seu funcionamento, as entrelinhas das normas contratuais. Por último, os responsáveis pelos produtos, representantes das empresas, em alguns casos buscam eximir-se da responsabilidade de reparo ou assistência técnica do produto adquirido porque o consumidor contratou um seguro.

Em um segundo momento do projeto, os bolsistas leram duas obras de educação financeira. Foram escolhidas *Livre-se das dívidas* e *Terapia financeira*, de Reinaldo Domingos, reconhecido educador financeiro brasileiro que criou um sistema de educação financeira baseado em quatro princípios: desejar, sonhar, orçar e poupar. A partir da leitura crítica dessas duas obras e da realização de discussões com o grupo de pesquisa, os bolsistas realizaram um seminário científico, no qual discutiram as principais ideias apresentadas sobre educação financeira e a atualidade e exequibilidade dos temas apresentados.

A leitura crítica dessas obras possibilitou uma discussão acerca da importância de se conhecer operações básicas que envolvam cálculo de porcentagens, valor do dinheiro no tempo, rapidez com que os juros podem provocar um grau de endividamento insustentável, importância do planejamento financeiro para a aquisição de bens que sejam necessários e adiamento de compras que não são prioritárias em dado momento.

Em um terceiro momento, os bolsistas participaram do I Encontro de Educação Financeira da Zona da Mata Mineira. Ali, puderam vivenciar debates e palestras com a temática da educação financeira. Também observaram os obstáculos que se apresentam e desafiam a aquisição de uma vida financeira saudável e sem dívidas ruins, que corroem o patrimônio e as receitas das famílias nos dias atuais. Por fim, Phablo e Daiana, sob supervisão dos orientadores, apresentaram os resultados de sua pesquisa no XXI Seminário de Iniciação Científica, realizado de 1º a 3 de dezembro de 2015. Eles foram avaliados por um pesquisador experiente e fizeram uma exposição oral utilizando um pôster científico.

4.5 PARA FINALIZAR...

Ao longo de dez meses de projeto, como dissemos anteriormente, avançou-se mais do que o proposto. Acompanhamos a evolução da maturidade de Phablo e Daiana, dois jovens e iniciantes pesquisadores do Ensino Médio. Mais do que conhecimentos matemáticos, ambos tiveram acesso ao universo acadêmico e ao funcionamento de um grupo de pesquisa, o Grife da UFJF, e realizaram leituras científicas e não científicas que proporcionaram o desenvolvimento de outros olhares e formas de pensar financeiramente uma situação.

Além disso, apontamos também outros resultados:

- Aprimoramento do conhecimento dos pesquisadores participantes no projeto de educação financeira como instrumento para tomada de decisão de jovens indivíduos consumidores;
- Realização de seminários científicos abertos à comunidade acadêmica;
- Aprimoramento da escrita de textos científicos, por meio da redação de relatórios de iniciação científica sobre o tema referido no projeto;
- Publicação de um artigo científico em uma revista de divulgação científica, de circulação nacional ou internacional, cujo tema é educação matemática ou ensino de matemática;
- Apresentação de resultados em eventos científicos da UFJF e da educação matemática no Brasil.

A rotina de aulas e provas no Ensino Médio, buscando preparar os estudantes para os processos seletivos de ingresso nas universidades brasileiras, pode, muitas vezes, limitar a atuação dos estudantes em cenários que possibilitem o desenvolvimento de sua autonomia. Nessa experiência, com dois estudantes do Ensino Médio, constatamos que é possível conduzir a aprendizagem matemática na sala de aula e promover inserções em outros ambientes, promovendo um equilíbrio entre a teoria e a prática a partir do conhecimento matemático oferecido nessa etapa do ensino.

É importante destacar a seriedade e o envolvimento dos estudantes do Ensino Médio nas ações da pesquisa. Muito se diz, e citamos no início, do desânimo que acomete muitos estudantes do Ensino Médio, bem como uma preocupante evasão nesse segmento do ensino brasileiro. Entretanto, ao longo do desenvolvimento do projeto, os estudantes Phablo Roberto Figueiredo e Daiana Bárbara de Almeida desempenharam com êxito, pontualidade e responsabilidade todas as atividades planejadas e possíveis de serem executadas no planejamento inicial.

Destacamos as habilidades, competências e iniciativas dos estudantes referentes à leitura de artigos científicos e livros sobre educação financeira e matemática financeira básica, bem como sua participação no cotidiano do Grife, participando dos seminários científicos, convivendo com os pesquisadores e vivenciando o ambiente de discussões e execução de pesquisas na área financeira e econômica. Ainda aprenderam sobre temáticas relacionadas à metodologia de pesquisa qualitativa.

Os estudantes também realizaram intervenções no campo, investigando de forma teórica e prática o funcionamento da garantia estendida e do Código de Defesa do Consumidor, e entrevistando indivíduos consumidores e profissionais do Procon. Por fim, realizaram, ao longo desse período, seminários científicos apresentando os resultados de suas investigações teóricas e práticas, o que possibilitou o desenvolvimento de competências relacionadas à prática de um jovem pesquisador. Espera-se que as ações propostas no projeto despertem nos dois estudantes a vontade de um pesquisador, continuando a leitura crítica de materiais e a escritura de textos científicos e buscando o convívio com pesquisadores de um grupo de pesquisa em educação matemática.

Por fim, entende-se que, com a aquisição de conhecimentos advindos da educação financeira e de tópicos de matemática inerentes a contextos financeiros, os bolsistas possam dar continuidade a seus estudos buscando mais profundidade de temas como a modelagem de contextos financeiro-econômicos em seus estudos no Ensino Superior. Acreditamos que essa investigação convida os professores a desenvolver em suas salas de aula do Ensino Médio ações que possam promover uma aproximação dos estudantes às práticas investigativas, com temáticas que envolvam a matemática financeira, implícita em muitos contratos e no cotidiano de consumo, na medida em que lida com taxas de juros, cartões de crédito e cheque especial. É possível, com isso, trabalhar de forma interdisciplinar, problematizando temas em diversos formatos, como charges, trechos de filmes, músicas e obras da literatura que abordam a temática financeira.

Para auxiliar a execução de novos projetos no Ensino Médio, já amparados nas novas diretrizes da BNCC e nas modificações já citadas sobre a reestruturação desse segmento de ensino, sugerimos aos professores consultar os produtos educacionais que se encontram disponíveis nos sites dos mestrados profissionais da UFJF e da Universidade Federal de Ouro Preto (UFOP). Neles, há sugestões de diversas atividades envolvendo várias mídias e materiais, possibilitando uma construção coletiva do conhecimento, de modo a promover a autonomia dos estudantes e instigá-los a buscar respostas às perguntas sobre os temas elencados e escolhidos também pelos estudantes.

Produtos educacionais: Os produtos educacionais apresentados nos sites http://www.ufjf.br/mestradoedumat/ e http://www.ppgedmat.ufop.br/ são resultantes de um processo de pesquisa dos mestrados profissionais, cujo objetivo mais amplo é contribuir com materiais didáticos para uso de professores dos Ensinos Fundamental, Médio e Superior. Nos produtos sugeridos nestes sites, o professor pode utilizar e adaptar os temas para a realidade de seus estudantes, criando ambientes de investigação e trabalho colaborativo. Sugere-se, ainda, que outras áreas do conhecimento, outras disciplinas, participem das ações investigativas, colocando em prática o potencial dos produtos educacionais.

Com tais ações, espera-se que os estudantes saiam do contexto de coadjuvantes e passem a atuar em parceria com seus professores, ocupando também o centro das atenções. Entendemos que esse movimento é uma das saídas para a redução do desinteresse, da evasão e dos ainda altos índices de taxas de retenção dos estudantes no Ensino Médio.

Parafraseando Rubem Alves (1994), nós, professores, podemos escolher continuar e manter nossas escolas e salas de aula como gaiolas que aprisionam os estudantes, seus sonhos e suas energias, com ações curriculares engessadas e descontextualizadas, ou, em contraposição, podemos transformar nossos ambientes escolares em asas que possibilitam aos agentes escolares envolvidos alçar voos e galgar novos horizontes em busca das construções de novas perguntas, respostas provisórias e saberes que promovam autonomia e criticidade.

4.6 SUGESTÕES DE AMPLIAÇÃO DO TEMA

- Sites para aprofundamento na área de educação financeira escolar:

http://www.revistas.udesc.br/index.php/boem/issue/current/showToc

http://publicacoes.unigranrio.edu.br/index.php/recm

http://www.periodicos.rc.biblioteca.unesp.br/index.php/bolema

http://www.vidaedinheiro.gov.br/

https://www.bcb.gov.br/pre/pef/PORT/enef.asp

basenacionalcomum.mec.gov.br

- Sites de mestrados com produtos educacionais gratuitos para *download*:

http://www.ufjf.br/mestradoedumat/publicacoes/produtos-educacionais/

http://www.ppgedmat.ufop.br/index.php/producao/produtos

- Livros, dissertações, teses sobre educação financeira:

ALMEIDA, R. M. **O movimento das pesquisas em educação matemática financeira escolar de 1999 a 2015**. 2015. 170 f. Dissertação (Mestrado em Educação Matemática) – Universidade Federal de Juiz de Fora, Juiz de Fora, 2015.

BARROSO, D. F. **Uma proposta de um curso de serviço para a disciplina matemática financeira:** mediada pela produção de significados dos estudantes de administração. 2013. 190 f. Dissertação (Mestrado em Educação Matemática) – Universidade Federal de Juiz de Fora, Juiz de Fora, 2013.

BAUMAN, Z. **Vida para consumo:** a transformação das pessoas em mercadorias. Tradução Carlos Alberto Medeiros. Rio de Janeiro: Jorge Zahar, 2008.

COSTA, L. P. **Matemática financeira e tecnologia:** espaços para o desenvolvimento da capacidade crítica dos educandos da educação de jovens e adultos. 2012. 140 f. Dissertação (Mestrado em Educação Matemática) – Universidade Federal de Juiz de Fora, Juiz de Fora, 2012.

D'AQUINO, C.; MALDONADO, M. T. **Educar para o consumo:** como lidar com desejos de crianças e adolescentes. Campinas: Papirus 7 Mares, 2012 (Coleção Papirus Debates).

EWALD, L. C. **Sobrou dinheiro?** Lições de economia doméstica. Rio de Janeiro: Bertrand Brasil, 2014.

KISTEMANN JR., M. A. **Sobre a produção de significados e a tomada de decisão de indivíduos-consumidores**. 2011. 540 f.

Tese (Doutorado) - Universidade Estadual Paulista, Rio Claro, 2011.

LINS, R. C. et al. O modelo dos campos semânticos: estabelecimentos e notas de teorizações. In: ______. **Modelo dos campos semânticos e educação matemática:** 20 anos de história. São Paulo: Midiograf, 2012.

MATURANA, H.; VARELA F. J. A árvore do conhecimento: as bases biológicas da compreensão humana. São Paulo: Athena, 2001.

RESENDE, A. F. de. **A Educação financeira na educação de jovens e adultos:** uma leitura da produção de significados financeiro-econômicos de dois indivíduos consumidores. 2013. 165 f. Dissertação (Mestrado em Educação Matemática) - Universidade Federal de Juiz de Fora, Juiz de Fora, 2013.

SPC-BRASIL - Serviço de Proteção ao Crédito. SCPC tem serviço gratuito para consulta de nome sujo. Disponível em: http://g1.globo.com/mg/sul-de-minas/noticia/2013/02/spc-disponibiliza-servico-gratuito-de-consulta-ao-credito-para-consumidor.html>. Acesso em: 15 out. 2016.

TEIXEIRA, J. **Um estudo diagnóstico sobre a percepção da relação entre educação financeira e matemática financeira.** 2015. Tese (Doutorado em Educação Matemática) - Pontifícia Universidade Católica de São Paulo, São Paulo, 2015.

- Filmes sobre educação financeira e consumo:

AMOR por contrato. Direção: Derrick Borte. Produção: Califórnia Filmes. Fotografia: Yaron Orbach. [S.l.]: Echo Lake Productions, 2009. (93 minutos).

DELÍRIOS de consumo de Becky Bloom. Direção: J. Hogan. Produção: Touchstone Pictures-Disney/Buena Vista. [S.l.]: Walt Disney, 2009. (106 minutos).

REFERÊNCIAS

ALVES, R. **A alegria de ensinar.** [S.l.]: ARS Poética Editora Ltda, 1994.

BAUMAN, Z. **Vida para consumo:** a transformação das pessoas em mercadorias. Tradução Carlos Alberto Medeiros. Rio de Janeiro: Jorge Zahar, 2008.

______. **Vida a crédito.** São Paulo: Zahar, 2010.

BICUDO, M. A. V. (Org.). **Educação matemática**. São Paulo: Centauro, 2005.

BRASIL. Lei n. 8.078, de 11 de setembro de 1990. Dispõe sobre a proteção do consumidor e dá outras providências; estabelece o Código de Defesa do Consumidor. Presidência da República. Casa Civil. Subchefia para Assuntos Jurídicos. Brasília, DF, 1990.

______. Ministério da Educação. Secretaria de Educação Fundamental. **Parâmetros Curriculares Nacionais:** terceiro e quarto ciclos: trabalho e consumo. Brasília: MEC/SEF, 1998. 436 p. Disponível em: <http://portal.mec.gov.br/seb/arquivos/pdf/ttransversais.pdf>. Acesso em: 22 maio 2011.

BRITTO, R. R. **Educação financeira:** uma pesquisa documental crítica. 2012. 263 f. Dissertação (Mestrado em Educação Matemática) - Universidade Federal de Juiz de Fora, Juiz de Fora, 2012.

D'AMBROSIO, U. **Educação matemática:** da teoria à prática. Campinas: Papirus, 1996.

DEMO, P. **Pesquisa e construção do conhecimento:** metodologia cientifica no caminho de Habermas. Rio de Janeiro: Tempo Brasileiro, 1994.

______. **Educar pela pesquisa**. Campinas: Autores Associados, 2004.

FREIRE, P. **Pedagogia da autonomia:** saberes necessários à prática educativa. Rio de Janeiro: Paz e Terra, 1996.

HERMÍNIO, P. H. **Matemática financeira:** um enfoque da resolução de problemas como metodologia de ensino e aprendizagem. 2008. 244 f. Dissertação (Mestrado em Educação Matemática) - Instituto de Geociências e Ciências Exatas, Universidade Estadual Paulista, Rio Claro, 2008.

KISTEMANN JR., M. A. **Sobre a produção de significados e a tomada de decisão de indivíduos-consumidores**. 2011. 540 f. Tese (Doutorado em Educação Matemática) - Instituto de Geociências de Ciências Exatas, Universidade Estadual Paulista, Rio Claro, 2011.

MATURANA, H.; VARELA, F. **A árvore do conhecimento**: as bases biológicas do conhecimento humano. Campinas: Palas Athena, 2001. ORGANIZAÇÃO DE COOPERAÇÃO E DE DESENVOLVIMENTO ECONÔMICO (OCDE). **OECD's financial education project**. 2005. Disponível em: <http://www.oecd.

org/daf/financialmarketsinsuranceandpensions/financialeducation/33865427.pdf>. Acesso em: 13 dez. 2012.

SKOVSMOSE, O. Cenários para investigação. **Bolema**, Rio Claro, v. 13, n. 14, p. 66-91, 2000.

______. **Desafios da reflexão em educação matemática crítica.** Campinas: Papirus, 2008. (Coleção Perspectivas em Educação Matemática).

VEBLEN, T. **A teoria da classe ociosa**. São Paulo: Abril Cultural, 1983.

VIEIRA, L. C. **A matemática financeira no ensino médio e sua articulação com a cidadania**. 2010. 100 f. Dissertação (Mestrado em Educação Matemática) – Universidade Severino Sombra, Vassouras, 2010.

5

O ensino de geometria espacial: uma proposta com o GeoGebra 3D

Danielli Ferreira Silva
Camila Tenório Freitas de Oliveira

5.1 PARA INÍCIO DE CONVERSA...

As tecnologias são tão antigas quanto a espécie humana, pois em todos os tempos ferramentas tecnológicas foram importantes para nossa sobrevivência. A água, o fogo, a pedra, um pedaço de madeira e um osso de um animal qualquer são exemplos de tecnologias que foram utilizadas pelo homem para atender a suas necessidades e conservação da espécie. Assim, a evolução tecnológica nos ajuda a viver em sociedade, transformando o modo como compreendemos e representamos o tempo e o espaço a nossa volta. Alterando, portanto, comportamentos e transformando não apenas o individual como também todo um grupo social. Para Kenski, "ao conjunto de conhecimentos e princípios científicos que se aplicam ao planejamento, à construção e à utilização de um equipamento em um determinado tipo de atividade nós chamamos de 'tecnologias'" (2003, p. 18). Portanto, podemos entender tecnologia como o resultado da fusão entre ciência e técnica.

Na área educacional, as tecnologias podem ser entendidas como o conjunto de procedimentos (técnicas) que visam auxiliar os processos de ensino-aprendizagem com a utilização de meios (instrumentais, simbólicos ou organizadores). Nesse sentido, o uso de tecnologia em educação não é recente. A tecnologia do giz e da lousa, por exemplo, é utilizada até hoje, assim como o livro didático e os recentes recursos digitais, como televisão, computadores, projetores etc.

Segundo os Parâmetros Curriculares Nacionais (PCN) para o Ensino Médio, as tecnologias integram um dos principais agentes de transformação da sociedade, e a incorporação das inovações tecnológicas só tem fundamento quando, ao utilizá-las, se contribui para a melhoria da qualidade do ensino. A presença das novas tecnologias, por si, não garante que se tenha maior qualidade; elas devem ser utilizadas intencionalmente e estruturadas de tal forma que possam favorecer o conhecimento desde uma atuação ativa, crítica e criativa, tanto por parte dos alunos como por parte dos professores.

Nesse sentido, Valente (2005) observa que:

> *[...] embora as sofisticações tecnológicas sejam ainda maiores, existem dois aspectos que devem ser observados na implantação dessas tecnologias na educação. Primeiro, o domínio do técnico e do pedagógico não deve acontecer de modo estanque, um separado do outro. É irrealista pensar em primeiro ser um especialista em informática ou em mídia digital para depois tirar proveito desse conhecimento nas atividades pedagógicas. O melhor é quando os conhecimentos técnicos e pedagógicos crescem juntos, simultaneamente, um demandando novas idéias do outro. [...] O segundo aspecto diz respeito à especificidade de cada tecnologia com relação às aplicações pedagógicas. O educador deve conhecer o que cada uma dessas facilidades tecnológicas tem a oferecer e como pode ser explorada em diferentes situações educacionais. (p. 23)*

Software LOGO: O ambiente LOGO foi criado no fim dos anos 1960. Desenvolvido pelo Núcleo de Informática Aplicada à Educação (NIED), da Universidade Estadual de Campinas (Unicamp), o SLogo é um *software* "mais rico e poderoso, no sentido de integrar sob a 'estética LOGO', diversos ambientes computacionais com fins educacionais" (ALMEIDA, 1995, p. 188). Sem fins lucrativos, o *software* educativo pode ser encontrado gratuitamente no seguinte endereço eletrônico: <http://www.nied.unicamp.br/?q=content/super-logo-30> (Acesso em:11 jan. 2018).

Neste capítulo, apresentamos algumas pesquisas sobre o uso de tecnologias no ensino de matemática. Em seguida, ilustramos com uma experiência sobre conceitos de geometria espacial, realizada em um laboratório de informática com alunos do Ensino Médio de uma escola da rede pública. Utilizamos arquivos das construções dos estudantes, buscando evidenciar as potencialidades da proposta, que pode ser utilizada e adaptada pelos professores em sua prática docente.

5.2 TECNOLOGIAS E O ENSINO DE MATEMÁTICA

A incorporação de tecnologias no ensino de matemática no Brasil deu-se, principalmente, na década de 1980, quando do uso pedagógico do *software* LOGO. Na utilização do ambiente LOGO, o estudante tem a oportunidade de explorar novos conceitos, por meio do desenvolvimento de projetos pessoais, progredindo em seu próprio ritmo. Essa postura faz com que o estudante esteja ativo diante de seu aprendizado e computador. O *design* desse *software* permite a entrada de comandos de execução por meio do dígito de caracteres, em que cada comando determina um procedimento a ser executado por uma tartaruga virtual. Essa tartaruga movimenta-se por passos e giros, os quais possibilitam a construção de objetos geométricos.

A principal perspectiva do *software* era o construcionismo, enfatizando as relações entre o pensamento matemático e as linguagens de programação. Vale ressaltar que as ideias norteadoras do construcionismo não se restringem somente ao LOGO, mas podem ser muito úteis em pesquisa de jogos eletrônicos, treinamento corporativo, educação a distância e formação de professores. Embora a tecnologia seja importante e um dos temas centrais do construcionismo, em um ambiente educacional, é preciso que o professor, em parceria com toda a comunidade escolar, propicie a motivação do estudante em continuar aprendendo e incentive a discussão e a descoberta, respeitando as características específicas de cada um.

Nesse momento, surge a perspectiva de que as escolas poderiam ou deveriam ter laboratórios de informática. Embora no Brasil tenhamos um movimento de criação de laboratórios informatizados nas escolas públicas, como o ProInfo, observa-se que ainda assim não são suficientes.

Na primeira metade dos anos 1990, vivemos uma grande expansão da acessibilidade dos computadores pessoais, ocasionando uma grande variedade de perspectivas sobre como estudantes e professores viam o papel dos computadores em suas vidas pessoais e profissionais. Nesse aspecto, cursos de formação continuada para professores ofereciam suportes, assim como alternativas, para que as tecnologias fossem utilizadas em suas aulas. Vale ressaltar que, nessa época, tiveram destaque *softwares* de geometria dinâmica, como CabriGéomètre e Geometricks, e os de representações de funções, como os *softwares* Winplot, Fun e Graphmathica.

Por volta de 1999, a internet começou a ser utilizada como fonte de informações e meio de comunicação entre professores e estudantes, bem como para a realização de cursos a distância para a formação continuada de professores. Nessa fase, surgem e consolidam-se os termos "tecnologias da informação e comunicação" (TIC) e "novas tecnologias da informação e comunicação" (NTIC). Também aparecem preocupações relacionadas aos ambientes virtuais: como organizar cursos *online*? Como a matemática é transformada em ambientes virtuais? (BORBA, SILVA, GADANIDIS, 2014).

Construcionismo: "O Construcionismo estuda o desenvolvimento e o uso da tecnologia, em especial, do computador, na criação de ambientes educacionais. Foi criado por um matemático, Seymour Papert, e, embora seja de âmbito geral, muitos trabalhos de pesquisa construcionistas tiveram a Matemática como tema central. Trata-se de uma síntese da teoria de Piaget, na qual os aprendizes trabalham na construção de produtos que lhes sejam significativos". (MALTEMPI, 2004, p. 264-265)

ProInfo: O Programa Nacional de Tecnologia Educacional (ProInfo) é uma iniciativa do Ministério da Educação (MEC), que tem como objetivo promover o uso pedagógico da informática na rede pública de Educação Básica por meio de computadores, recursos digitais e conteúdos educacionais.

Geometria dinâmica: O termo geometria dinâmica foi inicialmente usado por Nick Jakiw e Steve Rasmussen. Designa programas interativos que permitem a criação e a manipulação de figuras geométricas a partir de suas propriedades. Além de serem importantes ferramentas para o ensino da geometria euclidiana, costumam ser usados em geometrias não euclidianas, geometria analítica e geometria descritiva. Ainda podem ser explorados em outras áreas como a física, por exemplo.

Performance matemática digital: A ideia de performance matemática digital vem sendo desenvolvida em um projeto internacional coordenado por George Gadanidis e Marcelo Carvalho Borba, que buscam aproximar artes e educação matemática.

A partir do ano de 2004, surge um novo termo: "tecnologias digitais", que apresenta aspectos como cenários inovadores de investigação matemática, uso de vídeos na internet, ambientes virtuais de aprendizagem, tecnologias móveis ou portáteis, reorganização de dinâmicas, interações nos ambientes escolares, performance matemática digital, entre outros.

5.3 POTENCIALIDADES DO ENSINO DE GEOMETRIA COM *SOFTWARES* DE GEOMETRIA DINÂMICA

Dos conteúdos básicos do currículo da Matemática escolar, a geometria talvez seja o conteúdo que sofreu as maiores e mais profundas mudanças com a utilização da tecnologia, principalmente, em virtude do desenvolvimento de *softwares* específicos voltados para seu ensino.

Sobre o ensino de geometria, alguns educadores matemáticos, como Lorenzato (1995) e Pais (1996), entre outros, têm apontado dois importantes aspectos para o desenvolvimento do pensamento geométrico: o intuitivo e o lógico. O primeiro deles se refere ao estudo do espaço e das relações espaciais; o segundo está relacionado ao raciocínio dedutivo e à compreensão e domínio do conhecimento axiomático.

Visualização geométrica: Van Hiele (1986) considera que a visualização tem uma importância vital no processo de construção do conhecimento geométrico. Segundo o autor, a representação mental dos objetos geométricos, a análise e a organização formal (síntese) das propriedades geométricas relativas a um conceito geométrico são passos preparatórios para o entendimento da formalização de um conceito.

No aspecto intuitivo, o uso do computador no ensino de geometria pode contribuir com a visualização geométrica, e sua utilização de forma apropriada pode tornar o ensino mais eficiente, integrado, dinâmico e significativo, pois, por meio dos recursos de animação de alguns *softwares* geométricos, o aluno pode construir, mover e observar de vários ângulos as figuras geométricas, modificando algumas de suas características, sempre se atentando a suas propriedades. Há desenhos bastante complicados para serem realizados com as tecnologias tradicionais (papel e lápis, quadro e giz, por exemplo) e que se tornam facilmente executados com o computador.

No que diz respeito ao aspecto lógico, o computador pode criar obstáculos na passagem da visualização para a prova formal das propriedades geométricas, pois a evidência visual pode ser considerada uma forma de validação, tornando a demonstração desnecessária para o convencimento e entendimento dos alunos. Por outro lado, a visualização pode ajudar nas demonstrações, desde que o professor proponha problemas que instiguem seus alunos à elaboração de estratégias de resolução que, informalmente, podem ser testadas, levantando hipóteses e realizando conjecturas, para a validação dos resultados encontrados. Assim, o computador pode fazer uma ponte entre a experimentação e o raciocínio lógico-dedutivo.

Ao usar um *software* de geometria dinâmica, o aluno depara com uma tela em branco e uma variedade de recursos que possibilitam que ele faça construções que, com autonomia e criatividade, contribuem para a construção do seu conhecimento. Tais recursos incluem desde cores nos desenhos até a possibilidade de medição de ângulos, distâncias e áreas, com atualização dos valores em tempo real, a partir das transformações efetuadas nos objetos geométricos. Desses recursos, o "arrastar" talvez seja o principal, pois com o mouse é possível clicar sobre a figura construída e arrastá-la pela tela, criando um movimento que provoca uma mudança na sua configuração. A questão sobre o que se pode arrastar e por que arrastar permite a diferenciação entre construir uma figura ou simplesmente desenhá-la.

Quando uma figura é de fato construída, não se pode fazer apenas um desenho, mas ter clareza sobre as relações entre os diferentes elementos algébricos da figura e suas propriedades, caso contrário, não mantém seu formato original ao ser arrastada. Esse fenômeno é conhecido entre alguns pesquisadores como "prova do arrastar", em que uma construção pode ser verificada com um simples arrastar de algum dos elementos: se a configuração desejada for mantida, pode-se afirmar que as propriedades valem para qualquer tamanho da mesma figura.

Fica evidenciado assim que as potencialidades dos *softwares* de geometria dinâmica podem ajudar a enriquecer o processo de ensino-aprendizagem da geometria. Ainda é possível reorganizar a construção do conhecimento matemático, por meio das ações de experimentar, interpretar, visualizar, induzir, conjecturar, abstrair, generalizar e demonstrar.

5.4 UMA EXPERIÊNCIA COM O *SOFTWARE* GEOGEBRA PARA ENSINO DE GEOMETRIA ESPACIAL

A atividade relatada aqui foi desenvolvida em uma turma do 3º ano do Ensino Médio de uma escola pública do interior do estado de Minas Gerais, sendo parte das atividades de estágio supervisionado realizado por uma das autoras deste capítulo (Camila Tenório Freitas de Oliveira), em parceria com a professora regente. Foram necessárias apenas duas horas-aulas, pois os alunos já tinham um conhecimento básico do *software* GeoGebra, uma vez que já haviam sido desenvolvidas atividades de geometria plana. Dessa forma, sugerimos que, para a utilização desta

Software GeoGebra: Criado por Markus Hohenwarter, o GeoGebra é um *software* gratuito de matemática dinâmica que reúne recursos de geometria, álgebra e cálculo. Possui todas as ferramentas tradicionais de um *software* de geometria dinâmica e tem a vantagem didática de apresentar, ao mesmo tempo, duas representações diferentes de um mesmo objeto que interagem entre si: sua representação geométrica e sua representação algébrica.

proposta, primeiramente seja feito um período de familiarização das ferramentas do programa antes da execução das atividades.

Os 28 alunos foram levados ao laboratório de informática da escola, onde havia um computador para cada aluno. Foi utilizado um projetor multimídia para que os alunos pudessem acompanhar a resolução passo a passo de cada atividade proposta. Todos os computadores tinham o *software* GeoGebra (versão 5.0[1]) instalado.

O objetivo da aula foi explorar algumas construções de sólidos geométricos no espaço, utilizando a janela de visualização 3D do *software*. Todos os sólidos abordados na atividade já haviam sido estudados anteriormente em sala de aula. A janela de visualização do *software* pode ser observada, como nas Figuras 5.1 e 5.2.

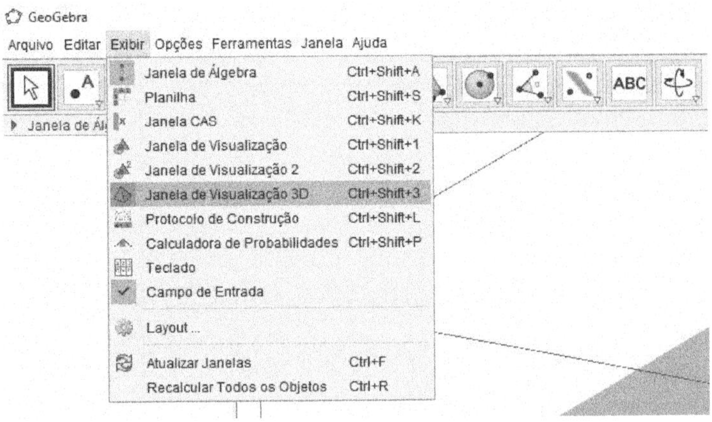

***Figura 5.1** – Janela de visualização 3D do GeoGebra.*

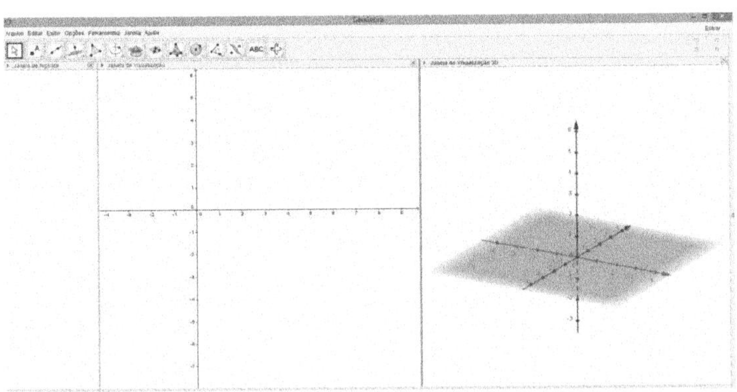

***Figura 5.2** – Interface do* software *com janelas de visualização 2D e 3D.*

1 A partir desta versão do *software* é possível visualizar a janela 3D.

A aula foi conduzida de forma expositiva e dialogada. Os alunos foram, inicialmente, questionados sobre alguns conceitos de geometria espacial e, em seguida, foi solicitado que construíssem as atividades propostas. As professoras auxiliavam os alunos nos computadores, estabelecendo um ambiente de aprendizagem investigativo, em que o professor questiona seus alunos a cada passo, para que possam demonstrar sua capacidade de síntese de ideais e desenvolver o pensamento reflexivo.

Um ambiente de aprendizagem investigativo: Segundo Skovsmose, um cenário para investigação é "aquele que convida os alunos a formularem questões e procurarem explicações. O convite é simbolizado pelo 'O que acontece se...' do professor. O aceite dos alunos ao convite é simbolizado por seus 'Sim, o que acontece se...' [...] Quando os alunos assumem o processo de exploração e explicação, o cenário para investigação passa a constituir um novo ambiente de aprendizagem" (2000, p. 71).

5.5 DESENVOLVIMENTO DA ATIVIDADE

Iniciamos a aula retomando, com os alunos, algumas propriedades dos sólidos geométricos: prismas, paralelepípedo, cubo e pirâmide. Questionamos o que eles entendiam por face, vértice, arestas e bases. Esse momento serviu para detectar os conhecimentos prévios dos alunos para dar andamento à atividade. Solicitamos, então, que eles construíssem um cubo na janela do *software* que eles já conheciam, que possuía o plano cartesiano (duas dimensões). Todos construíram o cubo "desenhando", conforme a Figura 5.3, utilizando pontos e segmentos de reta.

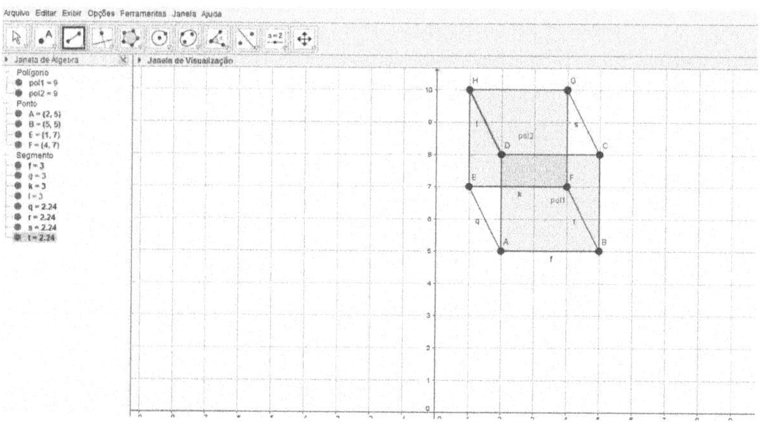

Figura 5.3 *– Construção do cubo em duas dimensões.*

Explicamos que, com a janela de visualização 3D, seria possível a construção de figuras espaciais, podendo movimentar as figuras e visualizar de vários ângulos. Especificamente para essa construção, o *software* traz uma ferramenta denominada *Cubo*, que necessita apenas de um plano (opcional) e dois pontos. Com essa informação, solicitamos que abrissem a nova janela e, novamente, construíssem um cubo, só que agora com a ferramenta adequada. Nesse momento, foi importante relembrar o plano cartesiano de três dimensões para que se pudesse explicar que no *software* o eixo das abscissas (x) corresponde à cor vermelha, o eixo das ordenadas (y) corresponde à cor verde e o eixo das cotas (z) corresponde à cor azul.

Após o momento de exploração individual dos alunos, apresentamos a construção passo a passo, conforme roteiro a seguir:

> **1º passo**: Selecione a nona caixa de ferramentas e, em seguida, a ferramenta Cubo;
>
> **2º passo**: Selecione dois pontos quaisquer no plano *xyz*.

Depois, ressaltamos que existem outros meios de se construir um cubo e apresentamos o seguinte passo:

> **1º passo**: Digite no campo de entrada (no rodapé da janela do *software*) o comando "Cubo[(x,y),(x,y)]" e, em seguida, clique em *Enter*. A ferramenta cubo solicita a seleção de dois pontos quaisquer, então, basta indicar no campo de entrada que querem utilizar essa ferramenta nos pontos A e B já existentes, ou criar esses pontos por meio das coordenadas deles.

Solicitamos então que construíssem um cubo a partir dos pontos A(1,0,0) e B(0,1,0); e outro cubo a partir do ponto A(1,2,0), com 3 centímetros de aresta, utilizando a ferramenta que julgassem necessária. Esse momento foi importante para que pudessem explorar as duas formas de construção, de acordo com os dados disponíveis. As professoras aproveitaram para questionar os alunos sobre o que era aresta e como seria possível construir o segundo cubo, uma vez que o *software* só permitia a construção por meio de pontos e só tínhamos um deles e a medida da aresta. Dessa forma, exploramos o conceito de distância entre dois pontos para encontrar o segundo ponto.

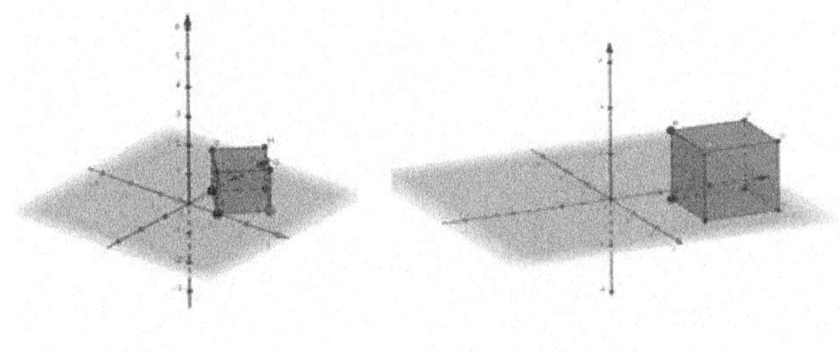

Figura 5.4 *– Construção de cubos.*
Fonte: arquivo dos alunos.

A segunda atividade foi a construção de uma pirâmide. Então, questionamos sobre o número mínimo de vértices para se obter uma pirâmide, dependendo da base, tendo em vista que, para a construção, seria necessária uma base e um vértice oposto à base, conforme a ferramenta *Pirâmide* solicitava. Nesse momento, mostramos que, ao realizar uma construção na janela de visualização 2D, ela seria apresentada também na janela 3D, o que facilitaria a construção da base da pirâmide.

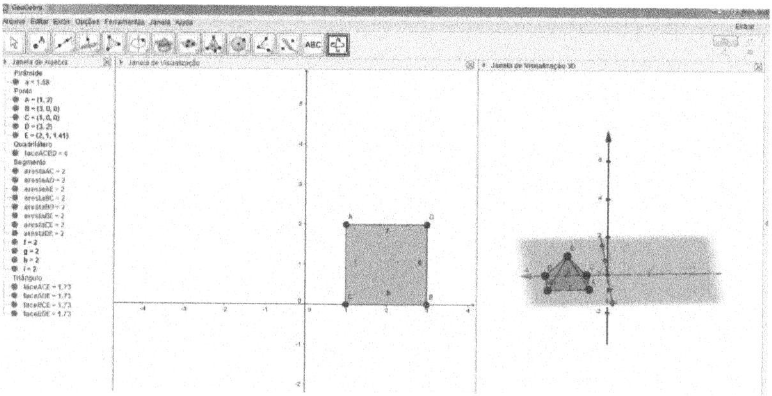

Figura 5.5 *Construção de uma pirâmide.*
Fonte: arquivo de um aluno.

Depois de um período de tentativas, apresentamos o roteiro da construção utilizando planos paralelos, para que pudéssemos discutir a diferenciação entre prismas e pirâmides em relação à quantidade de bases e a denominação de planos paralelos na construção das bases de prismas. Nesse instante, exploramos o conceito preexistente dos alunos sobre pirâmides e, na sequência, começamos a construção a seguir coletivamente.

1° passo: Crie uma base quadrangular na janela de visualização 2D dada pelos pontos A(1,1), B(3,1), C(3,3) e D(1,3).;

2° passo: Utilize a ferramenta *Plano Paralelo*, situada na oitava caixa de ferramentas, com o intuito de criar um plano paralelo à base. Para exemplificar a utilização dessa ferramenta, utilize uma altura de 4 centímetros;

3° passo: Crie um ponto para a altura da pirâmide. A altura se dá pelo eixo das cotas (z) e, para inserir um ponto nesse plano, precisamos digitar um comando de ponto no espaço, ou seja, (x, y, z). Como definimos uma altura de 4 centímetros, teremos o vértice da pirâmide em (2, 2, 4);

4° passo: Com auxílio da ferramenta *Pirâmide*, selecione o polígono que contém a base e, em seguida, o vértice oposto à base.

Para nos certificar de que todos haviam conseguido entender como se constrói uma pirâmide no GeoGebra 3D, solicitamos o seguinte: construa uma pirâmide de base octogonal, tendo início no ponto A(4,1,0) e fim no ponto H(6,3,0), sabendo que possui lado igual a 2 centímetros e sua altura situa-se no ponto I(3,4,4). Uma das construções apresentadas pode ser verificada na figura a seguir:

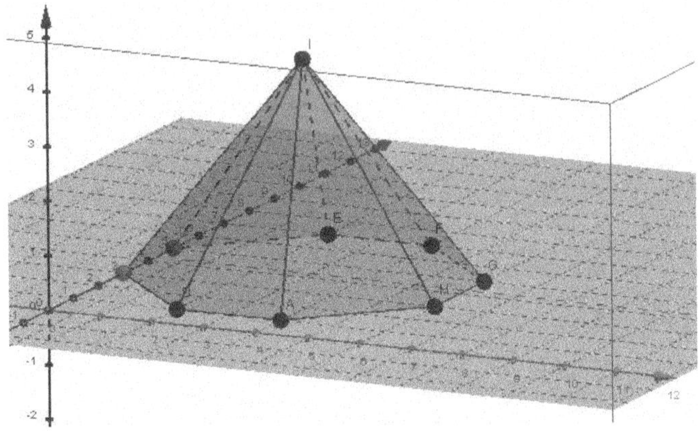

Figura 5.6 *– Construção da pirâmide de base octogonal.*
Fonte: arquivo de um aluno.

Depois da correção coletiva desse exercício, disponibilizamos 10 minutos para que os alunos pudessem fazer construções livres, explorando as diversas ferramentas de sólidos geométricos.

Para finalizar a aula, passamos o seguinte desafio: "Uma pirâmide quadrangular regular, cujo apótema mede 5 centímetros está inscrita em um cilindro circular reto, cuja área da base é 18π cm^2. Determine a área total e o volume dessa pirâmide". Solicitamos que fizessem em casa e enviassem via e-mail o passo a passo da construção, explicando todo o raciocínio utilizado.

A seguir, apresentamos duas resoluções que foram enviadas pelos alunos por e-mail para elucidar a proposta:

> *"Fazendo primeiramente os cálculos, obtemos que o raio da base do cilindro será raiz quadrada de 18 cm, logo, a diagonal será 2x raiz quadrada de 18 cm e por Pitágoras obtemos que a aresta da base da pirâmide será 6 cm. Calculando a aresta lateral da pirâmide, obtemos que esta vale raiz quadrada de 34 cm, logo, por Pitágoras, a altura da pirâmide, e consequentemente do cilindro, é igual a 4 cm. Dadas as medidas, partimos então para a construção.*

1 - Abra o Geogebra e, na 2ª opção, clique em "ponto" e assim crie o ponto A com as coordenadas (0,0).

2 - Na 6ª opção, clique na ferramenta "Círculo dados centro e raio", clique no ponto A e em seguida digite o valor do raio (sqrt 18).

3 - Crie o ponto B com as coordenadas (3,3) - note que este fará parte da extremidade do círculo.

4 - Na 3ª opção, clique na ferramenta "Reta" e, em seguida, clique nos pontos A e B - note que esta reta é a diagonal do círculo.

5 - Na 4ª opção, clique na ferramenta "Reta paralela", clique no ponto B e no eixo X e, em seguida, clique no ponto B e no eixo y. Note que o segmento formado no interior do círculo, por essa reta, mede 6 cm, ou seja, são duas das arestas da base da pirâmide.

6 - Na 2ª opção, clique em "interseção de dois objetos" e, em seguida, clique na reta que determinou a diagonal do círculo e no círculo (no lado oposto ao ponto B).

7 - Na 4ª opção, clique na ferramenta "Retas paralelas" e clique no novo ponto formado e no eixo X e, em seguida, no ponto novamente e no eixo y. Com isso, os lados da base da pirâmide foram construídos e todos medem 6 cm.

8 - Clique na opção: "Exibir"/"Janela de visualização 3D". Note que ao abrir a janela 3D ao lado, o círculo com o quadrado inscrito aparecerá nela.

9 - Nas opções da janela 3D, clique na 9ª opção e, em seguida, na ferramenta "Cilindro"; na janela 3D, clique no ponto (0,0,0), construído anteriormente e no ponto (0,0,4), pois a altura calculada previamente foi de 4 cm. Especifique o raio sendo o mesmo do círculo (raiz quadrada de 18). Observe que o cilindro tem por base a construção feita na janela 2D.

10 - Na 9ª opção, clique na ferramenta "Pirâmide" e, em seguida, clique nos quatro pontos do quadrado inscrito na base do cilindro e clique no ponto (0,0,4).

Fazendo os cálculos posteriores, temos que a área total da pirâmide será de 96 cm^2 e o volume será 48 cm^3 (informação verbal).

Podemos perceber que esse aluno utilizou dois tipos de recursos para a resolução: o lápis e papel e o *software* GeoGebra. Ele precisou utilizar conhecimentos já estudados sobre geometria plana para construir a base e as faces laterais e, após a construção no recurso tecnológico, utilizou novamente o lápis e o papel para encontrar a área e o volume. Além disso, o aluno demonstrou boa capacidade de análise e de síntese, trazendo o passo a passo da construção e da resolução mental utilizada, demonstrando bom conhecimento de geometria plana.

Nesse caso, a resolução do exercício com o uso de tecnologia vai além da memorização das fórmulas para cálculos de área e volume, pois é necessário que se tenha conhecimento das propriedades e não apenas dos dados. Na figura, a construção enviada pelo aluno.

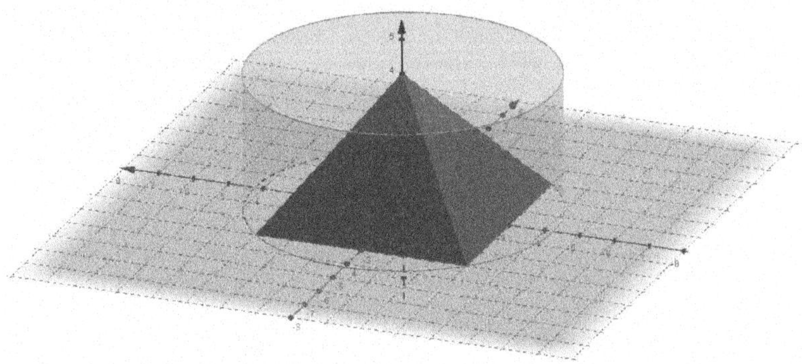

Figura 5.7 *– Solução do desafio proposto.*
Fonte: arquivo de um aluno.

Na descrição seguinte, o aluno cometeu alguns equívocos e, por isso, não conseguiu resolver a atividade proposta.

> *Tentativa 1: Como a área da base do cilindro é* $18\pi\ cm^2$*, temos que o raio da base mede* $3\sqrt{2}$*. Dessa forma, crie um círculo, dado seu centro e seu raio* ($3\sqrt{2}$)*. Para se ter uma pirâmide quadrangular regular inscrita dentro do cilindro, os vértices da pirâmide têm de tocar os "limites" do cilindro. Ainda com relação à base, crie um polígono regular, selecionando os pontos (-3,3) e (-3,-3) do círculo, e digite 4 (número de vértices). Clique agora para exibir a janela de visualização 3D. – parei por aqui, uma vez que a medida do lado da base da pirâmide (6 cm) não coincidia com a medida encontrada* ($(10\sqrt{3})/3$) *através da apótema dada.*

> *Tentativa 2: Sobre a pirâmide, é fácil descobrir, pela medida do apótema, que a medida de seu lado é (10*sqrt(3))/3. Na janela 2D, crie os pontos A=(0,0) e o ponto B=((10*sqrt(3))/3,0).*

> *Crie um polígono regular, selecionando esses dois pontos e digitando 4, ao se perguntar o número de vértices do polígono. Assim, você acabou de criar a base da pirâmide. Encontre o centro da base da pirâmide, a partir das diagonais dos lados do quadrado (base da pirâmide). Este ponto tem coordenadas E=(2.89, 2.89). Sabendo a medida do lado da pirâmide regular, é fácil também calcular sua altura, que é igual a (5sqrt(6))/3 = 4,08. Vá para a janela 3D e crie o ponto F=(2.89, 2.89, 4.08). Crie uma pirâmide, selecionando a base (quadrado) e o ponto F. Agora, crie um cilindro, selecionando os pontos E e F, e digitando raio igual a 3√2. Pode-se fazer a planificação da pirâmide, a fim de facilitar a visualização de sua área total. é possível ver que os vértices da pirâmide não são pontos da base do cilindro.*
>
> *Fiz outras tentativas, mas também não deu. Acho que não tem como, pois pra pirâmide estar inscrita no cilindro, a diagonal do quadrado (base da pirâmide) deveria medir o dobro do raio (que vale 3√2). Como o lado da base da pirâmide mede (10√3)/3, a diagonal medirá (10√6)/3, que é diferente de 6√2. Dessa forma, não teria como a pirâmide estar inscrita no cilindro (informação verbal)*

Na primeira tentativa, o aluno percebe que a base quadrada da pirâmide deve estar inscrita na circunferência da base do cilindro, no entanto, não soube como calcular os pontos do vértice do quadrado que deveriam "tocar" na circunferência. Na segunda tentativa, tentou fazer o processo inverso e, a partir da base quadrada da pirâmide, construiu a circunferência com cálculos geométricos, mas percebeu que mesmo assim os vértices do quadrado não eram pontos da circunferência. Faltou perceber que as diagonais do quadrado inscrito deveriam ser quaisquer retas perpendiculares que passassem pelo centro da circunferência, pois, assim, a interseção entre as retas e a circunferência seriam vértices do quadrado.

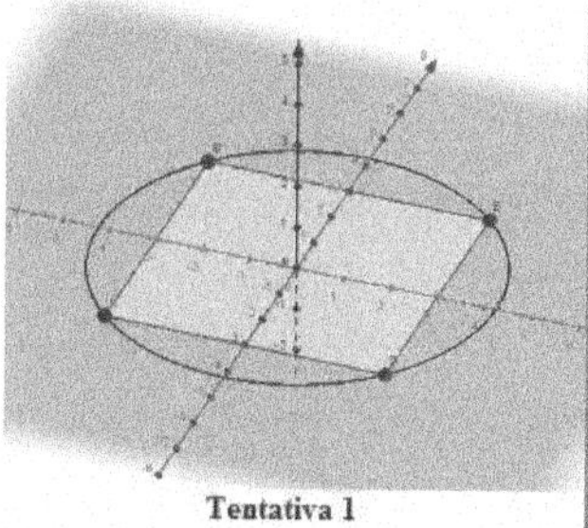

Tentativa 1

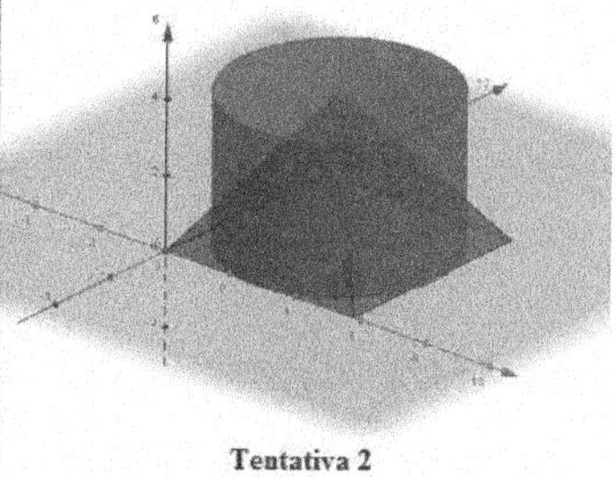

Tentativa 2

Figura 5.8 – *Tentativas de resolução do desafio.*
Fonte: arquivo de um aluno.

É importante destacar que, para a resolução desse exercício, o aluno deve perceber que a base da pirâmide, que é um quadrado, está inscrita na base do cilindro, ou seja, trata-se de um quadrado inscrito em um círculo. Essa é a condição inicial e é a partir daí que se calcula o restante, assim, essa construção inicial pode ser feita na janela de visualização 2D primeiro. Dessa forma, é possível determinar o raio do círculo, o lado do quadrado l e, por ter o apótema da pirâmide g, encontrar a altura h, aplicando Pitágoras no triângulo retângulo, cuja hipotenusa é g e cujos catetos são h e o apótema da base a. Também ele deve ser capaz de notar que, para o cálculo da área lateral, é necessário calcular a área das quatro faces laterais, que são triângulos com base l e altura g. Após a construção no GeoGebra, o próprio *software* fornece o valor de área e de volume na janela algébrica.

5.6 PARA FINALIZAR...

A experiência aqui apresentada tem o propósito de contribuir para as discussões sobre o uso de tecnologias no ensino de matemática, como recurso didático potencializador do desenvolvimento do pensamento geométrico, a partir de experimentação que pode auxiliar no processo de representação mental de figuras geométricas, que é a base para a formalização de conceitos. A exploração proporcionada pelo "arrastar" do mouse permite que o aluno faça conjecturas e caminhe visando realizar provas de resultados geométricos, unindo os aspectos intuitivo e lógico, fundamentais para a aprendizagem da geometria.

5.7 SUGESTÕES DE AMPLIAÇÃO DO TEMA

Apresentamos alguns sites:

- Site oficial do *software* GeoGebra, onde é possível fazer o *download* para *tablets*, *desktops* e celulares: https://www.geogebra.org/.
- Site do Instituto GeoGebra do Rio de Janeiro, onde há vídeos, tutoriais e pesquisas desenvolvidas com o *software* no Brasil: http://www.geogebra.im-uff.mat.br/.
- Canal oficial no YouTube do GeoGebra com videoaulas: https://www.youtube.com/user/GeoGebraChannel.
- Site do Instituto GeoGebra de São Paulo, onde são disponibilizados vídeos, tutoriais, pesquisas, oficinas e informações sobre eventos: http://www.pucsp.br/geogebrasp/index.html.

- Espaço para a divulgação do *software* GeoGebra, onde são apresentados materiais e recursos e há cursos sobre o *software* em parceria com universidades: http://ogeogebra.com.br/site/.
- Site do Grupo de Pesquisa em Informática, outras Mídias e Educação Matemática (GPIMEM), da Universidade Estadual Paulista (Unesp), *campus* de Rio Claro: http://igce.rc.unesp.br/#!/gpimem.
- Manual de atividades com o GeoGebra para Educação Básica: http://docplayer.com.br/2789527-Gustavo-henrique-nogueira-rezende-paiva-manual-de-atividades-no-geogebra-para-a-educacao-basica.html.
- Sequência de atividades para desenvolver conteúdos de geometria espacial, particularmente prismas e pirâmides, com alunos do Ensino Médio: http://repositorio.furg.br/bitstream/handle/1/6320/mariangela_tcc_abnt8.pdf?sequence=1.

REFERÊNCIAS

ALMEIDA, M. E. A formação de recursos humanos em informática educativa propicia a mudança de postura do professor? In: VALENTE, J. A. (Org.). **O professor no ambiente LOGO:** formação e atuação. Campinas: Editora Unicamp/NIED, 1995. p. 161-173.

BORBA, M. C. B.; SILVA, R. S. R.; GADANIDIS, G. **Fases das tecnologias digitas em educação matemática:** sala de aula e internet em movimento. 1. ed. Belo Horizonte: Autêntica Editora, 2014.

KENSKI, V. M. **Tecnologias e ensino presencial e a distância**. Campinas: Papirus, 2003.

LORENZATO, S. Por que não ensinar geometria? **Educação Matemática em Revista**, São Paulo, v. 4, p. 3-13, 1995.

MALTEMPI, M. V. Construcionismo: pano de fundo para pesquisas em informática aplicada à educação matemática. In: BICUDO, M. A. V.; BORBA, M. C. (Org.). **Educação matemática:** pesquisa em movimento. São Paulo: Editora Cortez, 2004. p. 264-282.

PAIS, L. C. Intuição, experiência e teoria geométrica. **Zetetiké**, Campinas, v. 4, n. 6, p. 65-74, jul./dez. 1996.

SKOVSMOSE, O. Cenários para investigação. **Bolema**, v. 13, n. 14, p. 66-91, 2000.

VALENTE, J. A. Pesquisa, comunicação e aprendizagem com o computador: o papel do computador no processo ensino-aprendizagem. In: ALMEIDA, M. E. B.; MORAN, J. M. (Org.). **Integração das tecnologias na educação**. Brasília: Ministério da Educação/ Seed, 2005. p. 22-31.

VAN-HIELE, P. M. **Structure and insight**. Orlando: Academic Press, 1986.

6

A utilização de recursos didáticos para o ensino de geometria a estudantes com deficiência

Helena Libardi

6.1 PARA INÍCIO DE CONVERSA...

Muitos avanços foram feitos em relação ao ensino inclusivo em virtude das políticas públicas voltadas à inclusão e acessibilidade. Em 2015, foi aprovada a Lei Brasileira de Inclusão da Pessoa com Deficiência (Estatuto da Pessoa com Deficiência). O artigo 27 do estatuto afirma:

> *A educação constitui direito da pessoa com deficiência, assegurados sistema educacional inclusivo em todos os níveis e aprendizado ao longo de toda a vida, de forma a alcançar o máximo desenvolvimento possível de seus talentos e habilidades físicas, sensoriais, intelectuais e sociais, segundo suas características, interesses e necessidades de aprendizagem. (BRASIL, 2015a)*

E ainda destaca ser "dever do Estado, da família, da comunidade escolar e da sociedade assegurar educação de qualidade" (BRASIL, 2015a).

"Dever do Estado, da família, da comunidade escolar e da sociedade assegurar educação de qualidade": O direito de todos à educação já estava previsto na Constituição Federal, de 1988.

Entre as metas estabelecidas pelo Plano Nacional de Educação (PNE), de 2014 (BRASIL, 2014), temos a universalização do acesso à Educação Básica para estudantes do ensino especial, entre 4 e 17 anos (meta 4). Em uma avaliação técnica da meta 4 do PNE (BRASIL, 2015b, p. 44), observa-se que o acesso à Educação Básica foi ampliado. Entre 2008 a 2014, as matrículas desses estudantes nas escolas comuns da rede regular de ensino cresceram 84%, passando de 337.640 para 633.042 matriculados.

Esses dados mostram que os estudantes com deficiência estão cada vez mais usufruindo do ensino regular, como vemos na figura a seguir.

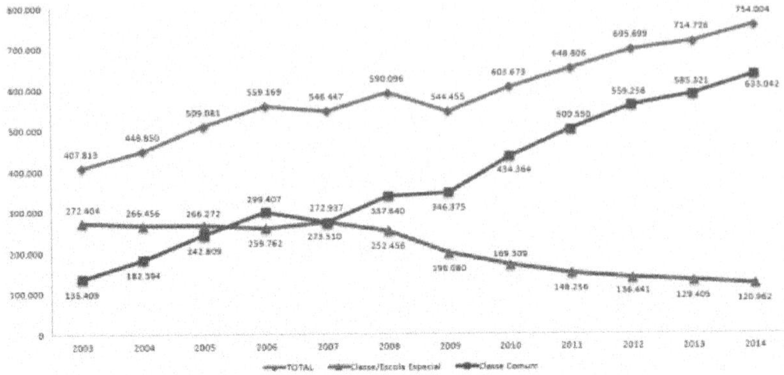

Figura 6.1 *– Matrícula de estudantes da educação especial, entre 4 e 17 anos, no Ensino Básico.*
Fonte: adaptada de BRASIL, 2015b, p. 45.

Mesmo com esse aumento, muitos professores alegam que não tiveram preparo para incluir tais estudantes em sala de aula. Silveira, Enumo e Rosa (2012), em um trabalho de revisão de estudos publicados entre os anos de 2000 e 2010 e indexados na base de dados da Biblioteca Virtual em Saúde: Psicologia, relataram dificuldades em relação ao ensino inclusivo em diversos aspectos: falta de preparo, necessidade de formação de professores para a inclusão, quanto a escassez de materiais e recursos didáticos para trabalhar com a diversidade.

Os autores observaram também, em alguns trabalhos, bons resultados relacionados com comportamentos e concepções de professores com base em intervenções, que levaram os docentes a perceber o valor de atividades lúdicas e de estimulação.

O papel do professor é muito importante para garantir a efetiva inclusão ou o acesso à educação especial do estudante com deficiência em todos os níveis. Os estudantes enfrentam diversas barreiras para a sua permanência. Entre elas, estão as atitudinais e as de comunicação. Considerando as atitudinais (LIMA; SILVA, 2008, apud BRAZ, 2014, p. 15), os professores devem: vencer o medo de receber esses estudantes; não o considerar inferior, acreditando que não acompanhará os demais; não agir por piedade, protegendo o estudante e evitando algumas atividades; não o elevar à categoria de herói, simplesmente por superar uma deficiência, como se fosse inusitada sua capacidade de viver e interagir com o grupo e

Barreiras: Barreiras são quaisquer entraves ou obstáculos que limitam ou impedem o acesso, a liberdade de movimento, a circulação com segurança e a possibilidade de as pessoas se comunicarem ou terem acesso à informação (BRAZ, 2014).

o ambiente; não o comparar com outros estudantes com a mesma condição, uma vez que cada pessoa é única; evitar negar sua deficiência e ter baixa expectativa sobre ele.

As barreiras de comunicação consistem em obstáculos que dificultam ou impossibilitam o recebimento de informações. Devemos considerar textos em braille ou em meio eletrônico que possam ser lidos por programas específicos, comunicação alternativa ou uso de libras, dependendo da especificidade da deficiência do estudante, possibilitando que ele tenha acesso aos conteúdos e informações da disciplina. Essas duas barreiras influenciam muito na aprendizagem.

Para garantir o aprendizado de estudantes com deficiência, acreditamos que estratégias para trabalhar com eles devem ser desenvolvidas e trabalhadas tanto na formação inicial como na formação continuada do professor.

Para trabalhar conteúdos de matemática com estudantes com deficiência ou com dificuldades de aprendizagem nas aulas de Matemática, devemos utilizar práticas que facilitem a compreensão dos conceitos permitindo que eles entendam as diversidades existentes no contexto dessas aulas, tornando-as mais significativas. As atividades inclusivas devem ser pensadas para todos os estudantes e deveriam ser utilizadas sempre que possível, mesmo sem a presença do estudante com deficiência. Fazendo uso regular, os professores vão desenvolvendo técnicas e habilidades ao levar para a sala de aula atividades diferenciadas. Ao mesmo tempo que vão se tornando cada vez mais preparados para receber os estudantes com deficiência, estão dando oportunidades aos estudantes que possuem maior dificuldade.

A seguir, apresentamos atividades envolvendo o ensino de geometria voltado para estudantes com deficiência. Foram desenvolvidas por licenciados em Matemática de nossa universidade para serem utilizadas nas salas de aula do Ensino Básico. Esses estudantes, em sua formação inicial, tiveram a oportunidade de atuar com a escola ou o Centro de Educação e Apoio às Necessidades Auditiva e Visual (CENAV), com o objetivo de auxiliar estudantes com deficiência e complementar sua formação inicial.

6.2 GEOMETRIA E ESTUDANTES COM DEFICIÊNCIA VISUAL

Mendes (2011) trabalhou, principalmente, com um estudante com deficiência visual do CENAV. O primeiro

Matemática: Para garantir um ensino de qualidade, as atividades devem ser pensadas para atender a todos os estudantes (MANTOAN, 2003). Atividades inclusivas desenvolvidas para estudantes com deficiência vão promover a aprendizagem de todos, incluindo não somente os estudantes com deficiência, mas também aqueles com dificuldade de aprendizagem.

Centro de Educação e Apoio às Necessidades Auditiva e Visual (CENAV): Vinculado à Secretaria Municipal de Educação de Lavras (MG), o CENAV oferece atendimento educacional especializado a crianças e adultos com deficiência auditiva e visual, criando alternativas por meio da prática pedagógica para alunos matriculados nas escolas municipais, estaduais e privadas e participando efetivamente no processo de educação inclusiva. Mas informações em: http://www.lavras.mg.gov.br/portal/index.php/component/k2/item/151-cenav.

conjunto de atividades abordou o conceito de geometria. Para isso, utilizou três recursos didáticos: o mosaico de figuras geométricas (Figura 6.2.), o geoplano (Figura 6.3.) e o desenhador do Dosvox (Figura 6.4.), como introdução à tecnologia informática.

O mosaico de figuras geométricas contém representações de triângulos, trapézios e paralelogramos. Esse material concreto pode ser utilizado em sala de aula com estudantes com e sem deficiência para identificar e classificar figuras geométricas planas.

Figura 6.2 *– Mosaico de figuras geométricas planas.*
Fonte: Mendes (2011, p. 32).

O geoplano é uma ferramenta importante para o ensino da geometria plana. Ele é composto de uma base de madeira com pinos distribuídos de maneira regular, formando linhas e colunas. São utilizados fios ou elásticos presos aos pregos para formar as figuras.

Figura 6.3 *– Imagem de um geoplano.*

Sistema operacional Dosvox: Este sistema permite que pessoas com deficiência visual utilizem um microcomputador comum para realizar uma série de tarefas, adquirindo um nível alto de independência no estudo e no trabalho. Pode ser adquirido gratuitamente no endereço http://intervox.nce.ufrj.br/dosvox/ (acesso em: 11 jan. 2018).

O uso do sistema operacional Dosvox permite que os estudantes com deficiência visual tenham acesso a diversos programas e autonomia para desenvolver tarefas com um computador, favorecendo a eliminação dessa barreira de comunicação. Esse sistema foi criado em 1994, inicialmente, para auxiliar estudantes cegos da Universidade Federal do Rio de Janeiro (UFRJ).

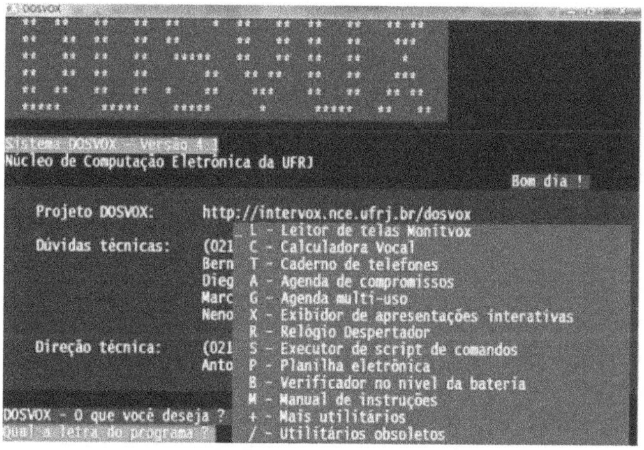

***Figura 6.4** – Tela de abertura do Dosvox com o menu de uso geral.*
Fonte: Mendes (2011, p. 26).

Esses três recursos, mosaico de figuras geométricas, geoplano e desenhador do Dosvox, são utilizados na atividade "Conhecendo e construindo figuras". O uso do mosaico teve como objetivo investigar algumas habilidades e conteúdos concretizados pelos alunos. O geoplano e o Dosvox foram utilizados como ferramenta de ensino, uma vez que possibilitam a construção do plano cartesiano e de figuras planas.

Sobre essa atividade, Mendes destaca: "Utilizando o tato, estes alunos são capazes de 'visualizar' toda a beleza do mundo geométrico a sua volta. Com um simples toque, as formas geométricas que para os videntes podem parecer vazias e sem forma, ganham forma e vida na mente desses alunos" (2011, p. 31). Com a utilização do mosaico de figuras geométricas, a autora observou que o estudante pode perceber as diferenças e similaridades entre as figuras, identificando as características de cada uma. Apontou que inicialmente um dos estudantes identificou figuras como paralelogramo ou trapézio como sendo um quadrado, pois tinham quatro lados. Com o tato e a intervenção dela, o estudante percebeu as diferenças e pôde identificar cada figura com seu nome.

A construção de figuras planas e a exploração tátil do plano cartesiano foram feitas utilizando o geoplano. Foi necessário definir o plano cartesiano e representar as figuras em relação a esse plano, pois, na próxima etapa, com a utilização do computador com o sistema Dosvox, seria necessário saber construir figuras utilizando as coordenadas do plano cartesiano. Mendes (2011) relata que o geoplano mostrou-se muito eficiente para apresentar o conceito de plano cartesiano, sendo que a maior dificuldade do estudante foi construir figuras que não possuíam origem em um dos vértices.

Ao passar para o Dosvox, o estudante com deficiência visual não encontrou problema em relação ao uso do programa, pois já conhecia alguns jogos e aplicações de uso geral do sistema, e a interface por meio de síntese de voz contribuiu com maior autonomia na realização da atividade. Embora relate algumas dificuldades do estudante em marcar pontos no plano cartesiano no decorrer da atividade, a autora considerou o Dosvox uma boa ferramenta educacional, com inúmeras potencialidades para a construção do conhecimento matemático. Mendes relata também que, com o uso do programa, o estudante pôde expressar suas ideias graficamente, construir sua própria figura e compartilhar ideias e imagens, oferecendo mais autonomia na realização das tarefas.

A autora conclui destacando que, com a análise da atividade, foi possível perceber a importância das experiências do tipo tátil na formação de conceitos para alunos com deficiência visual.

6.3 GEOMETRIA E O ESTUDANTE COM DEFICIÊNCIA INTELECTUAL

O trabalho de Rosa (2015) foi com geometria para estudantes com deficiência intelectual. Foi realizado na sala de recursos de uma escola pública da cidade, utilizando geoplano, sólidos geométricos e objetos do cotidiano.

Os sólidos geométricos são objetos simples com formas geométricas variadas. Podem ser adquiridos, mas com um pouco de habilidade e imaginação podem ser construídos ou adaptados com materiais diversos.

Figura 6.5 – Sólidos geométricos.
Fonte: Rosa (2015, p. 46).

Para representar a geometria no cotidiano, a autora propôs a utilização de alguns materiais simples, como palitos de churrasco, canudinhos de refrigerante, miçangas, bolinhas de gude e algumas embalagens.

***Figura 6.6** – Representações geométricas presentes no cotidiano. Fonte: Rosa (2015, p. 47).*

A primeira atividade apresentada por Rosa (2015) foi o trabalho com os conceitos de ponto, reta e plano, utilizando o geoplano. Após a apresentação de um vídeo sobre a origem da geometria e como ela está presente em nosso dia a dia e a manipulação do geoplano, os estudantes fizeram representações de ponto, reta e plano utilizando os pinos e os elásticos, fazendo associações com o que observaram no vídeo, quando solicitado.

A atividade seguinte utilizou os sólidos geométricos. Na discussão sobre esses sólidos, a autora relatou que os estudantes conseguiram relacionar suas faces com as figuras que representaram no geoplano. Apontou também que, com os materiais do cotidiano, os estudantes perceberam que a reta era semelhante aos canudinhos e os lados da caixinha eram parecidos com os planos. Destacou que, em razão do tamanho das esferas apresentadas, os estudantes demonstraram algumas dificuldades em relacionar a bolinha de gude com o ponto. Mesmo após várias intervenções, foi necessário falar que as bolinhas de gude, quando vistas de longe, poderiam representar os pontos. Com essa analogia, um estudante começou a mostrar vários pontos em objetos que estavam na sala de aula, como a quina do livro, do quadro e da mesa e os vértices dos materiais manipulativos.

A autora descreveu que, inicialmente, os estudantes não conseguiam formalizar os conceitos no caderno por meio da escrita e que, após as atividades, se sentiram mais confiantes. Mesmo demonstrando algumas dificuldades, trocando as letras

Por meio da escrita: Realizar um trabalho satisfatório com estudantes com deficiência intelectual aumenta o desafio do ensino de geometria, uma vez que essa deficiência apresenta alguns obstáculos de funções cognitivas, linguagem, memória, comportamento social e concentração, comprometendo a eficácia da aprendizagem.

maiúsculas pelas minúsculas, ao denominar o ponto e a reta, fizeram o registro com desenhos e palavras.

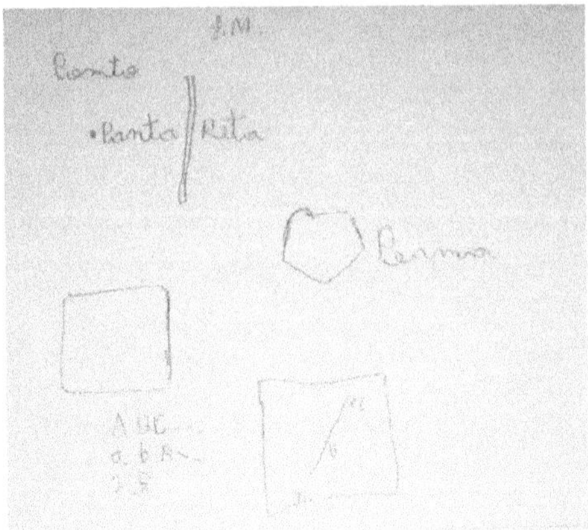

Figura 6.7 – *Representação de ponto, reta e plano feita por um dos estudantes. Fonte: Rosa (2015, p. 48).*

Com a finalidade de problematizar esses conceitos de ponto, reta e plano, a autora desenvolveu uma atividade envolvendo as de um bairro, na qual os alunos tinham de identificar quais eram perpendiculares ou paralelas a determinada rua. A atividade foi realizada com o apoio do material manipulativo. Com o auxílio dos palitos, os estudantes visualizaram quais posições correspondiam a retas paralelas e concorrentes (Figura 6.8). Rosa relatou que houve a necessidade de novos questionamentos, com intuito de promover a construção dos conceitos e, a partir disso, a realização da atividade.

Determinada rua:
As dificuldades de trabalhar a abstração relacionada aos conceitos abordados com estudantes com deficiência intelectual foram sanadas utilizando material concreto, pois eles mostraram muita dificuldade em realizar as atividades sem o apoio desse material.

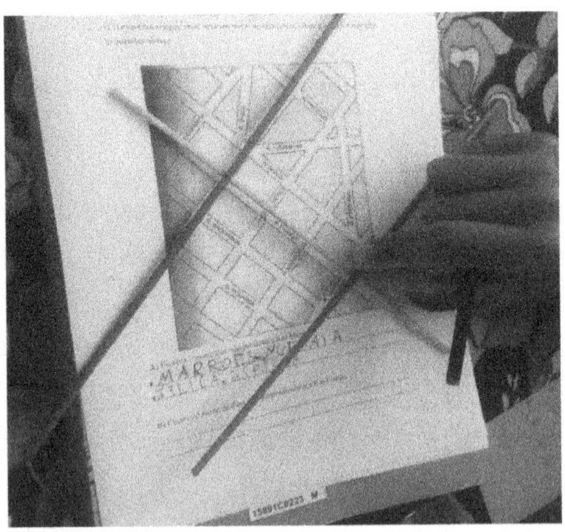

Figura 6.8 – *Atividade relacionada com retas paralelas e perpendiculares. Fonte: Rosa (2015, p. 49).*

Ao final, a autora destacou que o trabalho realizado com esses estudantes foi muito pouco frente a todos os desafios do ensino de estudantes com deficiência intelectual. Indicou que, para alcançar um nível maior de abstração, existe a necessidade de realizar um trabalho mais a longo prazo com os estudantes.

Longo prazo com os estudantes: "O grande objetivo do ensino da geometria é fazer com que a criança passe do espaço vivenciado para o espaço pensado. No primeiro, a criança observa, manipula, decompõe, monta enquanto no segundo ela operacionaliza, constrói um espaço interior fundamentado em raciocínio. Em outras palavras, é a passagem do concreto para o abstrato" (LORENZATO, 2006, p. 43).

6.4 PARA FINALIZAR...

Cada pessoa é um ser único, com suas características e peculiaridades. Isso também é válido para pessoas com deficiência. Para cada tipo de deficiência, existem diferentes tipos de necessidades, que podem ser em maior ou menor grau variando de pessoa para pessoa. Cada estudante tem facilidades e dificuldades, tenham ou não deficiência.

Pensando em um cenário em que a sala de aula tenha estudantes com deficiência, com condutas típicas, com dificuldade de aprendizagem, com melhor memória visual ou auditiva, entre tantas diferenças, não parece eficaz utilizar sempre a mesma estratégia de ensino. A diversidade de estudantes demanda uma diversidade de estratégias. As estratégias didáticas idealizadas para estudantes com deficiência devem ser pensadas para atender a todos. Levar para sala de aula materiais didáticos como geoplano, mosaico geométrico e sólidos geométricos, ou preparar atividades utilizando recursos computacionais acessíveis, favorece o aprendizado dos estudantes, podendo ser utilizados mesmo sem a presença de um estudante com deficiência.

As estratégias apresentadas neste capítulo não utilizam materiais específicos para estudantes com deficiência. Devemos ter em mente que vários materiais didáticos podem ser adaptados, muitas vezes de formas diferentes ou com objetivos diferentes, dependendo da especificidade da deficiência do estudante.

Objetivos diferentes: Para Moura, "A intencionalidade educativa está presente na atividade de ensino e é indicadora das concepções de quem a propõe" (2001, p. 156).

6.5 SUGESTÕES DE AMPLIAÇÃO DO TEMA

A formação de professores para o ensino de pessoas com deficiência é um tema muito importante nos dias de hoje. Existem diversos autores que trabalham na área e é possível encontrar algumas dicas e orientações para tornar efetivo o ensino de todos os nossos estudantes.

Materiais manipulativos são bons recursos para o ensino de estudantes com deficiência. Uma boa referência para conhecermos um pouco sobre eles é o texto de Lorenzato, intitulado

Internet: As publicações sobre ensino inclusivo e especial estão disponíveis em: <http://portal.mec.gov.br/component/content/article?id=12625>. Acesso em: 11 jan. 2018.

Títulos disponibilizados: Na possibilidade de mudança dos endereços eletrônicos dessas publicações, indico os títulos de algumas para que quem tiver interesse possa fazer uma busca na internet.

"Laboratório de ensino de matemática e materiais didáticos manipuláveis" (2006).

O Ministério de Educação, dentro das políticas de inclusão, disponibiliza material para educação inclusiva. São diversos títulos que podem ser acessados ou baixados pela internet. Entre os títulos disponibilizados estão a coleção *A educação especial na perspectiva da inclusão escolar*, com dez volumes; a coleção *Atendimento educacional especializado*, com cindo livros; os vários números da *Revista Inclusão*; assim como diversos textos sobre o tema e documentos legais.

Outras estratégias de ensino de matemática para estudantes com deficiência visual podem ser vistas nos trabalhos de Paixão (2014) e Siqueira (2015).

Para outra área de conhecimento, a Física, podemos ver estratégias nos trabalhos de Grossi (2016), que trabalhou com estudantes cegos na EJA, e Castro (2015), que trabalhou com ensino de acústica para estudantes surdos.

REFERÊNCIAS

BRASIL. Ministério da Educação. **Orientações para implementação da política de educação especial na perspectiva da educação inclusiva.** Brasília, DF: MEC, 2015a. Disponível em: <http://portal.mec.gov.br/index.php?option=com_docman&view=download&alias=17237-secadi-documento-subsidiario-2015&Itemid=30192>. Acesso em: 10 out. 2016.

______. Casa Civil. **Estatuto da pessoa com deficiência**. Lei n. 13.146, de 6 de julho de 2015. Institui a lei brasileira de inclusão da pessoa com deficiência (Estatuto da Pessoa com Deficiência). Brasília, DF, 2015b. Disponível em: <http://www.planalto.gov.br/ccivil_03/_Ato2015-2018/2015/Lei/L13146.htm>. Acesso em: 7 jun. 2016.

______. Casa Civil. **Plano Nacional de Educação**. Lei n. 13.005/2014. Aprova o Plano Nacional de Educação - PNE e dá outras providências. Brasília, DF, 2014. Disponível em: <http://www.planalto.gov.br/ccivil_03/_ato2011-2014/2014/lei/l13005.htm>. Acesso em: 10 out. 2016.

BRAZ, F. F. **Deficiência visual e ensino superior:** possibilidades e entraves. 2014. Trabalho de Conclusão de Curso (Licenciatura em Física) - Universidade Federal de Lavras, Lavras, 2014.

CASTRO, J. W. P. **Inclusão no ensino de física:** o ensino das qualidades fisiológicas do som para alunos surdos e ouvintes. 2015. 64 f. Dissertação (Mestrado em Ensino de Física) - Universidade Federal de Lavras, Lavras, 2015.

GROSSI, M. C. A. **Ensino de física inclusivo envolvendo alunos com deficiência visual na educação de jovens e adultos**. 2016. 107 f. Dissertação (Mestrado em Ensino de Física) - Universidade Federal de Lavras, Lavras, 2016.

LORENZATO, S. Laboratório de ensino de matemática e materiais didáticos manipuláveis. In: LORENZATO, S. (Org.). **O laboratório de ensino de matemática na formação de professores**. Campinas: Autores Associados, 2006.

MANTOAN, M. T. E. Uma escola de todos, para todos e com todos: o mote da inclusão. **Revista Educação**, Porto Alegre, v. 26, n. 49, p. 127-135, 2003.

MENDES, T. P. **Formação de conceitos matemáticos em deficientes visuais.** 2011. Trabalho de Conclusão de Curso (Licenciatura em Matemática) - Universidade Federal de Lavras, Lavras, 2011.

MOURA, M. O. de. A atividade de ensino como ação formadora. In: CASTRO, A. D.; CARVALHO, A. M. P. de (Org.). **Ensinar a ensinar:** didática para a escola fundamental e média. 1. ed. São Paulo: Pioneira Thomson, 2001. p. 143-162.

PAIXÃO, H. S. **A construção de um material manipulativo para explorar os conceitos iniciais de equações com um estudante cego**. 2014. Trabalho de Conclusão de Curso (Licenciatura em Matemática) - Universidade Federal de Lavras, Lavras, 2014.

ROSA, N. M. F. **Estudo de geometria na educação especial.** 2015. Trabalho de Conclusão de Curso (Licenciatura em Matemática) - Universidade Federal de Lavras, Lavras, 2015.

SILVEIRA, K. A.; ENUMO, S. R. F.; ROSA, E. M. Concepções de professores sobre inclusão escolar e interações em ambiente inclusivo: uma revisão da literatura. **Rev. Bras. Ed. Esp.**, Marília, v. 18, n. 4, p. 695-708, out./dez. 2012.

SIQUEIRA, M. A. T. **As potencialidades dos materiais manipulativos para a aprendizagem da matemática de um estudante com deficiência visual:** um estudo de caso. 2015. Trabalho de Conclusão de Curso (Licenciatura em Matemática) - Universidade Federal de Lavras, Lavras, 2015.

7

Modelagem na educação matemática: uma análise da destinação dos resíduos sólidos e da construção de um aterro sanitário

Tais Soares Marques
José Antônio Araújo Andrade

7.1 PARA INÍCIO DE CONVERSA...

Este capítulo trata de uma investigação desenvolvida no contexto do Programa Institucional de Bolsas de Iniciação à Docência (Pibid), da Universidade Federal de Lavras (UFLA), como parte das ações na área de Matemática, em uma das escolas parceiras do programa. A experiência apresentada é resultado de um projeto de modelagem na educação matemática realizado com estudantes do Ensino Fundamental (anos finais) que faziam parte do Projeto Escola em Tempo Integral (Proeti). O recorte da temática de investigação ocorreu no âmbito dessa parceria universidade-escola e como parte das ações do Grupo de Estudos e Pesquisas em Modelagem na Educação Matemática (GEPMEM), cujo foco está no desenvolvimento de estudos da modelagem matemática no ensino com temas associados à sustentabilidade.

A bolsista do Pibid (futura professora), que orientou os estudantes da escola durante todo o trabalho de modelagem realizado, buscava discutir, por meio da modelagem, algum problema socioambiental local. Por esse motivo, optou-se por realizar uma investigação a respeito da destinação de resíduos sólidos em aterros sanitários. Temas como esse, que estão subjacentes à realidade que os estudantes da Educação Básica vivenciam, precisam ser bem abordados com a intencionalidade de sensibilizá-los para o desenvolvimento de uma consciência ambiental.

A modelagem na educação matemática foi trabalhada na perspectiva da educação matemática crítica e da educação ambiental

Pibid: O programa visava ao aperfeiçoamento e à valorização da formação de professores, bem como ao compartilhamento de experiências entre professores da universidade, professores da Educação Básica e estudantes de licenciatura em Matemática, desenvolvendo projetos em escolas parceiras, estudos teóricos e reflexões sobre a prática docente.

Proeti: O Projeto Educação em Tempo Integral tem foco nos alunos do Ensino Fundamental. A iniciativa é desenvolvida a partir da realização de atividades no contraturno escolar. Nessas ações, os estudantes têm a oportunidade de formar novas habilidades e conhecimentos com as atividades promovidas pela escola, inclusive por meio de parcerias com as áreas de esporte, cultura, lazer e aperfeiçoamento escolar.

Parceria universidade-escola: Nesta experiência, podemos »

» contar com o apoio da universidade. Porém, aqueles que não puderem contar com esse apoio devem buscar outros parceiros, como secretarias de prefeituras, empresas, ONGs.

Não se pode garantir que os estudantes participem das tarefas propostas: O convite para trabalhar com questões ambientais pode ser realizado a partir de uma contextualização da temática socioambiental na qual o problema está inserido. Temos dado preferência a questões ambientais locais, temas que estão mais próximos da vivência dos estudantes. A partir daí, pode-se fazer um reconhecimento da situação no bairro, nas casas. Sugerimos também a utilização de vídeos (filmes ou documentários, por exemplo), acompanhados de uma problematização para situar o estudante e fazer com que a questão ambiental que se deseja tratar pertença a ele também.

crítica. A primeira confere importância ao vínculo da matemática com os problemas sociais e políticos; a segunda, além dos aspectos políticos e da prática social, engloba ações que promovem os recursos naturais e a reflexão sobre elas.

7.2 MODELAGEM MATEMÁTICA SOB UMA PERSPECTIVA CRÍTICA DE EDUCAÇÃO MATEMÁTICA E DA EDUCAÇÃO AMBIENTAL

A partir de Barbosa, compreende-se a modelagem na educação matemática como "um ambiente de aprendizagem no qual os alunos são convidados a indagar e/ou investigar, por meio da matemática, situações com referência na realidade" (2001, p. 31). Com base em uma situação com referência na realidade, talvez do cotidiano do estudante, é gerado um problema em que, por meio de um ferramental matemático, os estudantes desenvolvem estratégias para chegar à solução do problema.

Não se pode garantir que os estudantes participem das tarefas propostas, mas existem grandes possibilidades de envolverem-se quando a prática pedagógica está orientada por uma corrente sociocultural da modelagem, pois abarca a realidade objetiva em que questionamentos são realizados aos estudantes que conduzem o processo, assumindo para si a atividade. O ambiente é favorável para que os estudantes se sintam à vontade para fazer questionamentos e averiguações durante as atividades, podendo participar ativamente do processo de modelagem matemática. Para isso, a situação-problema e a mediação precisam provocar neles uma necessidade, um motivo para se mobilizar na busca por alguma solução.

A indagação é um elemento fundamental nesse processo. Indagar é fazer perguntas a respeito do assunto a ser trabalhado, é sentir-se incomodado com o problema tendo interesse em resolvê-lo, é mover-se em busca de maneiras para solucionar o quebra-cabeça. A indagação, como Barbosa (2001) sublinha, contorna o percurso da modelagem, no qual se identifica um conjunto de problemas na fase da interação e, no momento da matematização, é delineado o problema que se deseja modelar. Nesse ambiente, o processo é tão valorizado quanto o resultado final. A investigação da situação-problema contesta o ensino tradicional, estruturado no paradigma de exercícios que trazem em seus enunciados expressões do tipo "siga o exemplo", dando lugar à delimitação de um problema a ser explorado e satisfatoriamente modelado.

Nesse processo, o professor é somente o mediador da situação, deixando os estudantes conduzirem o processo de modelagem. Assim, eles têm liberdade para encaminhar o projeto para onde sentirem vontade. Essa foi a perspectiva adotada, como procuramos mostrar na experiência relatada mais adiante, com intenção de promover uma formação de estudantes mais reflexivos e críticos.

Processo: Esse processo está inspirado no caso 3 de Barbosa (2001). Outra forma de integrar a modelagem ao currículo é desenvolver projetos com base em temas, que podem ser escolhidos pelo professor ou pelos alunos. Aqui, o levantamento de informações, a formulação de problemas e sua resolução cabem aos alunos. A ênfase está em estimular os alunos a identificar situações problemáticas, formulá-las adequadamente e resolvê-las.

Skovsmose (2010) afirma que a educação matemática sozinha não atende à necessidade do ensino de matemática. Precisa-se de certa dose de crítica para não deixar os problemas sociais de lado, desenvolvendo nos estudantes um olhar crítico, uma motivação de contrapor-se a esses problemas e propor alternativas de solução para eles – que, por sua vez, também precisa ser avaliada de forma crítica. Com isso, a educação matemática crítica navega em sentido oposto às desigualdades sociais, dispondo de:

> *1) uma investigação de condições para a obtenção do conhecimento; 2) uma identificação dos problemas sociais e sua avaliação; e 3) uma reação às situações sociais problemáticas. [...] O conceito de crítica indica demanda sobre autorreflexões, reflexões e reações. (SKOVSMOSE, 2010, p. 101)*

Assim, a educação matemática crítica é delineada pela reflexão e pela reação. Pode-se dizer que comporta a liberdade de pensamento e a criatividade.

Ao contrário da educação matemática crítica, o ensino tradicional que vigora atualmente na maioria das escolas brasileiras tem como característica principal a aplicação de exercícios. Nesse contexto, só existe uma resposta certa, enfatizando a dualidade do certo e do errado. Skovsmose (2008) refere-se a isso como sendo o paradigma do exercício, em que estes não são formulados pelo professor, mas sim por alguém que não conhece a turma, ou seja, autores de livros didáticos.

O ambiente em que há maior possibilidade de se desenvolver uma postura crítica é aquele que Skovsmose (2008) denomina *cenários para investigação*. No âmbito de um projeto, há uma demanda de tempo, comprometimento e interesse dos estudantes. Nesse cenário, os estudantes e o professor trabalham juntos em um tema associado à realidade objetiva e, assim, são convidados à reflexão. A prática pedagógica apresentada a seguir tem como intencionalidade discutir a respeito da destinação final dos resíduos em aterros sanitários. Como todas as pessoas são produtoras de resíduos, são necessárias reflexões a respeito de sua

Resíduos: Compreendido como lixo, no senso comum.

destinação para que a agressão ao meio ambiente seja minimizada com atitudes sustentáveis.

Trabalhando com a realidade, desafios emergem, sendo necessárias reflexões acerca dos detalhes do projeto e de seu desenvolvimento. Com isso, a educação matemática crítica vai ganhando espaço, possibilitando que os estudantes percebam a matemática presente em sua volta e em seu cotidiano. Em um *cenário de investigação,* os estudantes podem conversar sobre o que estão aprendendo e as novas descobertas e compartilhar ideias sobre a importância delas, atribuindo significado ao que estão fazendo.

Projetos de educação ambiental que têm como meta a mudança de comportamento de indivíduos não são críticos. Muitas vezes, é por meio de informações ambientais que os envolvidos no projeto adquirem conhecimento. Muito se fala e ouve: "não jogue lixo no chão"; "vamos realizar a coleta seletiva para reciclagem"; "vamos plantar árvores". Porém, os objetivos não podem ser somente essas ações, pois uma reflexão acerca delas é indispensável. Também existem falas como: "se cada um de nós fizer a sua parte, o mundo será melhor". Essa é uma afirmativa que só tem impacto se as pessoas fizerem as ações juntas, coletivamente, sem individualidade, e posteriormente realizarem reflexões exercendo assim uma educação ambiental crítica.

A educação ambiental crítica é uma perspectiva complexa que engloba aspectos políticos, prática social, ações que promovem os recursos naturais e sua reflexão. São necessárias reflexões que componham uma prática criativa e que revelem subsídios para outras reflexões da constituição de uma nova visão de mundo. Porém, "esse não é um processo individual, mas que o indivíduo vivencia na relação com o coletivo, em um exercício de cidadania, na participação em movimentos coletivos conjuntos de transformação da realidade socioambiental" (GUIMARÃES, 2004, p. 29). Isso envolve ações conjuntas de indivíduos de um grupo com intenções de melhorar a realidade socioambiental da sua comunidade.

O caráter político da educação ambiental compõe as relações com o meio, com a realidade, com as necessidades das pessoas.

> *Quando afirmamos e definimos a Educação Ambiental como educação política, estamos afirmando que na Educação Ambiental deve ser considerada, prioritariamente, a análise das relações políticas, econômicas, sociais e culturais entre a*

humanidade e a natureza e as relações entre os seres humanos, visando à superação dos mecanismos de controle e de dominação que impedem a participação livre, consciente e democrática de todos. (TEIXEIRA, 2014, p. 38)

A educação ambiental, sendo crítica e comportando esses elementos, torna-se poderosa no processo de transformação das pessoas, já que são estimuladas a pensar, refletir e agir sobre as situações. Assim, gradualmente, possibilita também a transformação da sociedade que se atenta a seus direitos e luta contra a dominação de outros. Isso vale também na relação homem-natureza, em que o homem pensa poder dominar a natureza, jogando a escanteio o respeito por ela. Assim, essa situação de usufruir ilimitadamente os recursos naturais transforma-se à medida que os homens, a sociedade, trabalham conjuntamente com uma educação ambiental crítica. Com isso, "a Educação Ambiental como educação política propicia não só o uso do conhecimento na relação com os recursos naturais, como também habilita e promove a participação do cidadão nas questões do seu cotidiano" (SANTOS, 2010, apud TEIXEIRA, 2014, p. 38).

7.3 O PROCESSO DE CONSTRUÇÃO DE UM MODELO MATEMÁTICO

A noção de modelo matemático assumida neste capítulo é bem ampla, podendo ser considerados: fórmulas, equações, gráficos, tabelas, funções, diagramas, representações geométricas, dentre outras representações matemáticas. O processo de construção do modelo matemático é considerado mais relevante do que o próprio modelo e foi orientado pelas etapas propostas de Biembengut e Hein (2001):

Etapas: Há necessidade de uma constante problematização nesses momentos, e é fundamental a mediação do professor por meio de uma intencionalidade bem definida.

a) Interação:

- Familiarização com o assunto a ser modelado;
- Reconhecimento da situação-problema.

b) Matematização:

- Formulação do problema → hipótese;
- Resolução do problema em termos do modelo.

c) Modelo matemático:

- Interpretação da solução;
- Validação do modelo → avaliação.

No entanto, isso se deu apenas como uma forma de organização do planejamento, pois essas etapas não ocorrem linearmente, como se fosse uma sequência a ser seguida. Elas são concomitantes, pois, enquanto se faz a interação, a problematização já está ocorrendo e o problema está sendo delineado. Ao se buscar uma solução para o problema, ela já está sendo vislumbrada e interpretada, o que implica uma avaliação constante do modelo.

Interação: Nesse momento, convém discutir que o conceito de lixo é relativo, pois o que é visto como descartável para uma pessoa não é para outra. Por isso, não faz sentido falar em lixo, mas sim em resíduos.

Na etapa da *interação*, foram passados o filme *Wall.e* e o documentário *Lixo extraordinário*, o que possibilitou discussões acerca do recolhimento do material reciclável, a má disposição dos resíduos em lixões, os riscos enfrentados pelos catadores e a transformação do lixo em arte. Depois, os estudantes escreveram sobre o que é lixo e discussões foram feitas pelo grupo. Posteriormente, foram realizadas pesquisas na internet sobre as formas de destinação final dos resíduos, com aprofundamento de sua disposição em aterros sanitários. Como suporte a esse aprofundamento, foram passados vídeos referentes à construção e organização de aterros sanitários. Em seguida, houve levantamento de perguntas e direcionamento para a situação-problema, bem como uma visita ao aterro e ao lixão da cidade. Por fim, uma palestra foi ministrada por integrantes da empresa Preserva Jr. e da Consultoria Ambiental e Sanitária da UFLA, que ajudou a grupo a sanar muitas dúvidas.

Consultoria Ambiental e Sanitária da UFLA: Não havendo apoio desse tipo de empresa, é possível buscar ajuda de especialistas ou de ONGs.

Na etapa da *matematização*, foi delineado o problema: *que tamanho tem de ter o aterro sanitário para caber tanto lixo?* Este foi um dos questionamentos emergidos na problematização. Mendonça aponta a problematização referindo-se à formulação do problema:

> [Problematização é] *a ação de criar uma pergunta na sala de aula que gera a pesquisa [...] problematização está para o problema (ou pergunta) assim como um processo de estruturação está para a estrutura, compreendendo a estruturação como o processo de se compor algo, cujo final é a estrutura. Problematização é, então, o caminho em direção ao problema, é a problemática que leva à formulação do problema. (MENDONÇA, 1993, p. 30, apud BARBOSA, 2001, p. 31)*

A resolução do problema central foi desempenhada pelos estudantes, tentando encontrar o volume de um aterro eficiente para a cidade de Lavras (MG). Para isso, algumas contas simples foram realizadas, levando-se em consideração a quantidade de moradores da cidade, a quantidade de resíduos produzidos diariamente por cada morador e o tempo médio de vida útil de um aterro sanitário.

A última etapa, que trata do *modelo matemático*, aconteceu com a matematização. Como foi necessário realizar uma estimativa da produção de resíduos da cidade durante o tempo de vida útil do aterro sanitário, então, se houver um pequeno crescimento populacional durante esse tempo, o modelo encontrado vai ser válido. Porém, se houver um grande crescimento populacional ou se a população aumentar a produção de resíduos, o modelo vai precisar de ajustes. Como essas etapas ocorreram ao mesmo tempo, há evidência de que não ocorrem linearmente.

Muitos estudantes ficaram incomodados com o destino dos resíduos da cidade, identificando situações-problema e propondo resolvê-las. O desenvolvimento da pesquisa encontrou-se no contexto de projetos. O tema relacionado à disposição de resíduos em aterros sanitários foi escolhido pela bolsista do Pibid responsável pelo projeto. O levantamento de informações sobre o tema foi manuseado pelos estudantes. O problema matemático citado anteriormente e o problema socioambiental em discussão levaram os estudantes a realizar uma interessante problematização: *e se o aterro de Lavras não for aterro sanitário e for um aterro controlado. O que vocês fazem? Vocês avisam? Processam? O Pibid da UFLA faz alguma coisa? Ou vocês deixam quieto?* Essas questões foram formuladas pelos estudantes e resolvidos com a orientação dos bolsistas do Pibid envolvidos na proposta de trabalho com modelagem.

7.4 CONSTRUINDO UM MODELO MATEMÁTICO DE ATERRO SANITÁRIO

Durante o processo de investigação da estrutura de um aterro sanitário, começou a ocorrer a problematização relacionada à produção de resíduos pela população de Lavras. Assim, iniciou-se a caminhada em direção ao problema correspondente ao tamanho de um aterro sanitário eficiente para a cidade.

Na internet, foi possível verificar e analisar o projeto/esboço de diferentes tipos de aterro. Foi observado que as características geográficas do terreno seriam relevantes na decisão de qual aterro construir. A primeira tendência dos estudantes foi escolher um terreno onde existisse alguma cavidade para que os resíduos pudessem ser depositados. Ao refletir sobre essa opção, os alunos perceberam que a configuração do terreno teria de favorecer o

Internet: A internet é uma ferramenta essencial para o trabalho de modelagem, pois nem sempre é possível ir a campo para coletar dados. Dados semiestruturados podem ser encontrados *online*. Mesmo quando há possibilidade de realizar um trabalho de campo, a internet pode auxiliar professor e estudantes a obter informações para melhor aproveitar a visita ao ambiente correlacionado com a investigação.

escoamento do chorume, o que implicaria em uma configuração semelhante à de um vale, para se obter um local mais baixo para captação e armazenamento desse chorume. Embora tenham percebido que a cidade é propícia a esse tipo de implantação, optaram por outro modelo, para que não ficassem dependentes dessa condição. Elegeram o modelo de pirâmide, como proposta de aterro a ser implantado na cidade, para que o terreno escolhido pudesse ser mais simples, relativamente plano.

Pirâmide: Nas pesquisas realizadas pelos estudantes, foi o nome encontrado na literatura para o modelo escolhido. Embora pareça com uma pirâmide, o aterro é constituído de troncos de pirâmides como camadas.

O objetivo inicial dos estudantes era fazer uma maquete de um aterro sanitário eficiente para a cidade de Lavras. Porém, no decorrer das atividades, perceberam que dispunham de poucos encontros para finalizar o projeto, então, optou-se por fazer uma representação do aterro em um ambiente computacional. Naturalmente, no desenvolvimento da construção da maquete, seria necessário saber o "tamanho" desse aterro sanitário. Logo, seria levantado o questionamento central elaborado pelos estudantes no momento da problematização.

Para iniciar os cálculos de um aterro sanitário eficiente para a cidade em questão, o grupo entrou em um consenso, percebendo que primeiramente precisava saber a produção de resíduos de sua população. Assim, foi questionado se sabiam quantos habitantes havia em Lavras e eles palpitaram simultaneamente, a fim de descontrair o ambiente. Com isso, a pesquisadora informou que a população da cidade era de aproximadamente cem mil habitantes. O trecho a seguir mostra alguns questionamentos do momento:

> **Pesquisadora**: Qual a quantidade de resíduos que uma pessoa produz por dia?
>
> **Patrícia**: Acho que tenho isso no meu caderno. Anotei isso no dia que a gente foi aos computadores... Achei. Cada pessoa produz entre 600 g e 1 kg de resíduos por dia.
>
> **Cíntia**: Parece que 1 kg é muito. Podemos tentar com 600 g.
>
> **Pesquisadora**: Pode ser. E para termos um aterro sanitário eficiente, qual deve ser o seu tempo médio de vida útil?
>
> **Patrícia**: Ah é! Ele falou 10 anos ou 20 anos.
>
> **Cíntia**:15 anos.
>
> **Pesquisadora**: Ah, sim! Está certo, mas podemos fazer a média.
>
> (Registro oral do dia 24 de novembro de 2014)

Assim, utilizaram a média para calcular o tempo de vida útil do aterro sanitário. Posteriormente, os estudantes continuaram a ser questionados, a fim de iniciar os cálculos. Consideraram que a cidade possuía aproximadamente cem mil habitantes e que cada pessoa produzia cerca de 600 g de resíduos. Por meio dos estudos realizados anteriormente, sabiam que o tempo de vida útil de um aterro sanitário ficava entre 10 e 20 anos. Assim, realizaram a média e fizeram os cálculos para que o aterro durasse 15 anos. Com isso, encontraram que, durante esses 15 anos, a população produziria aproximadamente 328,5 milhões de quilos de resíduos e que seria necessário um aterro sanitário que comportasse 547.500 m³. A Figura 7.1 mostra as anotações de uma estudante, referentes a esse momento.

Os estudantes continuaram a ser questionados, a fim de iniciar os cálculos: A mediação é importante para que os estudantes possam assumir uma postura investigativa. Nesse sentido, o professor deve procurar intervir com questionamentos que possibilitem que os estudantes desenvolvam a argumentação, produzindo e negociando significado. Isso pode ocorrer por meio de questionamentos, experimentos, contraexemplos, de forma a não direcionar as respostas dos estudantes.

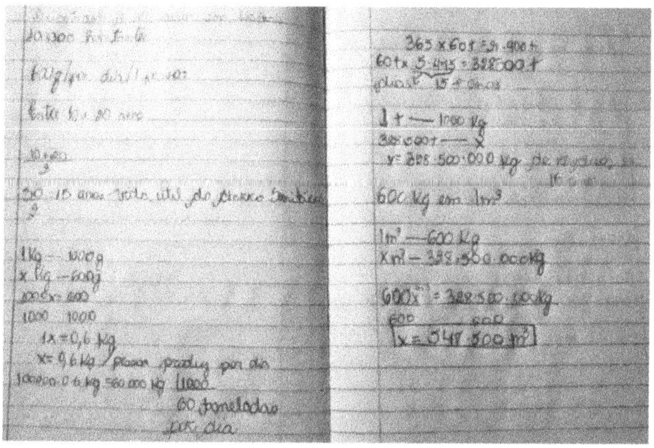

Figura 7.1 *– Cálculo do volume de resíduos de Lavras produzido em 15 anos.*

Posteriormente, a pesquisadora questionou os estudantes sobre o que vinha a ser o volume, como vemos a seguir:

Pesquisadora: Mas qual o conceito de volume? O que seria o volume? E novamente eu pergunto: o que está acontecendo aqui?

Timmy: Está enchendo.

Amanda: Está aumentando.

Patrícia: Evoluindo.

Pesquisadora: Isso. Está aumentando a quantidade de água. Mas está preenchendo alguma coisa aqui?

Estudantes: Está.

Timmy: Sim, o espaço que tem aí dentro.

Pesquisadora: Isso, pessoal. Usando o que o Timmy falou, o que seria o volume?

Timmy: Está preenchendo o espaço que tem lá dentro.

Pesquisadora: Está preenchendo o espaço. É isso mesmo. E se fosse para vocês darem um conceito, falar o que é volume. O que vocês me diriam?

Timmy: Volume? Eu iria falar que era... Eu falaria que era o preenchimento desse cubo.

Pesquisadora: É como você tinha falado. Preenchimento desse espaço. E o que está preenchendo esse espaço?

Estudantes: A água.

Pesquisadora: Então, preenchimento do espaço pela?

Estudantes: Água.

Pesquisadora: Uma definição de volume que eu encontrei é parecida com isso que o Timmy falou: "Preenchimento de um espaço por um corpo". Esse corpo pode ser a água, papel, resíduos, areia.

(Registro oral do dia 26 de novembro de 2014)

Pibidianas: Bolsistas do Pibid que auxiliaram a pesquisadora em alguns momentos.

A situação evidencia que os estudantes estavam em um ambiente de investigação, ativos no processo de construção do conceito de volume por meio da visualização da água preenchendo o recipiente, cabendo às pibidianas apenas a mediação da atividade. Assim, com um pouco mais de conhecimento, puderam iniciar os cálculos referentes ao volume das camadas do aterro sanitário.

Posteriormente, o grupo de estudantes realizou algumas estimativas para saber o comprimento e a largura do aterro sanitário, considerando a orientação da bolsista do Pibid, de que o aterro deveria ter um formato de paralelepípedo. Desse modo, tinham de estimar o valor do comprimento como o dobro da largura. Também foi observado, na pesquisa realizada na internet, que a altura das camadas poderia variar de dois a cinco metros, mas que era usual uma altura de três metros. As estimativas feitas pelos estudantes estiveram de acordo com as necessidades do volume de um aterro sanitário eficiente para a cidade de Lavras. Assim, começaram os cálculos, separadamente, do volume de cada camada do aterro sanitário.

Software SketchUp: Trata-se de um ambiente computacional bem interessante para trabalhar com formas geométricas, na construção de diferentes tipos de objetos. O SketchUp não é gratuito, mas há uma versão gratuita para uso educacional.

Foi apresentado aos estudantes o *software* SketchUp, um programa em que se pode construir casas e também maquetes. Após a figura 7.2 ser mostrada no *software*, foi perguntado se recordavam daquele formato geométrico. Um estudante respondeu: "É uma pirâmide", e Timmy ressaltou que era um tronco de pirâmide de base retangular. Assim, a pesquisadora salientou que também parecia com a camada de um aterro sanitário. Disse que aquele tronco ou camada/pavimento do aterro poderia ser decomposto em outros sólidos geométricos e que o SketchUp auxiliaria na visualização.

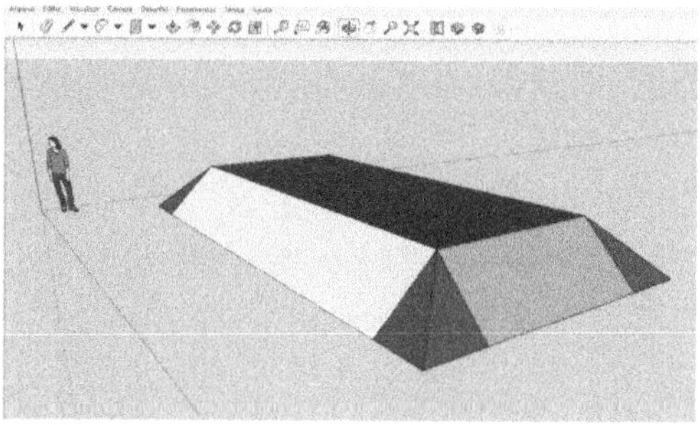

Figura 7.2 *– Camada/pavimento de um aterro sanitário ou tronco de pirâmide.*

Consideraram, por decomposição, que cada um dos troncos de pirâmide (camada/pavimento) continha um paralelepípedo, dois prismas menores, dois prismas maiores e quatro pirâmides. Esses sólidos foram construídos formando a camada/pavimento.

Os estudantes compreenderam a necessidade de se considerar a declividade, entendendo que é uma característica do aterro de pirâmide e que permite a sustentação dos resíduos nas camadas/pavimentos. A pesquisadora começou a construir o tronco de pirâmide com base em um paralelepípedo, como mostra a Figura 7.3.

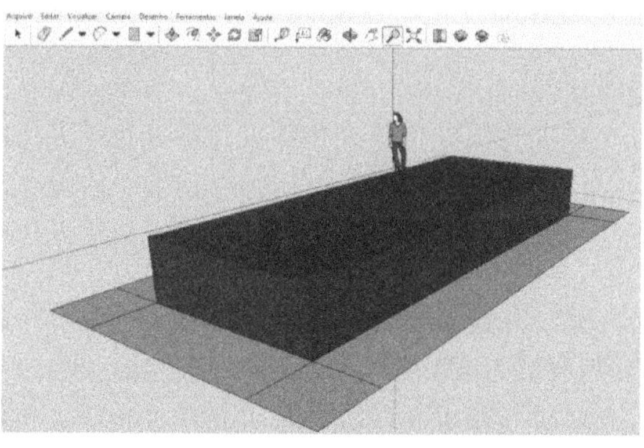

Figura 7.3 *– Paralelepípedo.*

Posteriormente, construiu os dois prismas menores (Figura 7.4), possibilitando uma visualização das representações dos sólidos geométricos. Isso facilitou a compreensão dos cálculos das áreas das bases, das alturas e de seus volumes.

Figura 7.4 – *Visualização dos prismas menores.*

Pirâmides encaixavam perfeitamente dentro de um cubo: Neste momento, os conceitos de capacidade e volume podem ser discutidos, bem como as estratégias para o cálculo dessas grandezas escalares.

Ao assistirem ao vídeo, os estudantes consideraram interessante a relação existente entre a pirâmide e o prisma, isto é, como três pirâmides encaixavam perfeitamente dentro de um cubo. Ao final do cálculo do volume da primeira camada, os estudantes puderam perceber que, realmente, aqueles sólidos geométricos poderiam compor um tronco de pirâmide. Pelo desenho no programa (Figura 7.5), conseguiram observar rapidamente que o volume da primeira e da segunda camada/pavimento era o mesmo, pois a primeira camada era espelho de uma segunda que ficaria no subsolo.

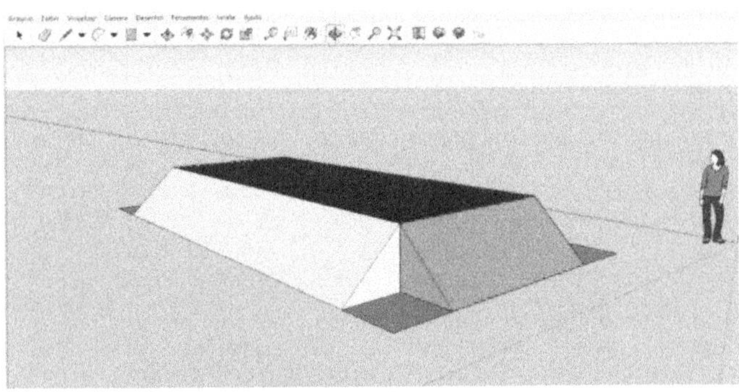

Figura 7.5 – *Visualização do prisma maior.*

Barbosa (2001) apresenta o contexto da situação-problema, em modelagem, com referência na realidade:

> *[...] diz respeito a situações "de fato", oriundas de outras áreas do conhecimento que não a matemática ou do dia a dia.*

O ambiente de aprendizagem de Modelagem, tal como compreendo, refere-se a este último tipo de referência. As situações a serem indagadas e/ou investigadas pelos alunos não foram formuladas apenas com o propósito de ensinar matemática. Os atributos que qualificam a situação e seus dados não foram criados (no sentido estrito da palavra), mas são partes de circunstâncias que a sustentam. (p. 33)

Os cálculos do volume das camadas/pavimentos foram fruto do encaminhamento dos estudantes e se referiam à realidade. O estudo da destinação dos resíduos em aterros sanitários não foi delineado somente para ensinar conteúdos matemáticos, como para o ensino do cálculo do volume do aterro.

O SketchUp potencializou a resolução do problema "Que tamanho deve ter um aterro sanitário para caber tanto lixo?", pois permitiu a visualização da formação de cada um dos sólidos geométricos e, no final, os estudantes viram que, juntos, realmente formavam um tronco de pirâmide. Também propiciou a montagem das camadas/pavimentos uma em cima da outra, como mostra a Figura 7.6. Assim, os estudantes perceberam que o aterro sanitário, em suas características gerais, também tinha uma aparência de um tronco de pirâmide.

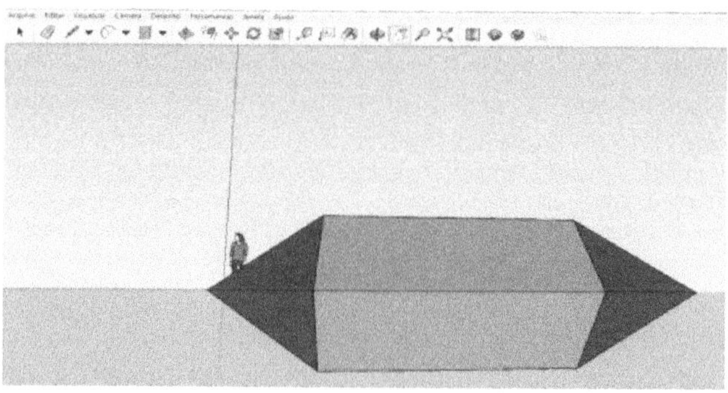

***Figura 7.6** – Duas camadas com o mesmo volume.*

Segundo Porto (2006):

A tecnologia põe à disposição do usuário amplo conjunto de informações/conhecimentos/linguagens em tempos velozes e com potencialidades incalculáveis, disponibilizando, a cada um que com elas se relacione, diferentes possibilidades e ritmos de ação. (p. 46)

A situação-problema provocou a necessidade de os estudantes buscarem entender melhor o funcionamento do *software*. Isso mostra o interesse e o envolvimento do estudante no projeto, o que Barbosa (2001) e Skovsmose (2007) acreditam ser primordiais no processo de ensino e aprendizagem.

Com uma linha de raciocínio parecida com a do cálculo da primeira camada do aterro, o grupo encontrou um volume de 150.556 m^3 para a terceira camada/pavimento e de 42.724 m^3 para a quarta.

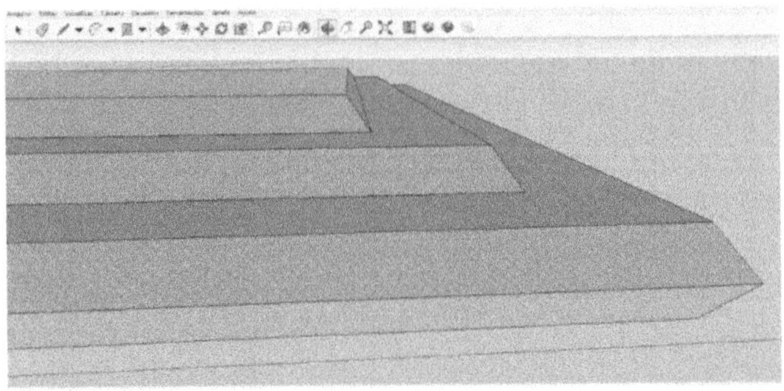

Figura 7.7 *– Esboço do aterro sanitário com quatro camadas.*

O seguinte diálogo apresenta o volume do aterro sanitário encontrado pelo grupo:

Pesquisadora: Vocês fizeram o volume separadamente e agora saberão o total. Quanto dá?

Estudantes: Deu 180.616 m^3 + 180.616 m^3 + 150.556 m^3 + 42.724 m^3 = 554.512.

Pesquisadora: Anteriormente, fizemos as contas e vimos que a população de lavras produziria 547.500 m^3 de resíduos em 15 anos. Esse volume do aterro sanitário que encontramos é suficiente para comportar a quantidade de resíduos? Precisaremos fazer mais uma camada?

Santos: Vai sobrar espaço, né.

(Registro oral do dia 4 de dezembro de 2014)

A pesquisadora discutiu com o grupo de estudantes sobre essa quantidade de espaço que sobraria no aterro sanitário, deixando claro que os cálculos realizados eram aproximados. O grupo levantou questões acerca de alguns detalhes estudados anteriormente, como os que seguem:

- Política dos 3R: reduzir, reutilizar e reciclar

O grupo conversou sobre a possibilidade de as pessoas, durante os 15 anos de vida útil do aterro sanitário, conscientizarem-se e buscarem praticar os 3R. Isso levaria à diminuição do volume de resíduos produzidos.

1. Material impermeabilizante

Discutiu-se que cada uma das camadas/pavimentos possui camadas de material impermeabilizante, como a argila, de 60 cm na primeira camada e de 20 cm a 30 cm nas posteriores. Levando isso em consideração, o aterro sanitário teria mais 12 m de altura e caberia menos resíduos em cada camada/pavimento.

2. Crescimento populacional

Foram realizados debates sobre a necessidade de levar em consideração o crescimento populacional de Lavras, sendo que os cem mil habitantes não seriam um número fixo de pessoas que residiriam durante os 15 anos. Comentaram também sobre os estudantes da UFLA que não foram contabilizados como habitantes, porém produzem resíduos na cidade.

Assim, o grupo percebeu que as contas realizadas precisavam de alguns ajustes, mas o grupo não dispunha de tempo para retomar os cálculos. Porém, ficaram cientes da necessidade da consideração desses fatores para que os cálculos fossem mais confiáveis. O modelo encontrado no projeto foi o processo de busca por saber o "tamanho" de um aterro sanitário: compreende-se desde os cálculos da produção de resíduos da população lavrense até os volumes de cada camada/pavimento do aterro sanitário.

Apesar de o projeto ter necessitado de certa condução por parte das pibidianas nos momentos dos cálculos dos volumes das camadas/pavimentos, a pesquisadora acredita que o projeto foi ao encontro da corrente sociocrítica da modelagem. Barbosa (2001) acredita que essa corrente é delineada por atividades que "buscam abranger o conhecimento de matemática, de modelagem e o reflexivo. São consideradas como um meio de indagar e questionar situações reais por meio de métodos matemáticos, evidenciando o caráter cultural e social da matemática" (p. 29-30).

Política dos 3R: A política dos 3R é um conjunto de ações sugeridas durante a Conferência da Terra, realizada no Rio de Janeiro, em 1992, e o V Programa Europeu para o Ambiente e Desenvolvimento, realizado em 1993. Os 3R consistem nos atos de reduzir, reutilizar e reciclar o lixo produzido.

Reduzir: esse é o ato mais importante. A quantidade de lixo gerado deve ser minimizada ao máximo. A redução é obtida por meio da aquisição de produtos mais resistentes que apresentem maior durabilidade, evitando ao máximo os produtos descartáveis. Algumas ações que contribuem para a redução da produção de lixo são: optar por guardanapos de pano em vez de papel, evitar usar sacolas de plástico, não desperdiçar alimentos, entre tantos outros. Deve-se fazer o necessário para reduzir a produção de novos produtos, contribuindo com os recursos naturais.

Reutilizar: consiste no ato de, quando possível, utilizar várias vezes determinado produto. Devemos priorizar as embalagens retornáveis e não as descartáveis. Com criatividade, novas funções podem ser dadas a objetos que iriam para o lixo, é o caso de latas, que podem ser transformadas em porta-lápis, por exemplo. Revistas, jornais, livros, entre outros materiais de leitura, devem ser doados a escolas e creches. »

» Deve-se pensar nas possíveis utilizações de cada objeto antes de descartá-los. **Reciclar:** é a última etapa da política dos 3R, não sendo possível a reutilização de um objeto, a reciclagem é a melhor providência a ser tomada. Consiste na transformação dos resíduos em novos produtos ou matérias-primas. A coleta seletiva proporciona a separação de produtos passíveis de reciclagem. Materiais como alumínio, papel, plástico, vidro, entre outros, devem ser reciclados, contribuindo com os recursos naturais, pois sua reciclagem evita que novas matérias-primas sejam extraídas da natureza para a produção de determinados produtos. Fonte: Mundo Educação. Disponível em: <https://mundoeducacao.bol.uol.com.br/geografia/politica-dos-3rs.htm>. Acesso em: 12 set. 2018.

Sua cidade: Normalmente, no final dos projetos de modelagem, é realizada a socialização do trabalho com a escola ou com a comunidade. Porém, em razão do tempo, não foi possível fazer o fechamento das atividades com o compartilhamento das experiências com o restante da escola. O próprio grupo de estudantes apenas relembrou, por meio de foto, e discutiu os encaminhamentos obtidos no projeto.

O projeto abarcou alguns conhecimentos matemáticos, como ampliação e redução de figuras, escala, regra de três simples, conversão de unidade de medida, área e volume. Compreendeu várias reflexões, incluindo boa disposição de resíduos em aterros sanitários, adentrando a educação matemática crítica.

7.5 PARA FINALIZAR...

O projeto desenvolveu em todos os participantes uma postura e um pensamento crítico e originou reflexões sobre diversas situações, principalmente a respeito da destinação dos resíduos produzidos na cidade de Lavras (MG). Vale a pena salientar que, por meio dos estudos e do engajamento dos estudantes, eles puderam perceber que o aterro sanitário é uma boa opção para a destinação dos resíduos não recicláveis de sua cidade. Isso foi importante, porque possibilitou ao grupo ter uma visão geral das atividades realizadas nesse ambiente de aprendizagem diferenciado da sala de aula.

Os estudantes estavam inseridos em um ambiente que contribuiu interdisciplinarmente para suas aprendizagens. Em razão da parcela de responsabilidade oferecida aos estudantes no caminhar do projeto, foi possibilitado que tomassem decisões e tivessem autonomia. Isso contribuiu com o processo de ensino-aprendizagem, pois a maioria dos estudantes desenvolveu uma capacidade de fazer uma leitura crítica da situação que foi estudada. Essa capacidade foi um dos objetivos alcançados no desenvolvimento do projeto.

As questões que se enquadravam em um problema socioambiental – *Se o aterro de Lavras não for aterro sanitário e for um aterro controlado? O que vocês fazem? Vocês avisam? Processam? O Pibid da UFLA faz alguma coisa? Vocês deixam quieto?* – tiveram um impacto no grupo e sensibilizaram seus integrantes, evidenciando a criticidade dos estudantes. Após esse questionamento, o grupo procurou por respostas, permanecendo com postura e atitudes críticas em relação às questões. O que mostrou que o projeto envolveu os estudantes em uma leitura criticamente ativa da situação da cidade.

Por meio do trabalho das características e do funcionamento do aterro sanitário, os estudantes compreenderam sua estrutura e seus elementos. Constataram a necessidade da impermeabilização da base do aterro sanitário com argila e manta para a proteção do solo e dos recursos hídricos.

Perceberam a importância do tratamento dos gases e do chorume, respectivamente, na geração de energia e na lagoa anaeróbica. Compreenderam a indispensabilidade do plantio de vegetação e manutenção do aterro, após o término de sua utilização. Entenderam a relevância de um bom planejamento do projeto de engenharia do aterro sanitário, bem como a responsabilidade ambiental envolvida. Logo, os estudantes consideraram uma opção viável de destinação dos resíduos de Lavras, pois protege o meio ambiente e as pessoas que nele vivem.

7.6 SUGESTÕES DE AMPLIAÇÃO DO TEMA

- Para o trabalho de modelagem, de uma forma geral, sugerimos as obras que estão nas referências deste capítulo, bem como relatos de experiências apresentados em eventos que estejam relacionados com a temática. Para trabalhar com a modelagem na escola, sugerimos o estudo dos três casos apresentados por Barbosa (2001). Consideramos importante uma entrevista ou conversa com especialistas no assunto em estudo, para o desenvolvimento do trabalho de modelagem.
- A utilização de tecnologias também pode contribuir bastante como fonte de pesquisa e interação com o tema, ou para a realização de simulações dos modelos que se pretende desenvolver.
- Além de uma interação com o tema na internet e da consulta a especialistas, consideramos importante a realização de uma visita de campo para que os estudantes possam constatar alguns aspectos do que estão estudando. No entanto, essa visita precisa ser intencionalmente preparada pelo professor para ser mais bem aproveitada no sentido pedagógico e crítico do projeto.

REFERÊNCIAS

BARBOSA, J. C. **Modelagem matemática:** concepções e experiências de futuros professores. 2001. 268 f. Tese (Doutorado em Educação Matemática) – Instituto de Geociências e Ciências Exatas, Universidade Estadual Paulista, Rio Claro, 2001.

BIEMBENGUT, M. S.; HEIN, N. **Modelagem matemática no Ensino**. 2. ed. São Paulo: Contexto, 2001.

GUIMARÃES, M. Educação ambiental crítica. In: LAYRARGUES, P. P. (Org). **Identidades da educação ambiental brasileira**. Brasília: MMA, 2004. p. 24-34.

PORTO, T. M. E. As tecnologias de comunicação e informação na escola; relações possíveis... relações construídas. **Rev. Bras. Educ.**, v. 11, n. 31, Rio de Janeiro, jan./abr. 2006. p. 43-57.

SKOVSMOSE, O. **Educação crítica**: incerteza, matemática, responsabilidade. São Paulo: Cortez, 2007.

______. **Desafios da reflexão em educação matemática crítica**. Campinas: Papirus, 2008.

______. **Educação matemática crítica:** a questão da democracia. 5. ed. São Paulo: Editora Papirus, 2010.

TEIXEIRA, C. **Mobilização do conhecimento socioambiental de professores por meio do desenvolvimento de ações para conservação de nascentes urbanas**. 2014. 114 f. Dissertação (Mestrado), Universidade Federal de Lavras, Lavras, 2014.

VAN DE WALLE, J. A. **Matemática no ensino fundamental:** formação de professores e aplicação em sala de aula. 6. ed. Porto Alegre: Artmed. 2009. 548 p.

8

O uso de recursos didáticos nas aulas de Matemática com alunos do Ensino Médio

Maria Teresa Martins Dias
Silvia Maria Medeiros Caporale

8.1 PARA INÍCIO DE CONVERSA...

Ao trabalhar na formação inicial de futuros professores de Matemática na licenciatura, muitos recém-chegados do Ensino Médio, tenho[1] tido a oportunidade de elaborar e desenvolver diversas tarefas/oficinas com o uso de materiais manipuláveis. Segundo Reys (1971), "materiais manipuláveis são objectos ou coisas que o aluno é capaz de sentir, tocar, manipular e movimentar. Podem ser objectos reais que têm aplicação no dia a dia ou podem ser objectos que são usados para representar uma ideia" (apud MATOS; SERRAZINA,1996, p. 193).

A intenção de usar esses materiais e realizar estudos teóricos sobre eles é dar oportunidade aos futuros professores de conhecerem e se apropriarem de diferentes meios mediadores da aprendizagem, possibilitando reflexões sobre adequação, validade e modos de sua aplicação.

Durante o desenvolvimento das disciplinas da licenciatura, além de os alunos estudarem sobre currículos, matemática escolar e metodologias de ensino e suas relações com a construção do conhecimento matemático, eles próprios (re)significam conteúdos que trazem da vivência escolar. Tenho constatado que, até mesmo com alunos do Ensino Superior, os recursos didáticos,

(Re)significam: "O significado matemático é obtido através do estabelecimento de conexões entre a ideia matemática particular em discussão e os outros conhecimentos pessoais do indivíduo. Uma nova ideia é significativa na medida em que cada indivíduo é capaz de a ligar com os conhecimentos que já tem. As ideias matemáticas formarão conexões de alguma maneira, não apenas com outras ideias matemáticas como também com outros aspectos do conhecimento pessoal. Professores e alunos possuirão o seu próprio conjunto de significados, únicos para cada indivíduo" (BISHOP; GOFREE, 1986, apud PONTE; SERRAZINA, 2000, p. 346).

1 Neste texto, Dias e eu usamos a primeira pessoa do singular ao nos referirmos a nossas experiências e concepções pessoais e a primeira pessoa do plural ao expressar as concepções das duas autoras.

em especial os materiais manipuláveis, são meios fundamentais para a construção de conceitos. Portanto, defendo sua utilização em qualquer nível de ensino, já que constituem um valioso suporte experimental, servindo "de interface mediadora para facilitar na relação entre professor, aluno e o conhecimento" (PAIS, 2000, p. 2).

Como exemplo, sito situações-problema que envolvem as operações de adição e subtração. Embora se possa recorrer a diferentes tipos de cálculo (mental, com calculadora e com algoritmos), quando a escolha recai sobre os algoritmos convencionais, percebo nos futuros professores sentimentos de perplexidade e de frustração ao constatar que passaram anos e anos na escola e não são capazes de explicar, nem a eles próprios, o que são ou como "funcionam". Na maioria das vezes, apenas reproduzem o procedimento que aprenderam de forma mecânica.

O uso combinado de diferentes materiais, como material dourado e ábaco vertical, contribui para a compreensão de pelo menos dois aspectos fundamentais do sistema de numeração decimal e, consequentemente, das operações adição e subtração: os agrupamentos em base 10 (material base 10 ou material dourado) e o sistema posicional (ábaco vertical) (GRANDO, 2015).

***Figura 8.1** – Material base 10 (dourado).*
Fonte: Laboratório de Ensino de Matemática (LEM) da Universidade Federal de Lavras.

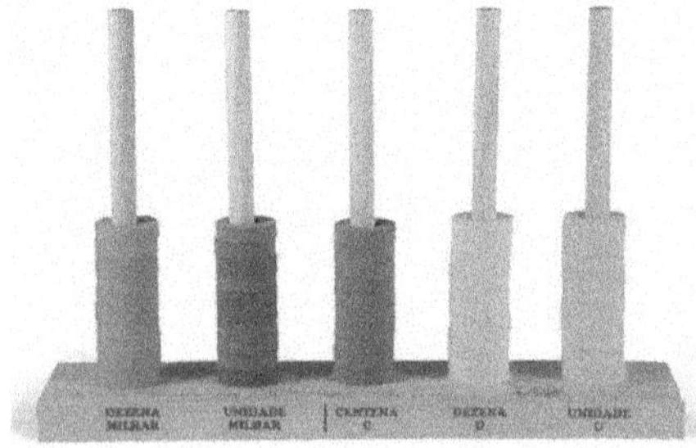

***Figura 8.2** – Ábaco vertical.*
Fonte: Laboratório de Ensino de Matemática (LEM) da Universidade Federal de Lavras.

O uso de materiais manipuláveis para o desenvolvimento de conceitos matemáticos, de acordo com Grando (2015), "possibilita aos alunos uma visualização e uma possibilidade de representação de relações matemáticas" (p. 395). Logo, o significado matemático vai se constituindo mediado pelas diversas ações planejadas pelo professor, com e sem o uso de materiais manipuláveis.

8.2 MATERIAIS MANIPULÁVEIS: O QUE SÃO E COMO USÁ-LOS

O ensino de matemática passou por diversas mudanças significativas nas últimas décadas. Não é nossa pretensão discuti-las neste momento, mas sim ressaltar "que por trás de cada modo de ensinar, esconde-se uma particular concepção de aprendizagem, de ensino, de Matemática e de Educação", como apontou Fiorentini (1995, p. 4). Nessa perspectiva, a forma de ensinar de cada um de nós, professores, sofre influência dos valores e das finalidades que atribuímos ao ensino de matemática, assim como percebemos a relação professor-aluno e a nossa visão de mundo e de sociedade.

Consequentemente, o docente que somos tem a ver com nossa forma de conceber o processo ensino-aprendizagem de matemática. Podemos ser aquele que entende que o aluno aprende matemática por meio de mecanização de procedimentos, memorização de conceitos e regras sem compreensão, e que, portanto, o papel do professor está associado à mera transmissão do conhecimento. Também podemos ser aquele que se apoia em uma prática pedagógica que prioriza a construção dos conceitos por parte dos alunos, "a partir de ações reflexivas sobre materiais e atividades, ou a partir de situações-problema e problematizações do saber matemático" (FIORENTINI, 1995, p. 5). O fato de se fazer uso ou não de recursos didáticos nas aulas de Matemática está relacionado até mesmo com nossas crenças, formação profissional e posicionamento sociopolítico perante a educação. Assim, que profissional queremos ser e que cidadãos queremos formar para a sociedade?

Como destacado por Nacarato (2004-2005), a partir dos anos 1990, surgem diversas recomendações para o uso de recursos didáticos para o ensino de matemática, como os materiais manipuláveis, calculadoras e computadores. A partir daí, intensificaram-se estudos sobre o que são e como utilizá-los nas aulas e sobre as contribuições à educação matemática dos alunos.

Utilizar materiais manipuláveis é, sem dúvida, essencial à promoção da aprendizagem matemática dos alunos (crianças, jovens e adultos), porém, é necessário que se reflita sobre algumas questões. Como, por exemplo, o uso de materiais manipuláveis nas aulas de Matemática não pode ser compreendido, de acordo com Pais (2000), "como uma exclusiva manipulação de objetos, esquecendo a estreita relação que deve haver entre a experiência e a reflexão" (p. 2). Nesse sentido, o uso dos objetos pode promover diversificados momentos de experiências e reflexões, principalmente diante da característica abstrata da matemática, porém, é preciso considerar que a utilização de materiais por si só não determina a aprendizagem do aluno.

Faz-se necessário, portanto, no planejamento das aulas, avaliar a relação dos materiais com os conteúdos, com base em uma abordagem que envolva e mobilize o pensamento matemático dos alunos. Na construção do conhecimento matemático, é importante considerar não somente o uso do material como também, principalmente, o significado da situação, as ações do aluno e sua reflexão sobre elas (NACARATO, 2004-2005, apud SCHLIEMANN; SANTOS; COSTA, 1992).

Outra questão importante diz respeito à escolha do material, porque, como afirmam Fiorentini e Miorim (1990), "o material mais adequado, nem sempre, será o visualmente mais bonito e nem o já construído. Muitas vezes, durante a construção de um material, o aluno tem a oportunidade de aprender matemática de uma forma mais efetiva" (p. 6). Ainda para esses autores, em "outros momentos, o mais importante não será o material, mas sim a discussão e resolução de uma situação-problema ligada ao contexto do aluno, ou ainda, a discussão e utilização de um raciocínio mais abstrato" (p. 7).

Na seleção dos materiais, como ressalta Grando (2015), o professor tem um papel de relevância, precisa levar em consideração algumas questões, como conhecer as limitações e possibilidades de cada tipo de material associado às demais ações e intenções pedagógicas do professor, como "as relações e interações propiciadas pela ação didática do professor que envolve seu planejamento, a problematização, a observação de regularidades, a generalização e a sistematização do conceito por meio de uma linguagem própria da matemática" (p. 398).

8.3 A PROFESSORA MARIA TERESA EM AÇÃO: ALUNOS DO ENSINO MÉDIO E O USO DE MATERIAIS MANIPULÁVEIS NAS AULAS DE MATEMÁTICA

Trabalhando em escola com ensino tradicional, dispunha de giz e lousa como únicos recursos utilizados em aulas de Matemática.

Preocupada com a aprendizagem de meus alunos, sempre que possível, levava materiais para desenvolver conceitos relacionados aos conteúdos. Ao assumir a coordenação, em 1994, com apoio do diretor pedagógico, passei a elaborar o planejamento e a preparar aulas seguindo a tendência do processo construtivo do conhecimento, por meio da utilização de recursos didáticos adequados a esse propósito.

O laboratório de informática passou a ser utilizado, principalmente, com os *softwares* Cabri-Géomètre, Graphmática e Table Top. Elaboramos roteiros das atividades propostas para aulas de trigonometria, funções, inequações de 1º e 2º graus, geometria plana e analítica, em todos os três anos do Ensino Médio. O sucesso foi memorável!

Separei, para este capítulo, três tópicos dos conteúdos de matemática, por serem considerados difíceis de serem trabalhados, tanto por parte dos alunos como dos professores.

8.4 GEOMETRIA DE POSIÇÃO

A passagem da geometria plana para a geometria espacial e métrica, apesar de ser bastante intuitiva, gera certa dificuldade em alguns alunos na visualização de posições assumidas pelos elementos ponto, reta e plano, situados no espaço. Para ensinar essa geometria, costumava usar réguas de madeira que, colocadas em determinadas posições, simulavam as retas concorrentes, paralelas, perpendiculares e reversas, bem como cartões retangulares que representavam planos.

Em determinada aula, uma aluna não conseguia entender como uma reta poderia atravessar um plano, nesse momento, uma colega pegou uma folha do caderno e a atravessou com uma caneta. Com base nessa ideia, criei o Kit-Geometria constituído de retângulos de papel-cartão de diferentes cores que simulam planos; pequenos círculos em EVA, papel-cartão e bolinhas de isopor que simulam pontos; e varetas do jogo "Pega-vareta".

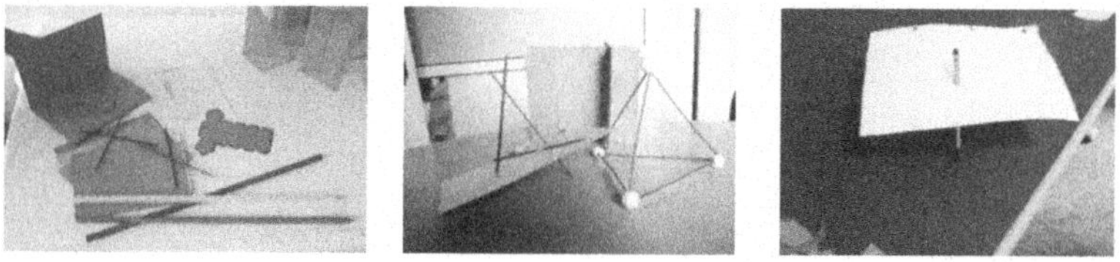

(a) (b) (c)

***Figura 8.3** – Kit-Geometria (a); tetraedro (b); caneta e folha de papel (c).*
Fonte: acervo de Maria Teresa Martins Dias.

Para o desenvolvimento de uma tarefa, solicitei que os alunos fizessem a leitura, no livro didático, do capítulo com a teoria sobre o assunto abordado. Durante as aulas, os alunos distribuíram-se em grupos, manipularam o material disponível e foram orientados a criar situações que os ajudassem a responder às questões propostas e registrar, no caderno, as figuras usadas para as respostas. Com orientações e sugestões, a maioria dos alunos apresentou figuras coerentes.

Este é o primeiro grupo de perguntas:

a) Quantas retas passam por um ponto?

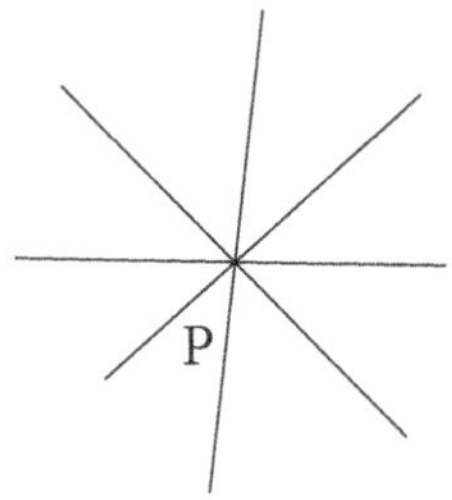

b) Quantas retas passam por dois pontos?

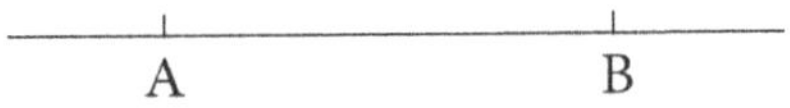

c) Quantas retas passam por três pontos? Analise as diferentes posições dos pontos.

d) Quantas retas passam por quatro pontos? Analise todas as posições dos pontos.

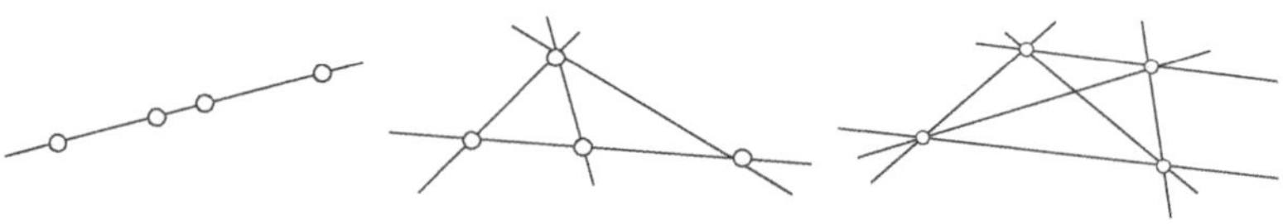

Vale ressaltar que, para a última pergunta, os alunos somente conseguiram resolver com os quatro pontos sobre a mesa ou o plano. Após insistentes afirmações de que haveria mais uma posição dos pontos, embora o número de retas fosse seis, no máximo, raros foram os alunos que sugeriram esta ideia: "Só se eu tirar um ponto da mesa e segurá-lo com a mão no ar". Foi então que os pequenos pontos de papel e EVA foram substituídos por bolinhas de isopor e mais varetas foram disponibilizadas. Assim, com as diversas intervenções, os alunos foram criando retas unindo duas bolinhas com a vareta para, finalmente, chegar à forma do tetraedro, figura que conheciam apenas como uma pirâmide.

Nesse momento, foram exploradas as diferenças entre figuras planas e espaciais, a determinação de plano por três pontos não colineares e a determinação da reta por dois pontos.

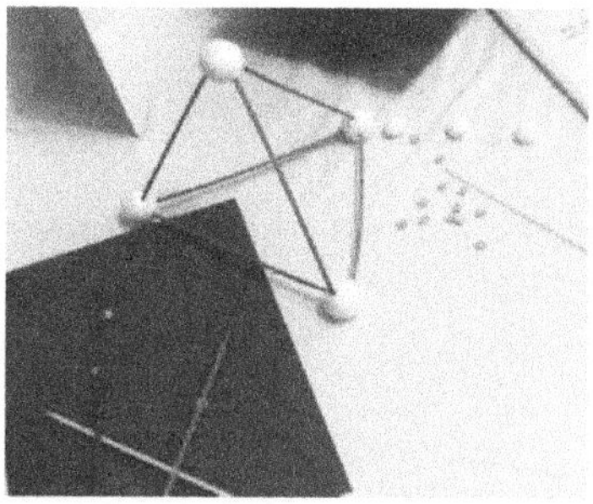

Figura 8.4 *– Retas do plano e tetraedro.*
Fonte: acervo de Maria Teresa Martins Dias.

A seguir, está o segundo grupo de perguntas:

Use um plano e três varetas para definir cada item abaixo e represente-o com uma ilustração.

a) retas concorrentes

b) retas paralelas

c) retas reversas

d) retas perpendiculares

e) retas ortogonais

Uma planificação dos sólidos foi colocada para cada grupo que analisou, dobrou, colou e identificou faces, vértices e arestas. Discutimos também a diferença entre os poliedros e os sólidos de revolução com superfícies arredondadas.

Todo o estudo dos sólidos foi feito com objetos em madeira e acetato e sua respectiva planificação: bases, faces laterais, relação de Euler, volume e área lateral e total. Também os alunos foram incentivados a construir as figuras geométricas estudadas com diferentes materiais.

(a) (b)

Figura 8.5 – Planificações (a) e objetos selecionados e construídos por alunos (b).
Fonte: acervo de Maria Teresa Martins Dias.

O sucesso desse trabalho foi e tem sido confirmado pela reação positiva e confiante dos alunos em realizar as tarefas e enfrentar provas e vestibulares com obtenção de resultados além das expectativas.

8.5 AULAS DE ANÁLISE COMBINATÓRIA NO 2º ANO DO ENSINO MÉDIO

Esse assunto sempre foi muito abstrato e de difícil compreensão para os alunos. Já havia usado material concreto com alunos em aulas particulares e arrisquei levá-los para as salas do 2º ano do Ensino Médio.

Para iniciar o trabalho, levei, para a primeira aula, letras do alfabeto móvel, em EVA, com as vogais repetidas em duas cores e as consoantes D, C, F, M, N, P, R e S, também em duas cores. A intenção pedagógica era trabalhar com os anagramas, mostrando quantos podemos formar de uma dada palavra e, caso houvesse repetição de uma ou mais letras, quantos poderiam ser formados.

A primeira surpresa foi a reação dos alunos ao receber o material: arrastaram as carteiras, formaram grupos e sentaram-se no chão da sala. De início, formaram palavras sem que outras orientações fossem dadas. Deixei-os à vontade para que se familiarizassem com a novidade e, em seguida, sugeri que todos os grupos escrevessem a palavra AMOR.

A segunda surpresa foi quando solicitei que escrevessem anagramas dessa palavra. Foram escritos por alguns grupos apenas as palavras: ROMA, MORA e RAMO, pois RMAO, RMOA, MRAO, MROA e os demais anagramas formavam palavras sem sentido. Percebi que eles não sabiam o que era um anagrama.

Desse modo, trabalhamos com palavras de três letras e com sílabas de duas letras. Ao passar para a palavra ALUNO, perceberam e reclamaram que seriam muitos. Sugeri que usassem as marcas __ __ __ __ __, como no jogo da forca, que mantivessem nas mãos as cinco letras a serem usadas e que fossem colocando uma a uma nos lugares. Após tentativas, palpites, discussões entre os elementos dos grupos e algumas orientações e sugestões, chegaram ao registro e à conclusão:

5 letras 4 letras 3 letras 2 letras 1 letra.

Solicitei, então, que fixassem a primeira letra e completassem aleatoriamente as demais, para que pudessem compreender que, para cada uma das letras colocadas em um lugar, teriam todas as possibilidades de trocas nos demais lugares. Como conclusão teriam o total de anagramas, ou seja, o produto de 5.4.3.2.1 = 120. Assim, puderam usar o mesmo raciocínio para confirmar com o número de anagramas obtidos nas atividades anteriores com palavras com quatro, três e duas letras: 4.3.2.1 = 24; 3.2.1 = 6; 2.1 = 2.

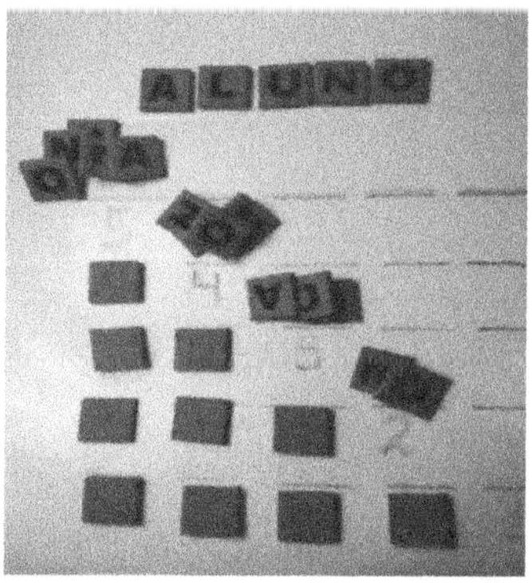

***Figura 8.6** – Anagramas.*
Fonte: acervo de Maria Teresa Martins Dias.

Só então esses produtos foram definidos como fatorial e apresentados na representação formal: 5! 4! 3! 2!. Os anagramas foram definidos como permutação dos elementos dados, sendo que o agrupamento depende da posição ocupada por cada um deles. Generalizamos para *n* elementos: $P_n = n!$, $n! = n.(n-1).(n-2)...3.2.1$.

Repetimos, na segunda aula, a mesma atividade com a palavra AMOR, substituindo a letra O por outro A de cor diferente da que já havia. AMAR foi a palavra escrita. Usando os conhecimentos da aula anterior, os alunos passaram a calcular quantos anagramas poderiam ser escritos. Foi evidente a reação deles quando trocavam o A de lugar com o outro A (propositadamente de outra cor), pois o anagrama permanecia o mesmo.

Orientados a eliminar as repetições, fizemos a simplificação de $\frac{5.4.3.2.1}{2.1} = 5.4.3 = 60$ anagramas.

***Figura 8.7** – Anagramas com letras repetidas.*
Fonte: acervo de Maria Teresa Martins Dias.

Os mesmos procedimentos foram aplicados na contagem de quantos números poderiam ser escritos a partir de um número dado. Exemplos: 78, 351, 570, 363 etc.

***Figura 8.8** – Algarismos recortados.*
Fonte: acervo de Maria Teresa Martins Dias.

Foi então definida a permutação com repetição de elementos $P_n^{\alpha,\beta} = \frac{n!}{\alpha!\,\beta!}$. Retomamos a palavra ALUNO, com a proposta de escrever anagramas usando apenas 3 das 5 letras disponíveis. A conclusão foi surpreendente: 5 letras, 4 letras, 3 letras: 5.4.3 = 60.

Esse agrupamento foi então definido como Arranjo, nada mais sendo que uma permutação em que nem todos os elementos foram usados. A formalização de sua representação ficou assim: $A_{n,p} = \frac{n!}{(n-p)!}$.

Para a definição de Combinação, usamos os próprios alunos como elementos para formar comissões ou grupos de trabalho. Seis deles foram à frente da classe e se revezaram em trios, enquanto os que estavam sentados anotavam quantos grupos eram formados: 6 alunos, 5 alunos, 4 alunos: 6.5.4 = 120 grupos.

Após várias discussões e observações, perceberam que o número de grupos de alunos era menor que o obtido pelos cálculos. "É que não adianta trocar a ordem dos elementos do grupo Ana, Paulo e Iran, que formavam apenas um grupo", gritou o aluno Mário. Insisti e orientei e, então, foram descontadas as trocas entre os elementos de cada grupo: $\frac{6.5.4}{3.2.1} = 5.4 = 20$. Para confirmar essa descoberta, trabalharam com as cartas de um baralho. Foram percebendo que a ordem delas, na mão do jogador, não mudava o agrupamento formado. Em seguida, conceituamos Combinação como o agrupamento em que a ordem dos elementos não influencia a quantidade de grupos formados: $C_{n,p} = \frac{n!}{(n-p)!\,p!}$.

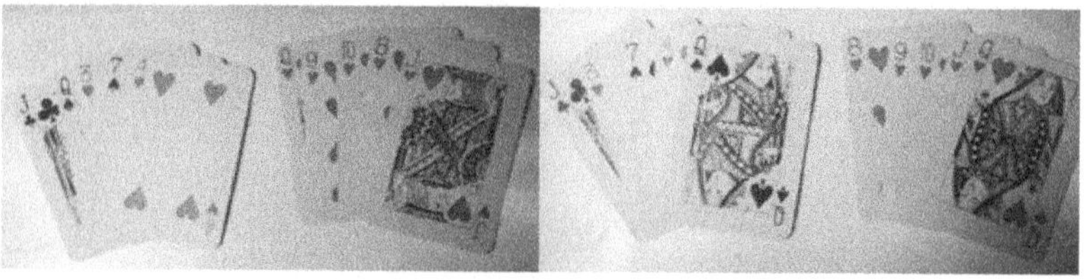

Figura 8.9 *– Combinações de grupos de cartas.*
Fonte: acervo de Maria Teresa Martins Dias.

Após a construção de cada conceito, os alunos resolveram os exercícios e problemas propostos no livro adotado. Foi incrível a relutância dos alunos em usar as fórmulas, pois realizavam os exercícios apenas com raciocínio, abandonando o material utilizado para a compreensão do que estavam fazendo. Esse trabalho foi aplicado por outra professora em outra turma e o resultado também foi satisfatório.

8.6 TRABALHO COM A TRIGONOMETRIA

Consciente das dificuldades dos alunos na compreensão de conteúdos referentes à trigonometria, penso que em algumas situações isso aconteça em virtude da abordagem dada a esses conteúdos, muitas vezes desenvolvidos pela álgebra. Dessa forma, os alunos mecanizam e memorizam as relações trigonométricas por meio de listas de exercícios, não compreendendo o significado de cada uma.

Conhecendo materiais disponíveis para concretizar os principais conceitos do trabalho no círculo trigonométrico, temos conseguido (aluno e professora) resultados positivos na compreensão de radiano, de sua relação com circunferência e arcos em graus, de relações trigonométricas e suas respectivas fórmulas. Um dos materiais que utilizo é composto de um quadro imantado com um círculo trigonométrico, triângulos coloridos e tiras que são usadas como segmentos.

No desenvolvimento de uma das atividades, trabalhei, com grupos de quatro a seis alunos, esse material confeccionado em

EVA, pedaços de barbante do tamanho do raio e do diâmetro do círculo e um roteiro de atividades. Nessa abordagem, o professor coloca-se como mediador entre o conhecimento matemático e a aprendizagem dos alunos, faz interferências quando necessário e dá orientações para que compreendam e construam os conceitos.

Figura 8.10 *– Materiais didáticos para trigonometria.*
Fonte: acervo de Maria Teresa Martins Dias.

Para a definição de radiano, o roteiro elaborado foi constituído das seguintes perguntas:

1. O que é radiano?
2. Quantos radianos contém uma circunferência?
3. Qual a relação entre radiano e grau?
4. Quantos radianos contém um quarto de circunferência?
5. Quantos radianos contêm uma volta e meia na circunferência?

A maleabilidade do material permitiu que o segmento raio fosse transformado em arco, ajustado sobre a circunferência e, depois, deslocado para confirmar que se sobrepõe a ela, seis vezes e mais um pouco. Assim, foi reconhecido o número π e o comprimento da circunferência: $C = \pi 2r = 2\pi r$.

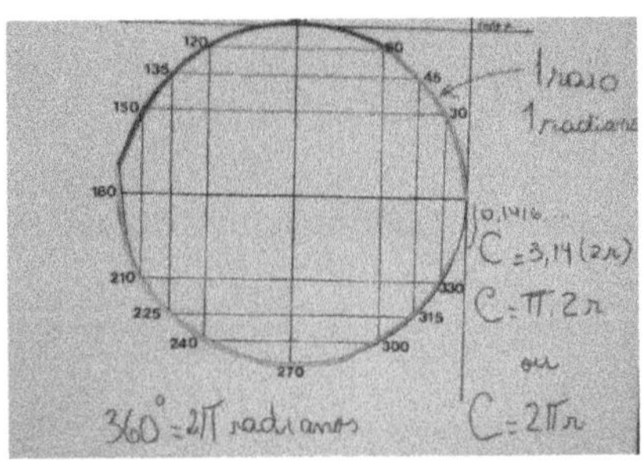

Figura 8.11 *– Círculo trigonométrico.*
Fonte: acervo de Maria Teresa Martins Dias.

Somente depois que todos os grupos realizaram essa investigação é que passaram a responder às perguntas:

1. Radiano (rad) é o arco de comprimento igual ao raio do círculo.

2. A circunferência contém 2π radianos.

3. 2π rad = 360°, que é uma volta completa.

4. Para encontrar um quarto de circunferência, foi imediato encontrar 90°.

Na quinta questão, a ideia de dar voltas na circunferência provocou certa estranheza, e os alunos perguntaram: "Pode ter ângulo maior do que 360°?". Era uma boa pergunta, pois deu a oportunidade de diferenciar arco de ângulo e relembrar que o ângulo central tem a mesma medida do arco determinado. Dobraduras em um simples círculo de papel colorido permitiram que os alunos determinassem os quadrantes e a localização de arcos notáveis e suas simetrias.

***Figura 8.12** – Dobraduras em círculos de papel.*
Fonte: acervo de Maria Teresa Martins Dias.

Em cada etapa, após a formalização dos conceitos, foram resolvidos exercícios e problemas propostos no livro didático adotado e, a pedido dos próprios alunos, houve a continuação do trabalho em grupos.

Já as relações trigonométricas tangente, cotangente, secante e cossecante foram deduzidas com base na semelhança entre três triângulos, adequadamente colocados no círculo trigonométrico. Esse trabalho permitiu a investigação e a aplicação da semelhança entre triângulos e do teorema de Pitágoras e, no menor desses triângulos, surgiu a relação fundamental: $\text{sen}^2 x + \cos^2 x = 1$.

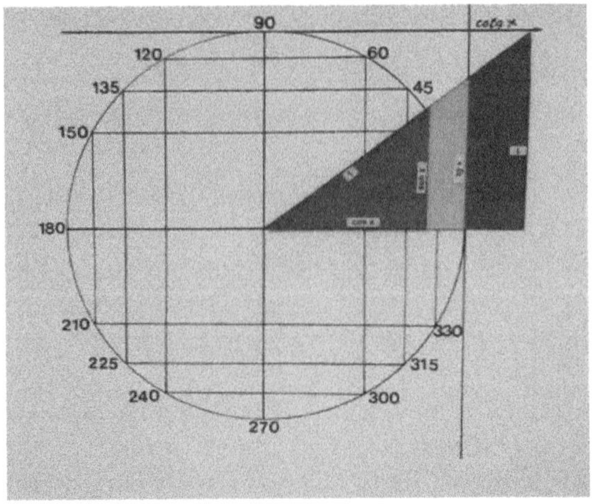

Figura 8.13 – *Triângulos semelhantes no círculo trigonométrico.*
Fonte: acervo de Maria Teresa Martins Dias.

Tal trabalho teve uma repercussão impressionante. Dentre os depoimentos dos alunos, dois merecem destaque: "Meu irmão disse que não havia aprendido assim e não tinha ideia de que as fórmulas tinham a ver com o triângulo retângulo estudado no 9º ano". Outro aluno comentou: "Meus amigos nunca viram essa trigonometria".

Apresentei esse trabalho na forma de oficina com o título "Manipulando a trigonometria", no I Encontro dos Alunos da Licenciatura de Matemática da Fundação Avaré. O interesse, a surpresa, a curiosidade e os questionamentos dos participantes tocaram-me profundamente, pois a pergunta de todos fora: "Por que não aprendemos assim?". Fui convidada a repetir no ano seguinte a oficina. No II Encontro, participei da mesa de abertura, falando a respeito de novas abordagens e usos de recursos didáticos para facilitar a aprendizagem dos conteúdos de matemática em todos os segmentos. O número de participantes da oficina foi muito maior que no ano anterior. Várias pessoas que haviam participado retornaram com amigos que já lecionavam, assim como alunos do próprio curso organizador do evento. Todos, afinal, queriam conhecer a "nova trigonometria".

Um questionamento comum a vários professores participantes foi: "Como fica o desempenho dos alunos que aprenderam por essa abordagem nas questões vestibulares?".

Segundo depoimentos da maioria dos vestibulandos que acompanho, tenho a confirmação de que, por meio de figuras, conseguem desenvolver as questões, como no exemplo a seguir.

(Fuvest) Sendo sen $\alpha = \frac{9}{10}$, com $0 < \alpha < \frac{\pi}{2}$, tem-se:

A) sen $\alpha <$ sen $\frac{\pi}{3} <$ sen 2α

B) sen $\frac{\pi}{3} <$ sen $\alpha <$ sen 2α

C) sen $\alpha <$ sen $2\alpha <$ sen $\frac{\pi}{3}$

D) sen $2\alpha <$ sen $\frac{\pi}{3} <$ sen α

E) sen $2\alpha <$ sen $\alpha <$ sen $\frac{\pi}{3}$

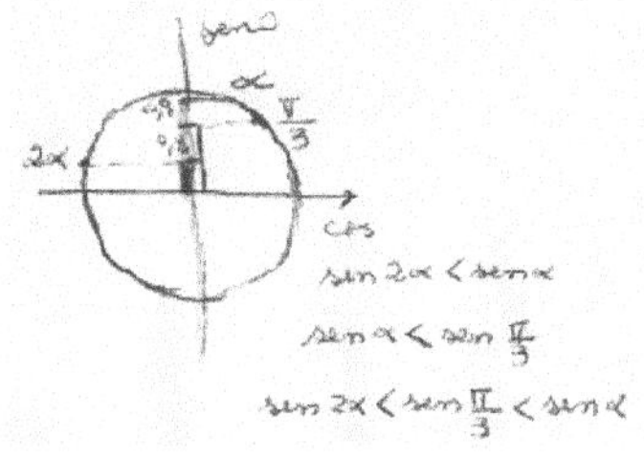

(Mackenzie) Das afirmações:

I) cos 225° < cos 215° F

II) tg $\frac{5\pi}{12} >$ sen $\frac{5\pi}{12}$ V

III) sen 160° > sen 172° V

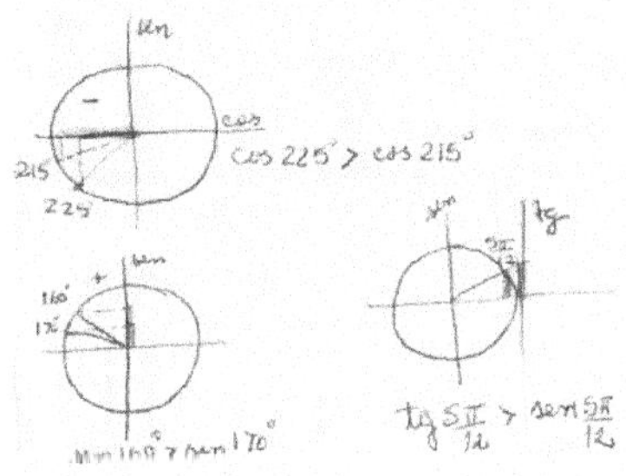

A) todas são verdadeiras.

B) todas são falsas.

C) somente II e III são verdadeiras.

D) somente II é verdadeira.

E) somente I é verdadeira.

Apesar de não estar em sala de aula desde 2010, continuo atendendo a alunos do Ensino Médio que precisam de ajuda. Nas aulas particulares, uso todo meu arsenal de materiais, o que os leva a afirmar que a matemática fica fácil de compreender e que gostariam de ter tido esse tipo de explicações e experiências em suas respectivas escolas.

Acredito que, para fazer uso de materiais manipuláveis nas aulas de Matemática, devemos valorizar aspectos como intenção pedagógica bem definida, elaboração de roteiros, gerenciamento da classe em atividades realizadas em grupos de alunos. Também precisamos considerar a necessidade de maior tempo para o desenvolvimento de cada conteúdo.

Percebo que, quando o aluno participa ativamente de seu processo de aprendizagem, ele consegue atribuir significado aos conteúdos e passa a não considerar matemática como "uma pedra no meio do caminho", com a licença de nosso poeta Carlos Drummond de Andrade.

8.7 PARA FINALIZAR...

Nosso propósito foi possibilitar reflexões sobre o uso de materiais manipuláveis nas aulas de Matemática do Ensino Médio. Apresentamos algumas possibilidades de tarefas com materiais fáceis de serem confeccionados e que não demandam muito tempo do professor. Temos certeza de que os materiais não são, por si só, os responsáveis pela mobilização do processo de construção do conhecimento matemático, porém, podem fazer enorme diferença na aprendizagem dos alunos. Afinal, configuram-se como suportes essenciais ao desenvolvimento de determinados conteúdos. Mais ainda: tais recursos propiciam descobertas interessantes ao estimular a curiosidade dos educandos.

8.8 SUGESTÕES DE AMPLIAÇÃO DO TEMA

LORENZATO, S. Laboratório de ensino de matemática e materiais didáticos manipuláveis. In: LORENZATO, S. (Org.). **Laboratório de ensino de matemática na formação de professores**. Campinas: Autores Associados, 2006. p. 3-38.

VAN DE WALLE, J. A. **Matemática no ensino fundamental:** formação de professores e aplicação em sala de aula. Tradução Paulo Henrique Colonese. Porto Alegre: Artmed, 2009. 548 p.

REFERÊNCIAS

FIORENTINI, D. Alguns modos de ver e conceber o ensino de matemática no Brasil. **Zetetiké**, Campinas, v. 3, n. 4, p. 1-37, nov. 1995.

FIORENTINI, D.; MIORIM M. A. Uma reflexão sobre o uso de materiais concretos e jogos no ensino da matemática. **Boletim da SBEM-SP**, São Paulo, v. 4, n. 7, p. 5-10, jul./ago. 1990.

GRANDO, R. C. Recursos didáticos na educação matemática: jogos e materiais manipulativos. **Revista Eletrônica Debates em Educação Científica e Tecnológica**, v. 5, n. 2, p. 393-416, out. 2015.

MATOS, J. M.; SERRAZINA, M. L. **Didática da Matemática**. Lisboa: Universidade Aberta, 1996.

NACARATO, A. M. Eu trabalho primeiro no concreto. **Revista de Educação Matemática**, v. 9, n. 9-10, p. 1-6, 2004-2005.

PAIS, L. C. **Uma análise do significado da utilização de recursos didáticos no ensino da Geometria**. XXIII Reunião da

Andep, 2000. Disponível em: <http://www.ufrrj.br/emanped/paginas/conteudo_producoes/docs_23/analise_significado.pdf>. Acesso em: 29 nov. 2016.

PONTE, J. P.; SERRAZINA, M. L. Comunicação e negociação. In: PONTE, J. P.; SERRAZINA, M. L. **Didáctica da Matemática para o 1° ciclo do ensino básico**. Lisboa: Universidade Aberta, 2000. Disponível em: <http://www.esev.ipv.pt/mat1ciclo/COORDENADORES/Materiais%20Coordenad/Textos/Ponte-Serrazina_%20(Comunica%C3%A7%C3%A3o)%202000.pdf>. Acesso em: 13 dez. 2016.

SCHLIEMANN, A. D.; SANTOS, C. M. dos; COSTA, S. C. da. Da compreensão do sistema decimal à construção de algoritmos. In: ALENCAR, E. S. (Org). **Novas contribuições da psicologia aos processos de ensino e aprendizagem**. São Paulo: Cortes, 1992. p. 97-117.

9

O jogo no processo de ensino-aprendizagem de matemática no Ensino Médio

Rosana Maria Mendes

9.1 PARA INÍCIO DE CONVERSA...

Ao terminar a licenciatura curta em Ciências e, anos mais tarde, em Matemática, comecei a lecionar matemática para estudantes do Ensino Básico. Após alguns anos, passei a trabalhar como coordenadora de conteúdos da área de matemática. Apesar de algumas tentativas de mudança em relação a minha prática pedagógica e acreditando que "saber ensinar não é transferir conhecimento, mas criar as possibilidades para a sua própria produção ou a sua construção" (FREIRE, 1996, p. 52), intuí que muitas vezes estava reproduzindo o modelo tradicional, mesmo utilizando materiais didáticos e metodologias diversas aprendidas nas leituras de livros paradidáticos. Isso parecia-me contraditório. Refletindo sobre isso, fui percebendo que não era somente uma questão de mudança de abordagem no processo de ensino-aprendizagem da matemática nem de inserção de materiais didáticos ou metodologias de ensino. Tratava-se também da minha ação como professora, minhas concepções, crenças e valores sobre o que entendia sobre matemática e seu processo de ensinar e aprender.

Com o passar dos anos, fui entendendo que o processo de mudança em minha prática pedagógica deveria ser um *continuum*. Senti necessidade de investigar o porquê daquela contradição e buscar alternativas para repensá-la. Procurei saber quais eram as potencialidades dos jogos no processo de ensino-aprendizagem da matemática e desenvolvi minha pesquisa de mestrado com o título *As potencialidades pedagógicas do jogo computacional* Simcity 4 (MENDES, 2006).

Continuum: Conjunto de elementos que se pode passar de um para outro de modo contínuo.

Convido o leitor, professora e professor, a embarcar comigo na reflexão deste capítulo, em que trago uma pequena discussão sobre a utilização de jogos no processo de ensino-aprendizagem de matemática e os resultados da pesquisa de mestrado. Compartilho as experiências em sala de aula da Educação Básica com esse jogo e apresento também os resultados de alguns trabalhos de conclusão de curso que tenho orientado como professora do curso de licenciatura em Matemática da Universidade Federal de Lavras (UFLA).

9.2 O JOGO NO PROCESSO ENSINO-APRENDIZAGEM DE MATEMÁTICA

Linguagem é um sistema de signos que serve como meio de comunicação entre pessoas. Gómez-Granell (2002) alega que, apesar do conhecimento matemático ser valorizado na sociedade tecnológica, continua sendo inacessível para a maioria das pessoas. A natureza do conhecimento matemático é abstrata, definida por dedução e dependente de uma linguagem específica de caráter formal, "envolve a 'tradução' da linguagem natural para uma linguagem universal formalizada, permitindo a abstração do essencial das relações matemáticas envolvidas" (GÓMEZ-GRANELL, 2002, p. 260).

A Matemática trabalha com símbolos e estes possuem um "significado formal, que obedece a regras internas do próprio sistema e se caracteriza pela sua autonomia do real, pois a validade das suas declarações não está determinada pelo exterior (contrastação empírica)" e também significado referencial, que "permite associar os símbolos matemáticos às situações reais e torna-os úteis para, entre outras coisas, resolver problemas" (GÓMEZ-GRANELL, 2002, p. 264). Nessa perspectiva, os jogos aparecem como uma alternativa para ensinar e aprender matemática, uma vez que, manipulativos ou digitais, integram a cultura lúdica de crianças, jovens e adolescentes. A "cultura lúdica é um conjunto de regras e significações próprias do jogo que o jogador adquire e domina no contexto de seu jogo" (BROUGÉRE, 2002, p. 23).

Entendo o jogo como sendo uma categoria absolutamente primária da vida, uma parte da cultura, sendo também seu gerador, ou seja, é:

> *[...] uma atividade ou ocupação voluntária, exercida dentro de certos e determinados limites de tempo e de espaço, segundo regras livremente consentidas, mas absolutamente*

obrigatórias, dotado de um fim em si mesmo, acompanhado de um sentimento de tensão e alegria e de uma consciência de ser diferente da vida cotidiana (HUIZINGA, 2000, p. 16).

Desde a Antiguidade, encontrarmos exemplos de teóricos que consideravam a importância do jogo para a sociedade. Atualmente, vemos alguns pesquisadores, como Huizinga (2000), Kishimoto (1993; 2000; 2002) e Brougère (1998; 2002; 2004), discutindo sobre os paradigmas teóricos que explicitam o jogo e a relação entre o jogo, a criança e a educação. Outros, como Grando (1995; 2000; 2004), Marco (2004), Moura (1994), Rosa (2004), Mendes (2006), Neto (2008), Andrade (2009), Luvison (2011), Grillo (2012) e Gomide (2012), apontaram a importância da utilização de jogos no contexto de aulas de Matemática para desenvolver a criatividade, a imaginação, o senso crítico, as estratégias para a resolução de problemas e também revelar e/ou desencadear conceitos matemáticos, valorizando assim seu papel pedagógico.

Moura (apud GRANDO, 1995) define o jogo pedagógico como aquele que pode ser utilizado no processo de ensino-aprendizagem. Nesse sentido, qualquer jogo pode ser pedagógico, dependendo da maneira como é utilizado e sendo "adotado intencionalmente de modo a permitir tanto o desenvolvimento de um conceito matemático novo como a aplicação de outro já dominado pela criança" (MOURA apud GRANDO, 1995, p. 59). Tal intenção passa pela intervenção pedagógica do professor ou da professora. Pode ser utilizado como um recurso pedagógico no contexto de sala de aula de Matemática visando auxiliar na resolução de problemas em que o estudante tem a oportunidade de levantar e verificar hipóteses, desenvolver o pensamento estratégico, exercitar sua criatividade, pensar sobre seu próprio pensamento. Há ainda outras características: aprender a conviver e cooperar com os outros, observar regras, cumprir acordos, comunicar ideias, desejos e emoções.

Grando, ao citar Moura, define o jogo como um "problema em movimento" (2000, p. 33). Na ação de jogar, várias situações-problema são propiciadas pelo contexto do jogo, pela ação dos adversários, pela intervenção pedagógica do professor ou da professora. Tais situações podem ou não vir a ser um problema para o estudante, dependendo da maneira como se sinta desafiado a resolvê-lo.

Assim, além do aspecto cognitivo, os aspectos subjetivo e afetivo do estudante também podem estar presentes no processo de resolução de problema de jogo. Para Moraes: "A cognição – o processo de conhecer – é muito mais ampla do que a concepção do pensar, raciocinar e medir, pois envolve a percepção, a emoção e a ação, tudo o que constitui o processo da vida" (apud VALENTE, 2002, p. 31).

A Matemática, como já comentado, é uma forma de pensamento, isto é, uma atividade tipicamente humana. O papel do processo de ensino-aprendizagem da matemática é o de formar o pensamento matemático, que é possibilitado pela elaboração de estratégias de resolução de problemas. Sabe-se que é nas situações cotidianas que o homem depara com problemas que precisam ser resolvidos, devendo organizar suas ações e tomar decisões que podem ou não dar resultados satisfatórios. A resolução de problemas, nessa perspectiva, é vista como uma situação na qual o problema é desencadeador do processo de ensino-aprendizagem, uma vez que o estudante está inserido em um movimento de pensamento e elaboração de conhecimentos, buscando resolver o problema por meio da utilização de conceitos matemáticos (MARCO, 2004).

Recurso didático: Recurso capaz de "servir de interface mediadora para facilitar na relação entre professor, aluno e o conhecimento em um momento preciso da elaboração do saber" (PAIS, 2000, p. 2-3).

Diante do exposto, os leitores e as leitoras podem questionar: "Como o jogo pode ser utilizado no processo de ensino-aprendizagem de matemática para a resolução de problemas?". Acredito que isso pode acontecer quando o professor ou professora planeja suas aulas utilizando o jogo como um recurso didático. Uma maneira possível de fazer isso é a partir dos momentos de jogo sugerido por Grando (2000; 2004): (1) familiarização com o jogo (contato com o material do jogo em que os jogadores identificam materiais conhecidos por meio de analogias com jogos já conhecidos); (2) reconhecimento das regras do jogo; (3) jogo pelo jogo (momento caracterizado pelo jogo espontâneo, em que o importante é a apropriação das regras pelos jogadores); (4) intervenção pedagógica verbal (questionamentos e observações feitas pelo professor ou professora durante o jogo, com o objetivo de fazer com que o estudante analise suas jogadas); (5) registro do jogo; (6) intervenção escrita (problematização de situações de jogo); e (7) jogar com competência. Assim, o professor ou a professora vai mediar a situação de jogo tendo como característica o diálogo entre o professor e o estudante em um ambiente em que se pode compartilhar experiências, debater pontos de vistas, orientar nas dificuldades e desencadear reflexões.

A seguir, apresento alguns estudos e discussões sobre jogos digitais e manipulativos que podem ser utilizados no processo de ensino-aprendizagem de matemática no Ensino Médio. Trabalho alguns dos temas estruturadores dos Parâmetros Curriculares Nacionais (PCN).

9.3 JOGOS DIGITAIS NO PROCESSO DE ENSINO-APRENDIZAGEM DE MATEMÁTICA

Inicio compartilhando os resultados de minha pesquisa de mestrado e alguns relatos da experiência vivida em sala de aula da Educação Básica com o uso do jogo computacional *Simcity 4*.

Em decorrência dos avanços tecnológicos, incluindo o surgimento da realidade virtual e do aparecimento de um número cada vez maior de jogos digitais, é possível esboçar um tipo de classificação. Pode-se optar por uma classificação que leve em conta o *hardware* que utilizam (computadores pessoais, *videogames*, *games* portáteis, *tablets*, celulares), o conteúdo dos jogos ou o público-alvo.

Apresento, na Figura 9.1, a classificação dada por Retschitzki e Gurtner (1996), que utilizo neste capítulo:

***Figura 9.1** – Classificação dos jogos computacionais.*
Fonte: adaptado de Retschitzki e Gurtner (1996).

Os jogos de ação são, de acordo com os dois autores citados, os mais conhecidos. Realçam as habilidades perceptivas e motoras, os reflexos do jogador, mais especificamente sua capacidade de reação rápida. Estão incluídos nessa categoria os jogos de guerra, de combate, de plataforma e habilidade.

Os jogos de aventura são aqueles que partem da ideia de se alcançar determinado objetivo em um ambiente de aventura e perigo, em que o jogador tem de resolver problemas ou enigmas, encontrar objetos e derrotar seus inimigos. São jogos de

Jogos de guerra: *Legends of Honor, Naruto X, World at War, Combat Wings, Age for Empires, WarCraft, A World at War, Act of War* e *Civilization* são jogos de guerra para computadores e que também pode ser jogados *online*.

Combate: *Counter Strike* é um dos mais conhecidos de jogos de combate.

Plataforma: Jogos em que o personagem vai passando de uma plataforma a outra para escapar de diferentes perigos ou amontoar riquezas. As séries dos personagens Mario e Sonic são os mais famosos dessa categoria.

Habilidade: Requerem dos jogadores maior destreza com teclado, mouse ou *joystick*. *Bubble Shooter* e *Snake* são exemplos dessa categoria.

Jogos de aventura: *Mortal Kombat, Alien vs. Predator, Batman Begins, X-Men Legends, Carmen Sandiego: Secret of the Stolen Drum* e *Prince of Persia* são alguns dos títulos desse tipo de jogo.

exploração, segundo Battaiola (2000), aqueles derivados de filmes de ação ou de detetives e role playing game (RPG).

Para Retschitzki e Gurtner (1996), os jogos de reflexão demandam um esforço intelectual por parte do jogador e possibilitam que ele aprenda com o jogo. Nesse tipo de jogo, é reproduzida uma série de situações complexas, e o jogador deve controlar muitas variáveis para alcançar sua meta. Os autores citados classificam nessa categoria os denominados jogos de sociedade, que Battaiola (2000) designa como jogos de passatempo, isto é, aqueles de entretenimento pessoal, programas simples e sem história relacionada, cujo objetivo do jogador é atingir a maior pontuação possível.

Os jogos de simulação são, de acordo com Battaiola (2000), de âmbito tático e têm como principal objetivo fazer com que haja uma imersão do usuário no ambiente proposto. Os jogos de simulação mais conhecidos são os simuladores de voo, de carro (corridas) ou qualquer outro que busca modelar o real.

Já os jogos infantis, segundo Battaiola (2000), têm como objetivo central divertir as crianças. A principal característica desse tipo de jogo são as imagens coloridas, apresentando visual próximo ao de desenhos animados. São de fácil interação, mostrando trama usual e simples.

Existem vários sites de jogos *online* em que é possível jogar alguns gratuitamente.

Simcity 4

Trata-se de um jogo de simulação de cidade. Nele, é possível criar um terreno e, depois, construir e gerenciar uma cidade. O jogador é o prefeito e administra os sistemas de água, energia, segurança, saúde, educação, dentre outros. O jogo é dividido em três modos: modo deus (é possível criar o terreno da cidade a partir de uma região já estabelecida), modo prefeito (em que se pode gerenciar a cidade, bem como a relação dela com as outras cidades da região) e modo Sims (é possível importar até cinco cidadãos do jogo *The Sims* e colocá-los morando em diferentes locais da cidade).

Como prefeito, o jogador precisa construir e administrar as zonas residenciais, comerciais e industriais de baixa, média e alta densidade, bem como usinas, sistema de distribuição de água, sistema de transportes, sistemas de segurança, que inclui bombeiros e policiais, escolas, hospitais, parques etc. Ao iniciar o modo

Role playing game (RPG): O jogo de RPG é, de acordo com Rosa (2004), um jogo de interpretação e faz de conta. É uma categoria de jogo que utiliza a representação como fator dominante. Retschitzki e Gurtner (1996) ressaltam que, nesse tipo de jogo, é acrescentada a interatividade (os jogadores interagem entre si e com o mestre). Em uma sessão de RPG, os jogadores recebem ou criam personagens cujas ações na história são decididas por eles. Uma pessoa, normalmente chamada mestre ou narrador, conta a história e decide quais são as ações e reações das personagens não controladas pelos jogadores. O mestre deve guiar os jogadores por um mundo que pode ser criado por ele, adaptado ou até mesmo copiado, devendo, com ajuda de regras, resolver os impasses com suporte para o desenrolar do jogo. São exemplos *Tíbia, Dungeons and Dragons, Baldur's Gate, O Senhor dos Anéis, Final Fantasy* e *Maker6* (que possibilita a construção de jogos de RPG).

Jogos de reflexão: Os jogos de estratégia estão classificados nessa categoria. São os jogos de tabuleiro, como damas, xadrez, memória, Taipei, puzzles, dentre outros.

Jogos de passatempo: São os jogos de cartas como paciência, pôquer, FreeCell.

prefeito, o jogador deve escolher o nome da cidade e o nome do prefeito. Uma vez que a cidade está estabelecida, algumas opções do modo deus permanecem, mas as mudanças estruturais realizadas podem afetar a cidade.

Para dar início à cidade, atraindo moradores, é necessário construir zonas residenciais, comerciais e industriais. São nessas zonas que casas, apartamentos, mansões, fazendas, empresas e lojas são construídas, de acordo com a demanda para novas instalações de cada segmento.

A principal fonte de renda é oriunda dos impostos. O objetivo de todo prefeito é manter o máximo do terreno ocupado, pagando imposto, para que o dinheiro continue a entrar, permitindo o fornecimento de serviços à população. Os impostos são cobrados nos três tipos de zona: residencial, comercial e industrial. As zonas agrícolas não pagam imposto.

Na pesquisa, apresento algumas potencialidades do jogo *Simcity 4* com os jogadores Thi, Re, Asa e Sam que participaram dela. Os momentos de "familiarização com o jogo" e "reconhecimento das regras do jogo" se deram concomitantemente, visto que no jogo computacional a familiarização com o material presente (símbolos, ícones, imagens etc.) ocorreu durante a ação no jogo, ou seja, enquanto o jogador jogava e cumpria as regras.

No modo deus, ao entrar em contato com o jogo (ação), conhecendo seus botões, suas principais características e regras (estrutura) por meio da mediação pedagógica, os jogadores aprendem a jogar, apropriando-se das regras e reconhecendo os símbolos e seus significados. Assim, a mediação ocorreu com base na interpretação e nos esclarecimentos dos ícones do jogo e possibilidades de jogadas. Durante a construção do terreno, os jogadores utilizaram estratégias que envolveram tentativa e erro, experimentação e previsão e/ou antecipação. Puderam explorar noções matemáticas de proporcionalidade, medidas e conexões lógicas do tipo "se... então" e "se e somente se".

No "jogo pelo jogo", os jogadores se divertiam criando o terreno da cidade, o que pode justificar a utilização de jogos computacionais em uma abordagem construcionista. É possível notar isso ao usar esse mesmo jogo em sala de aula de Matemática da Educação Básica. Valente (1993) aponta que, na noção de construcionismo, o estudante constrói alguma coisa (cidade) de seu interesse e para a qual está bastante motivado, portanto, essa abordagem vai além da afirmação de que o conhecimento é construído, indicando que acontece em um processo ativo em que os

Jogos de simulação: *SimTheme Park, Airport Tycoon, Golf Resort Tycoon, TrainTycoon, Simants, The Sims* e *Simcity 4* são alguns exemplos de jogos de simulação. Os jogos de esportes, como golfe, tênis, vôlei, basquete e futebol, também podem ser classificados nessa categoria.

Jogadores: Os jogadores Ros e Reg são as pesquisadoras.

Mediação pedagógica: A mediação pedagógica, de acordo com Masetto (2000), tem como característica o diálogo entre o professor e o aluno, em que se pode trocar experiências, debater pontos de vista, orientar nas dificuldades e desencadear reflexões.

estudantes estão engajados na construção de conhecimentos com significações pessoais, envolvidos emocionalmente e interessados, ou seja, subjetivamente envolvidos.

No momento de "intervenção pedagógica verbal", tanto durante a pesquisa como na sala de aula, procurava destacar a importância de os jogadores analisarem os dados oferecidos pelo jogo antes de tomarem uma decisão, como escolher qual das várias opções de usinas de energia iria colocar no início da construção da cidade. Para isso, era importante manusear os botões do jogo para verificar o que cada uma oferecia, como a quantidade de energia produzida, o custo de colocação e o custo mensal. Cada usina de energia oferecia as informações de custo para a construção, custo mensal de manutenção e quantidade de energia produzida em MWh/mês, bem como índices de poluição e os riscos possíveis de instalação e manutenção.

MWh/mês: A energia que pode ser fornecida por unidade de tempo chama-se potência e sua unidade de medida é o watt (W). Como as potências fornecidas pelas usinas elétricas são muito grandes, sempre expressas em milhares de watts, utiliza-se para a medida um múltiplo dessa unidade, como a seguir:
- Quilowatt (kW) = 1.000 watts ou 1.10^3 (mil watts);
- Megawatt (MW) = 1.000.000 watts 1.106 (um milhão de watts);
- Gigawatt (GW) = 1.000.000.000 watts ou 1.109 (um bilhão de watts);

O MWh do jogo indica o consumo em megawatts por hora/mês.

Quadro 9.1 *– Dados sobre as opções de usinas*

Opção para energia elétrica	Custo de construção	Custo de manutenção mensal	Energia gerada	Descrição
Linhas de transmissão	§ 2 por segmento	§ 0,10 por segmento		Cria linhas de transmissão ligando uma zona a outra ou uma usina a uma zona
Usina eólica	§ 500	§ 50	200 MWh/mês	Barata para construir e muito limpa
Usina a gás natural	§ 9.000	§ 400	3.000 MWh/mês	Poluição moderada
Usina a carvão	§ 10.000	§ 250	6.000 MWh/mês	Poluição pesada

(continua)

Quadro 9.1 – *Dados sobre as opções de usinas (continuação)*

Opção para energia elétrica	Custo de construção	Custo de manutenção mensal	Energia gerada	Descrição
Usina a óleo	§ 17.000	§ 600	7.000 MWh/mês	Poluição pesada

Fonte: Mendes (2006, p. 154).

Thi e Re fizeram uma análise do custo-benefício de cada uma das usinas para decidir qual seria a melhor opção. A escolha depende do objetivo que se quer alcançar. Se quiser uma cidade mais limpa, com habitantes mais satisfeitos, a usina escolhida não deve poluir muito. Caso queira uma cidade que gere mais recursos, então, deve-se pensar naquela que gasta menos. Existe uma riqueza na estrutura do *Simcity 4* ao oferecer as várias opções de usinas e todas as informações para serem analisadas, pois leva os sujeitos a problematizar, analisar dados, valores e medidas, escolher e tomar decisões (ver falas a seguir, de 1 a 37).

1. Thi: Vamos ver qual pôr...
2. Re: Acho que a eólica é muito pouco [referindo-se à quantidade de energia produzida e prevendo que não seria suficiente quando o número de habitantes aumentasse].
3. Thi: Muito barata [referindo-se ao valor da construção]. É [concordando com a Re]. É que é muito barata [reforçando a questão do valor da usina].
4. Re: Ela produz pouca coisa. Qual que é a diferença do óleo para a outra? Duzentos e cinquenta e a outra?
5. Thi: Quatrocentas. Acho que compensa mais essa.
6. Re: Eu também acho.
7. Reg: Qual que é essa? Usina a...
8. Re: Usina a carvão.
9. Reg: Compensa mais que qual?
10. Thi: Que essa daqui?
11. Reg: Gás natural? Por quê?

12. Thi: Essa daqui é mil mais barato, só que essa daí gasta cento e cinquenta a mais por...

13. Ros: Mês.

14. Thi: Mês, e essa daqui produz o dobro.

15. Reg: A de carvão?

16. Thi: É.

17. Reg: Então é melhor pôr a de carvão.

18. Thi: Harã. Em que [lugar] a gente vai fazer as casinhas?

19. Re: Não sei.

20. Ros: Aí você clicando nela você vai ter que escolher um lugar para colocar.

21. Thi: Vamos pôr as casinhas antes?

22. Re: A cidade vai ficar sem energia.

23. Thi: Aqui eu acho que a energia podia ficar num cantinho assim... [Bem no limite da cidade.]

24. Re: Podia.

25. Thi: Aqui, ou aqui [procurando um lugar]. Sei lá. Bota num cantinho qualquer. Tem que fazer nesse daí.

26. Ros: Você viu que tem a questão da poluição, né?

27. Re: Ah... [Thi foi verificar a poluição gerada.]

28. Thi: Muito pesada. Ah tá, se polui muito os carinhas ficam tristes, né? As pessoas [...]

29. Thi: Acho que é a de carvão mesmo, porque depois vai, a gente provavelmente vai destruir ela, então futuramente a poluição vai embora.

30. Re: Aí a gente controla a poluição. [Neste momento, eles estavam procurando um local para a usina]. Que é esse três, dois, que tem aqui? [Dependendo do lugar em que colocavam, mudava o valor, isso ocorre por causa do terreno, se for mais plano, fica mais barato.]

31. Ros: Dependendo do terreno.

32. Re: Você vai procurar um que tenha zero no final, o mais baixo?

33. Reg: Vocês tão tentando pôr o quê?

34. Thi: A usina de carvão.

35. Re: A nossa usina.

36. Reg: Ah... Vocês vão começar com a usina de carvão.

37. Thi: É.

Os jogadores, após análise das várias opções de usina disponíveis, resolveram colocar a usina de carvão. Chamei a atenção para a poluição gerada e um possível descontentamento da população. Esse comentário leva Thi a analisar novamente a situação (depuração da estratégia). Isso foi escrito em uma análise posterior de Re, apresentada a seguir:

> *Depois, tivemos que decidir a forma de fornecimento de energia. A hidrelétrica ainda não estava disponível, então ficamos em dúvida entre a usina de carvão e a de gás. A usina de carvão fornecia bastante energia, mas era muito poluente, ao contrário do gás, que não poluiria, mas também não fornecia muita energia. Optamos pela usina de carvão e para resolver o problema da poluição, colocamos a usina longe do rio e das residências.*

As reflexões que os jogadores fizeram em seus registros escritos a respeito da colocação da usina de energia evidenciam a importância de registrar a situação de jogo, mesmo que posterior à ação, para o processo de análise das estratégias desenvolvidas durante o jogo. Escrever sobre ele e sobre a situação ocorrida possibilitou momentos de reflexão, análise, depuração e sínteses importantes para as novas jogadas. Possibilita, ainda, a evidência das noções matemáticas e de outros conteúdos escolarizados para a resolução dos problemas de jogo.

Para o gerenciamento da cidade, era necessário estar atento às diversas informações oriundas do painel do prefeito, de pesquisas de opinião, noticiários, gráficos, tabelas e informações dos diversos secretários. Ainda havia a necessidade de se construir delegacias, corpo de bombeiros, escolas, hospitais e monumentos. Nessa fase, também era preciso controlar desastres, greves e tráfego, administrando a cidade com os recursos de impostos, que também eram definidos pelo prefeito. Para que esse gerenciamento seja mais eficaz, o jogo oferece informações de várias formas: gráficos, tabelas, visualização de dados, despesas (entradas e saídas), noticiários, secretários, pesquisas de opinião pública e painel do prefeito.

Para a "intervenção escrita", elaborei várias situações-problema de jogo que não ocorreram ou que pouco estiveram presentes na ação. O objetivo era direcionar os jogadores para explorar conceitos matemáticos possíveis de serem trabalhados e depurar as estratégias realizadas na ação do jogo. Apresento a "Situação-problema 5: modo prefeito – gerenciamento da cidade", que teve como objetivo permitir que os sujeitos entendessem a relação entre a área de cobertura e a verba disponível para a construção do corpo de bombeiros. Essa relação é estabelecida no caso de cobertura policial, de hospitais e de escolas.

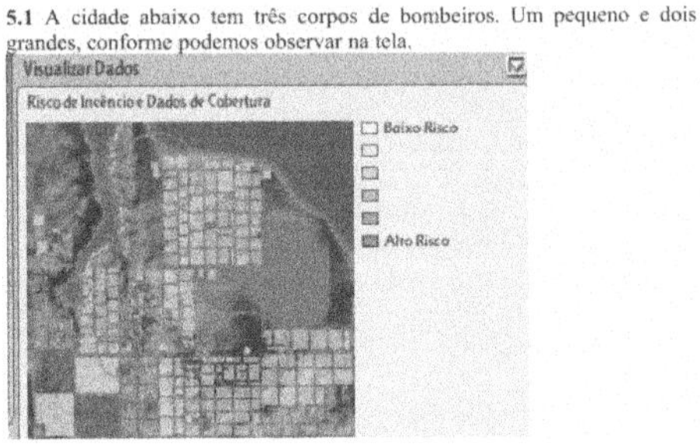

Figura 9.2 – Situação-problema do modo prefeito – gerenciamento da cidade: risco de incêndio e dados da cobertura I.
Fonte: Mendes (2006, p. 159).

A verba para os corpos de bombeiros era de $ 462, sendo que cada corpo de bombeiros grande recebia $ 185 e o pequeno, $ 93. O prefeito resolveu aumentar a verba para $ 750, elevando a verba do corpo de bombeiros grande para $ 300 e do pequeno para $ 150. A área de cobertura ficou desta forma:

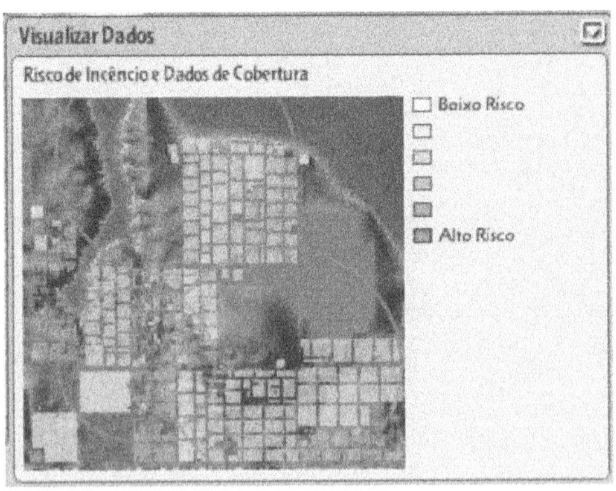

Figura 9.3 – Situação-problema do modo prefeito – gerenciamento da cidade: risco de incêndio e dados da cobertura II.
Fonte: Mendes (2006, p. 160).

Os jogadores Asa e Sam acharam que a solução estava inadequada, pois havia uma área de intersecção entre as circunferências. Observamos a justificativa da solução encontrada pela dupla no registro escrito.

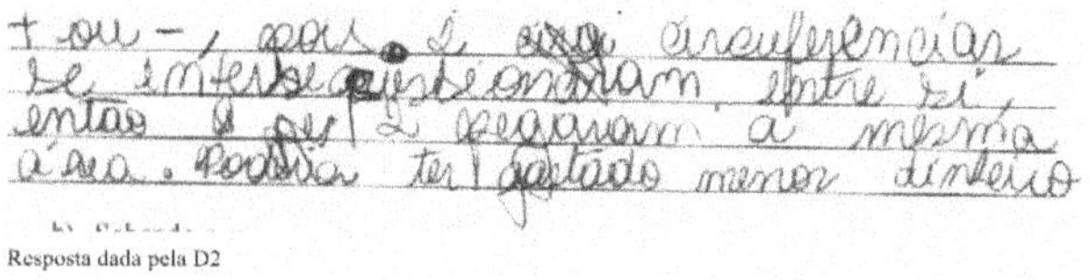

Figura 9.4 *– Resposta dada por Asa e Sam.*
Fonte: Mendes (2006, p. 162).

Ros: O orçamento do bombeiro, em quanto ele aumentou?

Sam: Bastante.

Ros: Bastante quanto?

Sam: 300, não 288.

Ros: Aumentou isso tudo para o maior. E o menor, a mesma quantidade?

Asa: Ele aumentou até ficar um número redondo.

Sam: Mas a área de alcance aumentou bastante.

Asa: Ele gastou muito dinheiro, porque aqui, nessa área que eles encontram, então ele poderia aumentar só a da média, a pequena não.

Sam: Se eu fosse você colocaria 2 grandes.

Ros: Da média ele não deveria mexer?

Asa: Da pequena não devia mexer, porque se ele aumentar a média os dois ligam, está gastando dinheiro à toa.

Sam: É, as duas tão pegando a mesma coisa, mas ele colocou muito em cima aqui, ele tá pegando lugar onde não tem nada. [...]

Asa: Pegou área maior, mas ele poderia gastar bem menos.

Foi possível verificar o trabalho com a noção de proporcionalidade e dependência entre variáveis (função), com descrição de associações entre grandezas. Quanto maior a verba destinada aos bombeiros, maior a área de cobertura. Quanto menor a verba, menor a cobertura. Outros conceitos matemáticos apareceram na análise da situação-problema e poderiam ser sistematizados, como o estudo das circunferências e a ideia de "número redondo", possibilitando a estimativa.

A seguir, trago os resultados de uma pesquisa realizada para um trabalho de conclusão de curso com jogos computacionais utilizados em momentos de jogo (GRANDO, 2000, 2004). Apresento alguns recortes que mostram sua potencialidade para o processo de ensino-aprendizagem.

Kfourlnline: O jogo foi inventado por James Cook durante uma de suas viagens de navegação.

Kfourlnline

Barbosa (2015) analisou o jogo de *puzzle Kfourlnline* e as possibilidades que poderia oferecer ao jogador de produzir diferentes estratégias de resolução de problemas. Os jogos de *puzzle* são classificados como jogos de reflexão. O *Kfourlnline*, conhecido também como *Connect Four* ou *4 em Linha*, é um jogo computacional do sistema Linux. Também existem versões para o sistema Windows, da Microsoft, para celulares e uma versão física (jogo manipulativo). Alguns exemplos podem ser observados na figura a seguir.

Jogos de *puzzle*: Um jogo de *puzzle* "se constitui em uma estrutura lógica organizada e aberta que encaminha um processo reflexivo que culmina na compreensão de um dado problema que se constitui no próprio *puzzle*" (TONÉIS, 2010, p. 113).

Tipos de jogos de *Puzzle*	Exemplo
Números	Sudoku, dentre outros.
Palvras	Caça palavras, palavras cruzadas, dentre outros.
Visual	Disco trigésimo, dentre outros.
Sonoro	Quando se encaixa pecinhas corretamente emite som.
Lógico	Kfourlnline, dentre outros.

***Figura 9.5** – Tipos de jogos de puzzle.*
Fonte: adaptada de Barbosa (2015, p. 35).

O objetivo do jogo é fazer, antes do adversário, uma sequência alinhada (vertical, horizontal ou diagonal) de quatro peças da mesma cor. Pode terminar empatado, se ninguém conseguir alcançar o objetivo.

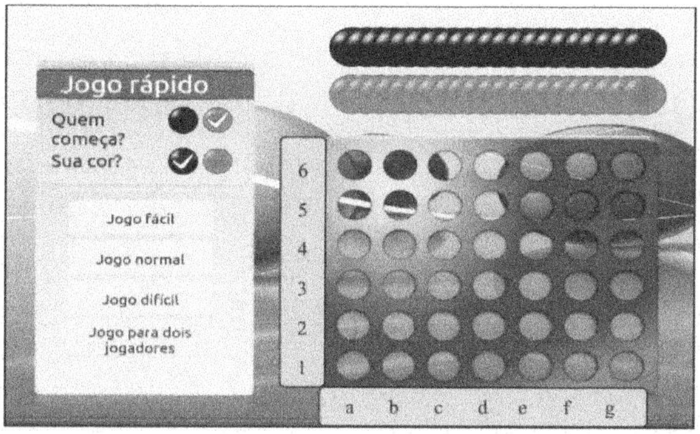

Figura 9.6 *– Tela capturada do sistema operacional Linux, com adaptação da nomenclatura.*
Fonte: Barbosa (2015, p. 46).

A pesquisadora mostrou o jogo e explicou suas regras. As primeiras partidas foram aleatórias (jogo pelo jogo), na tentativa e erro. No momento de "intervenção pedagógica verbal", com mediação, os jogadores passaram a analisar melhor suas jogadas e todo o tabuleiro antes de jogar e começaram a contar os buracos da malha para ver se haveria possibilidade de ganhar ou onde poderiam colocar a peça para ter mais chance de vitória. Também buscaram descobrir a lógica do jogo, aquela proposta pela estrutura, pela programação dos desenvolvedores. Alguns jogadores utilizaram as regularidades do jogo para vencer (BARBOSA, 2015).

É um jogo em que a matemática está implícita, porém, na ação do jogo, podemos perceber o desenvolvimento do pensamento lógico matemático, quando os jogadores passam a analisar suas jogadas. Acredito que, neste caso, seja possível utilizar os celulares, uma realidade na maioria das salas de aula, como recurso para o desenvolvimento do raciocínio matemático.

Matemática está implícita: Gomide (2012), em sua pesquisa, buscou fazer com que os estudantes "entendessem que, além da matemática explícita, também existe a matemática implícita, em que não aparecem números mas que possibilita ao aluno desenvolver seu senso crítico, elaborar estratégias em uma determinada situação-problema, possibilitando, entre outros fatores, trabalhar com hipóteses para verificar quais as possibilidades para encontrar uma ou mais soluções para a situação-problema proposta, entre outros fatores" (p. 89-90). Isso pode acontecer com outros jogos famosos, como *Candy Crush Saga, Bubble Witch Saga, Pet Rescue Saga*.

9.4 JOGOS MANIPULATIVOS NO PROCESSO DE ENSINO-APRENDIZAGEM DE MATEMÁTICA

Há ainda a possibilidade de utilização de jogos manipulativos. Apresento os resultados da pesquisa de Ferreira (2014, p. 15), que buscou "investigar as estratégias de resoluções de problemas gerados pelo jogo 'Roleta Matemática' para a mobilização e apropriação de conceitos de Probabilidade". Também foi utilizado com base nos momentos de jogos.

"Roleta Matemática": Há uma versão para computador disponível em <http://rived.mec.gov.br/atividades/matematica/probabilidades/atividade1/mat5_ativ1b.htm>. Acesso em: 15 jan. 2018.

O jogo "Roleta Matemática" era composto por: um bloco com folhas para cálculos e apostas, um tabuleiro, quatro conjuntos de fichas em cores diferentes, uma roleta. Existem três fases: probabilidade simples, probabilidade condicional e probabilidade da união de dois eventos independentes.

Ao analisar o jogo, a pesquisadora, após fazer algumas simulações de jogadas para conhecê-lo e verificar se esse estava de acordo com seu objetivo, percebeu que seria necessário fazer algumas adaptações do tabuleiro para melhorar a jogabilidade e evitar possíveis apreensões equivocadas de outros conceitos que não estavam sendo trabalhados, como a apresentação de tabela. Assim, qualquer professor ou professora que for utilizar um jogo intencionalmente na sala de aula de Matemática do Ensino Médio, pode fazer as adaptações que julgar necessárias, de acordo com o que deseja alcançar. É possível mudar o conceito trabalhado, as regras, o tabuleiro etc., apontando para sua potencialidade do processo de ensino-aprendizagem.

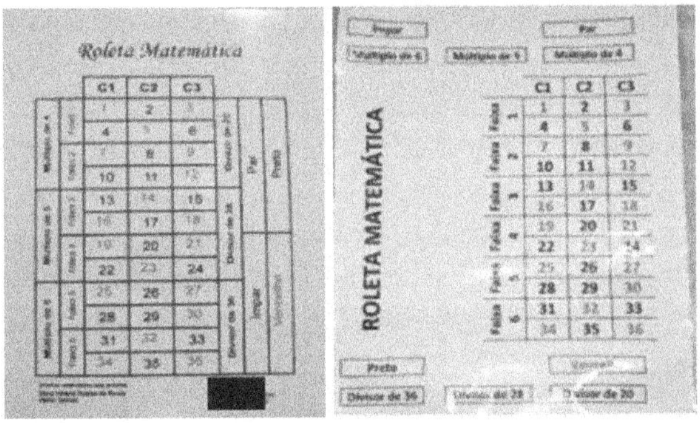

Figura 9.7 – Tabuleiro do jogo "Roleta Matemática" e sua adaptação. Fonte: Ferreira (2014, p. 44, 46).

O jogo foi utilizado em cinco seções de cinquenta minutos. Na primeira, foram apresentados os 1º, 2º e 3º momentos de jogo ("familiarização com o material do jogo", "reconhecimento das regras do jogo" e "jogo pelo jogo"); a segunda seção foi o 4º momento do jogo, isto é, "intervenção pedagógica verbal"; na terceira seção, foram apresentadas as atividades elaboradas para a "intervenção escrita". A partir desse momento, a pesquisadora ministrou uma aula (quarta seção) para relembrar alguns conceitos matemáticos estudados, uma vez que os estudantes tinham dúvidas sobre conceitos básicos de probabilidade e sobre divisão, múltiplos, arredondamentos. A quinta seção foi o momento de "jogar com competência".

Na primeira sessão, foram trabalhadas as três fases de probabilidade. Os estudantes puderam mobilizar vários conceitos matemáticos, enquanto faziam suas apostas, calculando os pontos em que era necessário fazer a divisão de sua probabilidade. A pesquisadora percebeu que os estudantes tiveram mais dificuldade na terceira fase porque tinham de calcular a probabilidade em dois eventos independentes. As mediações realizadas na segunda sessão e também nas atividades preparadas para a intervenção escrita (terceira sessão) fizeram com que os estudantes pudessem utilizar o tabuleiro todo e também se apropriassem e mobilizassem conceitos matemáticos como calcular a probabilidade, os pontos caso acertasse a aposta, múltiplos, divisores, pares, ímpares, divisões e assim por diante (FERREIRA, 2014).

Ferreira (2014) preparou tarefas para as três fases, as quais são apresentadas a seguir como um exemplo de como o professor ou a professora pode elaborar suas intervenções escritas de acordo com o que percebeu em outros momentos de jogo ou que quer ressaltar sobre o conceito matemático a ser trabalhado. Estas são as tarefas:

1. Gustavo estava na primeira fase do jogo e gostaria de apostar em múltiplos ou divisores. Ele observou que somente o múltiplo de 5 precisaria fazer arredondamento para calcular seus pontos. Será que Gustavo está correto? Explique.
2. Na primeira fase do jogo, Sofia fez sua aposta em um dos divisores e comentou que, se acertasse, ganharia 4 pontos. Murilo disse que somente um divisor pode ganhar 4 pontos. Você concorda com Murilo? Que divisor é esse? Explique por que isso acontece.

A intenção, ao elaborar essas tarefas, era fazer com que os estudantes pudessem realizar os cálculos de múltiplos e divisores existentes no tabuleiro que não haviam sido realizados durante as jogadas.

3. Na terceira fase do jogo, Pedro apostou em um dos divisores e nos ímpares. Ele disse que sua intersecção era vazia. Qual divisor Pedro apostou? Por que isso acontece?
4. Thaís apostou na terceira fase em múltiplos de 4 e divisores de 28. Rodando a roleta, saiu o número 14. Ela ficou muito feliz por ter acertado e colocou em seu bloco que ganhou 2 pontos. Você concorda com a pontuação de Thaís? Justifique.

Como já salientado, os estudantes tiveram bastante dificuldade em trabalhar com a probabilidade de intersecção (terceira fase). Por isso, a pesquisadora pensou em possibilitar um melhor entendimento desse conceito ao analisar situações em que a intersecção existia ou quando era vazia, bem como salientando a marcação de pontos.

5. Na segunda fase do jogo, a professora rodou a roleta e passou para a turma uma condição. O número estava na faixa 4. A aluna Cristina fez sua aposta e disse que a probabilidade dela acertar seria 1/6. Você concorda com Cristina? Por que isso ocorre? Justifique sua resposta.

Essa tarefa foi elaborada com o objetivo de fazer com que os estudantes analisassem o momento em que o espaço amostral se modificava, percebendo o evento e o espaço amostral.

O momento de "intervenção escrita", no caso de Ferreira (2014), permitiu que os estudantes pudessem pensar em situações de jogo que, durante as jogadas, não havia sido possível. Com isso, puderam utilizar novas estratégias para a resolução das situações-problema, o que possibilitou que fossem capazes de mobilizar os conceitos de probabilidade, múltiplos, divisores, divisão, soma de números inteiros, soma de números opostos, números pares e ímpares.

9.5 PARA FINALIZAR...

Termino aqui a reflexão sobre a utilização de jogos no processo de ensino-aprendizagem de matemática no Ensino Médio ressaltando o papel do professor e da professora como mediadores. Essa mediação pode ser vista como um processo de comunicação que pode auxiliar os estudantes na construção de significados, tendo como característica o diálogo entre os participantes. Nos casos aqui apresentados, durante o processo de mediação pedagógica, foi possível perceber que os estudantes reelaboravam suas ideias e estratégias, utilizando-se de algumas colocações realizadas pelas pesquisadoras. Em situações de sala de aula, considerando possibilidades e limitações, o professor ou professora pode intencionalmente adotar um jogo (digital ou manipulativo), de acordo com seus objetivos. Os estudantes, por sua vez, podem dar significado aos jogos utilizados ao interpretá-los de acordo com sua estrutura, seus objetivos e a estratégia usada.

Os momentos de jogo apresentados por Grando (2000, 2004) foram úteis para discutir o potencial pedagógico dos jogos escolhidos para as aulas de Matemática. Nos momentos de "familiarização com o jogo" e "reconhecimento das regras do jogo", os estudantes tiveram a oportunidade de explorar diversas noções matemáticas. Além disso, esses momentos demandaram a produção de significados por parte dos estudantes quando tomaram conhecimento de como funcionavam os jogos.

O momento do "jogo pelo jogo" mostrou-se importante para que a compreensão das regras dos jogos ficasse estabelecida. Ao jogar, os estudantes desenvolveram outras habilidades, como aprender a conviver e cooperar com os outros, observar regras, cumprir acordos, comunicar ideias, desejos e emoções. O momento de "intervenção pedagógica verbal" deu-se por meio da mediação das pesquisadoras. Foram realizados questionamentos e observações sobre as escolhas e jogadas realizadas pelos estudantes.

Acredito que o professor e a professora em sala de aula possam estar atentos a esse processo de elaboração de estratégias, buscando sempre relacionar com a conceitualização e com o pensar matemático por meio de análise, previsão e antecipação de jogadas, levantamento de hipóteses, tomada de decisão. Ainda têm a possibilidade de solicitar a seus estudantes que registrem o jogo.

A "intervenção escrita" foi realizada por meio da resolução das situações-problema sobre o jogo. Ao problematizar as situações de jogo, foi possível privilegiar jogadas que não haviam aparecido ou conceitos matemáticos que ainda não tinham sido trabalhados, permitindo que os estudantes tivessem a oportunidade de refletir e depurar o raciocínio empregado a fim de resolver melhor o problema.

O momento de "jogar com competência" mostrou-se eficiente para a avaliação do processo, uma vez que se evidenciou o quanto os estudantes puderam apropriar-se das estratégias desenvolvidas e das análises processadas sobre o jogo, para a realização de uma nova jogada. A análise matemática esteve mais presente nesse momento, o que demonstra a apropriação do instrumental matemático do jogo para a resolução dos problemas que foram surgindo durante a ação de jogar.

9.6 SUGESTÕES DE AMPLIAÇÃO DO TEMA

- Sites em que são encontrados jogos *online*:

Click Jogos: http://www.clickjogos.com.br/.

Ojogos.com.br!: http://www.ojogos.com.br/.

Jogos MMORPG: http://www.jogos-mmorpg.com/?utm_campaign=mmorpg&gclid=Cj0KEQiAk5zEBRD9lfno2dek0tsBEiQAWVKyuKwURkIg4OYD2_ZJjkCyXU43kI2n9weMONy3YW9J7ikaAoHG8P8HAQ.

Electronic Arts Inc.: http://www2.ea.com/pt/1/play-free-games.

Scratch: https://scratch.mit.edu/.

- Leituras sugeridas:

MARTINS, G. V. **Roleta Matemática:** um módulo da aplicação "A Magia dos Números" para o ensino do Mínimo Múltiplo Comum e Máximo Divisor Comum. 2003. 120 f. Dissertação (Mestrado em Educação Multimédia) - Universidade do Porto, Porto, 2003. Disponível em: <https://repositorio-aberto.up.pt/handle/10216/9686>. Acesso em: 15 jan. 2018.

- Trabalhos de conclusão de curso (estes textos podem ser solicitados pelo e-mail rosanamendes@ufla.br)

ARAUJO, T. F. **As potencialidades do jogo "avançando com o resto" para o processo de ensino e aprendizagem de múltiplos e divisores**. 2014. Trabalho de Conclusão de Curso (Graduação em Matemática) - Universidade Federal de Lavras, Lavras, 2014.

BARBOSA, D. R. P. **O jogo *KfourlnLine* no processo ensino aprendizagem de matemática na perspectiva de resolução de problemas**. 2015. Trabalho de Conclusão de Curso (Licenciatura em Matemática) - Universidade Federal de Lavras, Lavras, 2015.

BERNARDINO, A. C. D. **Potencialidades do ambiente de programação Scratch para o processo ensino aprendizagem de matemática**. 2015. Trabalho de Conclusão de Curso (Licenciatura em Matemática) - Universidade Federal de Lavras, Lavras, 2015.

COSTA, M. A. **A utilização de jogos no processo ensino aprendizagem de matemática:** o estado do conhecimento das pesquisas acadêmicas. 2014. Trabalho de Conclusão de Curso (Licenciatura em Matemática) - Universidade Federal de Lavras, Lavras, 2014.

FERREIRA, A. de R. **As potencialidades pedagógicas do jogo "A corrida do ouro fracionário" para o processo ensino e aprendizagem de frações**. 2011. Trabalho de Conclusão de Curso (Licenciatura em Matemática) - Universidade Federal de Lavras, Lavras, 2011.

FERREIRA, L. C. C. **As potencialidades do jogo "Roleta Matemática" para o processo de ensino aprendizagem de probabilidade.** 2014. Trabalho de Conclusão de Curso (Licenciatura em Matemática) - Universidade Federal de Lavras, Lavras, 2014.

SILVEIRA, W. A. **As potencialidades do jogo de damas para o processo ensino aprendizagem de matemática**. 2014. Trabalho de Conclusão de Curso (Licenciatura em Matemática) - Universidade Federal de Lavras, Lavras, 2014.

SOUTO, S. S. **As potencialidades do jogo Poliminós para o processo de ensino e aprendizagem da matemática**. 2014. Trabalho de Conclusão de Curso (Licenciatura em Matemática) - Universidade Federal de Lavras, Lavras, 2014.

REFERÊNCIAS

ANDRADE, K. F. Z. **O jogo computacional SIMCITY no ambiente educacional de uma turma do 1º ano do Ensino Médio:** saindo da "zona de conforto", almejando a educação matemática crítica. 2009. 158 f. Dissertação (Mestrado em Educação) - Universidade São Francisco, Itatiba, 2009.

BARBOSA, D. R. P. **O jogo KfourlnLine no processo ensino aprendizagem de matemática na perspectiva de resolução de problemas**. 2015. Trabalho de Conclusao de Curso (Licenciatura em Matemática) - Universidade Federal de Lavras, Lavras, 2015.

BATTAIOLA, A. L. Jogos por computador: histórico, relevância tecnológica e mercadológica, tendências e técnicas de implementação. In: **XIX Jornada de Atualização em Informática**. Curitiba, SBC, v. 2, jul. 2000, p. 83-122.

BROUGÈRE, G. **Brinquedos e companhia**. São Paulo: Cortez Editora, 2004. 335 p.

______. A criança e a cultura lúdica. In: KISHIMOTO, T. M. (Org.). **O brincar e suas teorias**. São Paulo: Pioneira Thomson Learning, 2002. p. 19-32.

______. **Jogo e educação**. Porto Alegre: Artes Médicas, 1998. 218 p.

FERREIRA, L. C. C. **As potencialidades do jogo "Roleta Matemática" para o processo de ensino aprendizagem de probabilidade**. 2014. Trabalho de Conclusão de Curso (Licenciatura em Matemática) - Universidade Federal de Lavras, Lavras, 2014.

FREIRE, P. **Pedagogia da autonomia:** saberes necessários à prática educativa. São Paulo: Paz e Terra, 1996. 165 p.

GÓMEZ-GRANNEL, C. A aquisição da linguagem matemática: símbolo e significado. In: TEBEROSKY, A.; TOLCHINSKY, L. (Org.). **Além da alfabetização:** a aprendizagem fonológica, ortográfica, textual e matemática. São Paulo: Ática, 2002. p. 257-295.

GOMIDE, C. G. dos S. **O processo metodológico de inserção de jogos computacionais em sala de aula de Matemática:** possibilidades do movimento de ação e reflexão da professora-pesquisadora e dos alunos. 2012. Dissertação (Mestrado em Educação) – Universidade São Francisco, Itatiba, 2012.

GRANDO, R. C. **O jogo e a matemática no contexto da sala de aula**. São Paulo: Paulus, 2004. 115 p.

______. **O conhecimento matemático e o uso de jogos na sala de aula**. 2000. 224 f. Tese (Doutorado em Educação) – Faculdade de Educação, Universidade Estadual de Campinas, Campinas, 2000. Disponível em: <http://repositorio.unicamp.br/handle/REPOSIP/251334>. Acesso em: 15 jan. 2017.

______. **O jogo e suas possibilidades metodológicas no processo ensino-aprendizagem da matemática**. 1995. 175 f. Dissertação (Mestrado em Educação) – Faculdade de Educação, Universidade Estadual de Campinas, Campinas, 1995. Disponível em: <http://repositorio.unicamp.br/handle/REPOSIP/253786>. Acesso em: 21 fev. 2018.

GRILLO, R. de M. **O xadrez pedagógico na perspectiva da resolução de problemas em matemática no Ensino Fundamental**. 2012. Dissertação (Mestrado em Educação) – Universidade São Francisco, Itatiba, 2012.

HUIZINGA, J. **Homo Ludens**: o jogo como elemento da cultura. São Paulo: Perspectiva, 2000. 243 p.

KISHIMOTO, T. M. (Org.). **O brincar e suas teorias**. São Paulo: Pioneira, 2002. 172 p.

______. **Jogo, brinquedo, brincadeira e a educação**. 4. ed. São Paulo: Cortez, 2000. 183 p.

______. **Jogos infantis:** o jogo, a criança e a educação. Petrópolis: Vozes, 1993. 127 p.

LUVISON, C. da C. **Mobilizações e (re)significações de conceitos matemáticos em processos de leitura e escrita de gêneros textuais a partir de jogos**. 2011. 208 f. Dissertação (Mestrado em Educação) – Universidade São Francisco, Itatiba, 2011.

MARCO, F. F. de. **Estudo dos processos de resolução de problema mediante a construção de jogos computacionais de matemática no ensino fundamental**. 2004. 140 f. Dissertação (Mestrado em Educação) – Faculdade de Educação, Universidade Estadual de Campinas, Campinas, 2004. Disponível em: <http://

repositorio.unicamp.br/handle/REPOSIP/253205>. Acesso em: 15 jan. 2017.

MASETTO, M. T. Mediação pedagógica e o uso da tecnologia. In: MORAN, J. M.; MASETTO, M. T.; BEHRENS, M. A. **Novas tecnologias e mediação pedagógica**. Campinas: Papirus, 2000. p. 133-173.

MENDES, R. M. **As potencialidades pedagógicas do jogo computacional *Simcity 4*.** 2006. 201 f. Dissertação (Mestrado em Educação) - Universidade São Francisco, Itatiba, 2006.

MOURA, M. O. A séria busca no jogo: do lúdico na matemática. In: **A educação matemática em revista**. São Paulo: SBEM/SP, 1994. p. 17-24.

NETO, E. P. **O jogo Roller Coaster Tycoon 2 na formação dos administradores**. 2008. 94 f. Dissertação (Mestrado em Educação) - Universidade São Francisco, Itatiba, 2008.

PAIS, L. C. **Uma análise do significado da utilização de recursos didáticos no ensino da Geometria**. 2000. Disponível em: <http://23reuniao.anped.org.br/textos/1919t.PDF>. Acesso em: 12 set. 2018.

RETSCHITZKI, J.; GURTNER, J.-L. **L'enfant et l'ordinateur**. Liège: Mardaga, 1996. 208 p.

ROSA, M. **Role playing game computacional:** uma tecnologia lúdica para aprender e ensinar matemática. 2004. 184 f. Dissertação (Mestrado em Educação Matemática) - Instituto de Geociências e Ciências Exatas, Universidade Estadual Paulista de Rio Claro, Rio Claro, 2004. Disponível em: <http://www.rc.unesp.br/gpimem/downloads/dissertacoes/rosa_m_me_rcla.pdf>. Acesso em: 15 jan. 2017.

TONÉIS, C. N. **A lógica da descoberta nos jogos digitais**. 2010. 210 p. Dissertação (Mestrado em Tecnologias da Inteligência e Design Digital) - Pontifícia Universidade Católica de São Paulo, São Paulo, 2010.

VALENTE, J. A. A espiral da aprendizagem e as tecnologias da informação e comunicação: repensando conceitos. In: JOLY, M. C. R. A. (Org.). **A tecnologia no ensino:** implicações para a aprendizagem. São Paulo: Casa do Psicólogo, 2002. p. 15-37.

______. Por que o computador na educação? In: VALENTE, J. A. (Org.). **Computadores e conhecimento:** repensando a educação. Campinas: Gráfica Central da Unicamp, 1993. p. 24-44.

10

A avaliação das aprendizagens em aulas de Matemática

Leonor Santos

Um paradigma interpretativo.

> *A avaliação é um processo de interação social complexa, inscrito numa dinâmica relacional com múltiplos significados.*
> Pinto e Santos (2006, p. 34)

10.1 PARA INÍCIO DE CONVERSA...

O tema da avaliação pedagógica é muito abrangente. Por essa razão, neste capítulo, foco apenas na avaliação interna, isto é, naquela desenvolvida no trabalho cotidiano da sala de aula de Matemática. A avaliação é uma parte do currículo que deve estar em consonância com todas as suas outras componentes, em particular, com os objetivos de aprendizagem. Isso implica que qualquer mudança curricular passa, necessariamente, pela adequação da prática avaliativa na sala de aula de Matemática.

Neste texto, além da discussão de conceitos-chave associados à avaliação das aprendizagens matemáticas, vamos abordar questões como: para que avaliar? Como avaliar? O que avaliar? Para trabalhar tais questões vou analisar exemplos concretos retirados de situações reais de sala de aula e recorrer a resultados de investigação empírica.

10.2 O QUE É AVALIAR?

Como em outras áreas da educação, o significado de avaliação foi mudando, acompanhando a evolução do que se entende por ensinar e aprender. No passado, ensinar significava transmitir conhecimento, e aprender era a capacidade de reproduzir o que tinha sido transmitido. Ora, com a evolução das teorias de aprendizagem, nos dias de hoje, ensinar corresponde sobretudo a facilitar, gerir, orientar e criar contextos favoráveis à aprendizagem; aprender é mudar de forma estável por ação do próprio. Atribui-se, assim, um papel essencial ao aprendente. Pouco ou nada aprende quem não o quer fazer. Daí a importância que se dá ao papel interventivo do aluno para uma aprendizagem com compreensão. É nesse referencial que se entende a expressão "o aluno no centro da aprendizagem".

Com esse entendimento de aprendizagem, o significado de avaliação também se complexifica. No passado, era habitual associar-se à avaliação o teste, ou prova, reduzindo-a à recolha intencional e sistemática de informação. Em alternativa, reduzia-se a avaliação a uma classificação, uma medida do desempenho do aluno, considerando-a apenas como um juízo de valor. Ora, avaliar significa, neste capítulo, um processo, uma atividade de comunicação, que inclui um propósito a atingir, uma recolha de evidência sobre a aprendizagem, a produção de um juízo baseado na interpretação da evidência recolhida e uma ação fundamentada dela decorrente (SANTOS, 2016). Não sendo etapas necessariamente sequenciais, as quatro primeiras consubstanciam a produção de um julgamento, já a última decorre das anteriores e dirige-se ao fim definido.

Valor: Para mais detalhes sobre a evolução dos significados de avaliação pedagógica, ver Pinto e Santos (2006).

10.3 PARA QUE AVALIAR?

A resposta que damos à questão "Para que vou avaliar?" nos permite aceder ao propósito que se procura atingir com o processo avaliativo. É com o propósito definido que distinguimos as modalidades de avaliação usualmente designadas como "avaliação sumativa" ou "avaliação das aprendizagens" e como "avaliação formativa" ou "avaliação para as aprendizagens". Respondendo a necessidades de ordem social, a avaliação sumativa tem como principal fim reportar, informar, diferenciar, hierarquizar e selecionar. É relevante para a certificação e progressão escolar dos alunos. Já no domínio pedagógico, a avaliação formativa procura regular o ensino e apoiar a aprendizagem. É relevante para a aprendizagem. De forma a tornar os processos coerentes com os seus fins, há naturalmente diferenças nos procedimentos, desde logo nos intervenientes e nas etapas do processo que constitui a avaliação (ver Figura 10.1). Entretanto, essas diferenças decorrem dos fins e não o inverso. Como nos diz Harlen (2006), é possível pensar que as modalidades de avaliação se relacionam com os métodos de recolha de informação, mas não é assim. O que importa é como se usa a informação.

Figura 10.1 *– Etapas do processo avaliativo.*

Quer estejamos em um registro sumativo, quer formativo, há alguns cuidados a ter em conta, ou, em outras palavras, há de se considerar um conjunto de orientações que fundamentem e deem sentido à prática avaliativa. Apresentamos, a seguir, com base em Leal (1992), um conjunto de possíveis princípios que norteiam a avaliação em matemática (Quadro 10.1).

Quadro 10.1 *– Princípios para a avaliação em aulas de matemática*

Princípio	Significado
Princípio da coerência	A avaliação deve estar em consonância com as restantes componentes do currículo: objetivos, metodologias e conteúdos.
Princípio da integração	A avaliação é parte integrante do processo de ensino-aprendizagem.

Princípio	Significado
Princípio do carácter positivo	A avaliação deve se dirigir ao que o aluno sabe e é capaz de fazer e não ao que ainda não sabe.
Princípio da generalidade	A avaliação deve dirigir-se a uma visão global do saber, ser independente do tipo de classificação e tomar em conta a evolução do aluno.
Princípio da diversidade	A avaliação deve recorrer a formas diversificadas. Sua escolha está dependente do que se pretende saber e não das práticas usuais.
Princípio da postura	A avaliação deve acontecer em um ambiente de confiança e clareza, onde as críticas e sugestões para o futuro são entendidas como naturais.

Fonte: Leal (1992).

10.4 CONDIÇÕES PARA UMA AVALIAÇÃO APOIAR A APRENDIZAGEM

A Secretaria de Estado de Educação de Minas Gerais, no documento da proposta curricular para o Ensino Fundamental e Médio, ao afirmar que a "avaliação deve ser parte integrante" (CARNEIRO; SPIRA; SABATUCCI, 2006, p. 39) do acompanhamento do processo de aprendizagem, valoriza a componente de avaliação cujo propósito é contribuir para a aprendizagem. Esse grande desafio que se coloca ao professor, em particular de Matemática, acarreta implicações para a sua prática, quer nas condições necessárias a criar, quer nos procedimentos a prosseguir. Dedico as próximas linhas a algumas dessas implicações.

Uma nova cultura do erro

Tradicionalmente, o erro é visto como algo penalizador, algo a eliminar, uma falta ou lacuna do aluno. O erro é olhado tomando o aluno como referência, associando-lhe uma conotação negativa, na maior parte das situações. Em um registro sumativo, o erro tem uma função contabilística. Para se entender essa função, nada melhor do que pensar como habitualmente classificamos uma produção do aluno. A partir da cotação máxima, seguindo um processo analítico, subdividimos esse total em partes, tomando por base o processo esperado que o aluno vai usar na resolução da questão.

A partir da nossa experiência, conseguimos prever tipos de erro que podem vir a ocorrer. De forma a procurar usar o mesmo critério para todos os alunos, prevemos quanto descontamos por cada erro que surja dentro da lista dos previstos. Assim, o erro está associado a uma quantidade a retirar. Quanto mais erros, maior o valor que descontamos. O aluno atribui igualmente uma função contabilística ao erro. Em sua grande maioria, ao receber uma prova classificada, o aluno tem tendência a estabelecer uma comparação entre o número de erros assinalados e a classificação obtida. Se a classificação for menor do que esperava tendo em conta o número de erros, o aluno pode pedir explicações ao professor. Caso o sentido verificado seja inverso, tendencialmente nada diz.

Se estivermos em um registro formativo, a situação é muito diferente. O erro é então centrado no currículo, nos conceitos a ensinar, constituindo um indicador do grau de dificuldade na construção/apropriação do conceito em presença ou na forma como foi abordado e trabalhado. É um sinal da necessidade de uma intervenção pedagógica. Muitas vezes, é apenas por meio do erro que o professor tem acesso ao raciocínio do aluno. Cabe-lhe interpretar esse erro para poder intervir de forma útil para o aluno, como ilustro nos dois exemplos a seguir. Sendo as interpretações sempre inferências, nem sempre sua formulação é do mesmo nível de dificuldade ou de certeza.

- Exemplo 1

Tarefa: O comprimento de um retângulo aumenta 10% e sua largura diminui de 10%. Investigue o que acontece à área.

Resposta do aluno:

Uma vez que o comprimento aumenta de
10% e a largura diminui de 10%
naturalmente que a área fica a mesma.
Aumenta - diminui anulam-se uma à outra.
Resposta: A área fica a mesma

Fonte: adaptado de uma prova de avaliação externa de 2004 do Stockholm Institute of Education.

- Exemplo 2

Itens do TIMMS

1. Qual das seguintes frações é menor?

a) 1/6

b) 2/3

c) 1/3

d) 1/2

2. Qual das seguintes frações é maior?

a) 4/5

b) 3/4

c) 5/8

d) 7/10

Fonte: Wiliam (2007, p. 1068).

No exemplo 1, tudo leva a crer que o aluno utilizou um raciocínio aditivo em vez de multiplicativo. Já o exemplo 2 é menos óbvio. Em um estudo desenvolvido em Israel, 88% dos alunos responderam acertadamente à questão 1, podendo concluir-se que teriam um conhecimento apropriado sobre a grandeza entre números, quando representados por meio de frações. Contudo, apenas 46% responderam corretamente à questão 2. Note-se que 39% dos alunos escolheram a opção **b** na questão 2. Pode ser o caso de terem aplicado em ambas as questões a seguinte regra: "quanto maior for o denominador, menor a fração; quanto menor for o denominador, maior a fração". Nesse caso, o fato de 88% dos alunos ter respondido corretamente à questão 1 não significa que apliquem um raciocínio válido em matemática. Em outras palavras, o erro cometido na segunda alínea permite ao professor identificar um possível problema que necessita de atenção.

Desse modo, o erro passa a constituir uma importante fonte de informação para a ação pedagógica do professor. No entanto, para que essa fonte possa ser usada, é necessário que o aluno sinta confiança não só em si como também no ambiente onde ocorre o trabalho cotidiano na sala de aula de Matemática. Errar é um fenômeno natural em um processo complexo como o de aprendizagem, e só erra quem já iniciou um percurso de aprendizagem.

> *O erro na resolução de um problema ou em uma avaliação deve ser encarado como uma oportunidade ideal de revisão de conceitos e estratégias de solução. É extremamente importante que uma tentativa consciente de resolver um problema seja tão respeitada quanto uma solução correta. Quando o aluno percebe que, mesmo errando, seu esforço e trabalho são bem recebidos e que ele contribuiu positivamente para o trabalho do professor e da turma, sua autoconfiança aumenta e ele percebe que o erro é uma oportunidade de crescimento. (CARNEIRO; SPIRA; SABATUCCI, 2006, p. 39-40)*

Esta mudança de cultura, porém, pode levar seu tempo uma vez que pode ser muito diferente da experiência escolar anterior dos alunos. É apenas por meio do estabelecimento de um ambiente de confiança mútua que o aluno pode sentir-se à vontade para partilhar o que pensa, mesmo sabendo que pode errar. Mais do que o professor possa dizer, sua atitude e ações são determinantes para o desenvolvimento dessa outra forma de encarar o erro.

Explicitação/negociação de critérios de avaliação

Frequentemente, os professores olham para uma produção realizada pelos alunos e emitem uma apreciação sobre a sua qualidade. Ao fazê-lo, estão usando, mesmo que implicitamente, critérios de avaliação, isto é, estão usando lentes para apreciar esse trabalho. Valorizam certos aspetos (por exemplo, o rigor da linguagem matemática utilizada ou a correção dos processos matemáticos) e não atendem outros (como a cor da tinta usada no trabalho ou a existência ou não de rasuras). Essas opções são tomadas tendo em conta o objetivo definido para a tarefa proposta. Assim, "podemos entender como critério de avaliação um elemento de comunicação, o encontro entre avaliador e avaliado" (SANTOS et al., 2010, p. 36).

Podemos falar em critérios de realização ou critérios de sucesso. No primeiro caso, os critérios são dirigidos ao que se espera que os alunos desenvolvam na realização da tarefa (por exemplo, os métodos ou estratégias a utilizar, a utilidade dos dados da situação apresentada, a pertinência das operações realizadas). São definidos a partir do modelo didático, dos objetivos a longo prazo, dos objetivos de aprendizagem da tarefa e dos valores do professor (o que é a verdade, o que é correto, o que é qualidade). Mesmo quando os professores planificam em contexto colaborativo, uma primeira definição de critérios de avaliação é moldada pelo conhecimento que os professores possuem do currículo e das concepções que têm sobre o ensino e a aprendizagem (SEMANA; SANTOS, 2013a). Quanto mais gerais forem, transcendendo a tarefa imediata, maior grau de aplicabilidade apresentam. Permite que os alunos usem tais critérios tantas vezes quantas aquelas em que desenvolvem a atividade matemática em causa, ajudando-os a tirar o melhor uso deles. Veja-se, por exemplo, os possíveis critérios de realização da atividade matemática de resolução de problemas (Quadro 10.2).

Quadro 10.2 *– Critérios de avaliação para resolução de problemas*

Critérios	Indicadores	Descritores		
		Nível 1	Nível 2	Nível 3
Apropriação (relativo à compreensão da situação)	Seleção pertinente de dados.	Não seleciona os dados necessários para a resolução do problema.	Seleciona parte dos dados necessários para a resolução do problema.	Seleciona todos os dados necessários para a resolução do problema.
Eficiência (relativo ao processo-estratégia)	Seleção da estratégia.	Não apresenta estratégia ou usa estratégia inadequada.	Apresenta estratégia adequada.	Apresenta estratégia adequada e poderosa.
	Execução da estratégia.	Comete erros na execução e não conclui.	Comete erros na execução ou não conclui.	Não comete erros na execução e conclui.
Eficácia (relativo ao produto-solução)	Correção e completude da solução.	Apresenta solução incorreta ou não apresenta solução.	Apresenta solução parcialmente correta ou incompleta; ou solução coerente com a estratégia desenvolvida.	Apresenta solução correta e total.

Fonte: Comissão de Acompanhamento do Plano da Matemática II e Programa de Matemática para o Ensino Básico (não publicado).

Os critérios de sucesso focam nos resultados finais, nos produtos que se espera que os alunos realizem. Podem ter uma natureza mais geral (por exemplo, pertinência, completude, correção, originalidade etc.) ou ser mais específicos, de acordo com a tarefa em presença, como ilustrado no exemplo seguinte:

- Tarefa proposta aos alunos

1. Seja *f* uma função contínua, de domínio [–3, 3], e seja *g* a função definida por $g(x) = \frac{1}{f(x) - 2}$

Sabe-se que:

- $f(-3) = 4$;
- $f(3) = 1$;
- *f* é estritamente decrescente.

1.1. Estude, analiticamente, a função *g* quanto à existência de assíntotas do seu gráfico.

1.1..**25 pontos**

Determinação do domínio de *g*.

Escrever $D_g = \{x \in R: f(x) \neq 2 \wedge x \in [-3, 3]\}$ ou $D = \{x \in R: f(x) \neq 2\} \cap [-3, 3]$ ou equivalente (**ver nota 1**)....................2 pontos

Enunciar o Teorema de Bolzano para garantir que $f(x) = 2$ tem pelo menos uma solução no intervalo [–3, 3]....................5 pontos

Justificar a unidade da solução à custa da monotonia de *f*....................3 pontos

Desifnar por uma letra, por exemplo c, o elemento pertencente a [–3, 3] que é solução da equação $f(x) = 2$ e concluir que o domínio de *g* é $D_g = [-3, 3]\backslash\{c\}$....................2 pontos

Determinar, justificando, $\lim_{x \to c^-} g(x) = +\infty$ (**ver notas 2 e 3**)....................4 pontos

Determinar, justificando, $\lim_{x \to c^+} g(x) = -\infty$ (**ver notas 2 e 3**)....................4 pontos

Concluir que $x = c$ é assíntota do gráfico *g*....................1 ponto

Justificar que não existem outras assíntotas verticais do gráfico de *g* porque a função *g* é contínua no intervalo $[-3, 3]\backslash\{c\}$....................2 pontos

Justificar que como o domínio de *g* é um conjunto limitado não existem assíntotas não verticais do gráfico de *g*....................2 pontos

Figura 10.2 *– Critérios de sucesso.*
Fonte: material cedido pelas professoras Cristina Saporiti e Maria da Luz Portelinha.

O desejável é a combinação desses dois tipos de critérios. Os critérios de realização favorecem a implicação e o envolvimento do aluno durante a ação; os critérios de sucesso ajudam o aluno a distanciar-se e a apreciar de forma crítica o que está fazendo. No entanto, para que tal seja possível, é necessário que os critérios de avaliação sejam do conhecimento, quer do professor, quer do aluno. Só assim o aluno pode definir um caminho adequado para atingir o fim pretendido, explicitado pelos critérios de avaliação. Note-se que podem ser evolutivos, dado que estando associados à aprendizagem do aluno, ela também vai evoluindo.

Evoluindo: Um critério de avaliação é "um instrumento de trabalho, sujeito a aperfeiçoamentos, regulável, evolutivo segundo a descoberta das noções que ele permite manipular" (VIAL, 2012, p. 277).

A investigação, em particular a desenvolvida em Portugal, tem evidenciado que a apropriação por parte dos alunos dos critérios de avaliação não é simples. Para tal, o professor deve atender à complexidade dessa tarefa e desenvolver um conjunto de ações intencionalmente pensadas para apoiar os alunos nessa apropriação. Assim, o professor deve:

- mais do que informar os alunos, negociar os critérios de avaliação com os alunos, de modo a envolvê-los e a responsabilizá-los desde o início do processo;
- apresentar exemplos concretos do que pretende, por exemplo, usando trabalhos de alunos de anos anteriores;
- comentar os trabalhos dos alunos, tomando por referência os critérios de avaliação;
- envolver os pares na coavaliação, tendo por base os critérios de avaliação;
- levar os alunos a autoavaliarem-se, confrontando as apreciações feitas com as suas.

Feedback: Significa, originalmente, realimentar ou dar resposta a determinado pedido ou acontecimento. Neste texto, é considerado como toda a informação dada com a intencionalidade de ativar os processos cognitivos e metacognitivos do aluno, no sentido de regular seus processos de aprendizagem.

10.5 O *FEEDBACK*

O *feedback* é, porventura, o elemento-chave na avaliação para a aprendizagem. É o mais poderoso mediador para melhorar o desempenho do aluno e, consequentemente, sua aprendizagem. Pode ser externo, quando dado por outrem que não o aprendente, como o professor ou um par, ou interno, quando é dado pelo próprio. Pode ser oral ou escrito, conforme a forma como é produzido. A questão-chave que se coloca no *feedback* é a interação que esse *feedback* determina no aluno. O que importa é que com um *feedback* externo o aluno estabeleça um diálogo interno adaptando-o e integrando-o, isto é, atribuindo-lhe significado.

Aluno: "O *feedback* é um processo dialógico e não uma mensagem enviada" (NICOL, 2010, p. 503).

Feedback oral

Na sala de aula de Matemática, a interação professor-aluno é muito frequente. Consideramos que, nessa interação, acontece *feedback* quando existe uma intencionalidade de quem produz a comunicação de forma a contribuir para a aprendizagem. Não é tarefa simples, nomeadamente para o professor, uma vez que é no momento, sobre a ação, que, de acordo com o que o aluno diz, tem de interpretar e de imediato dar *feedback*, que procura que seja eficaz.

De forma a poder dispor-se da informação proveniente do aluno, deve-se muitas vezes questionar. Muitos são os autores que definiram tipologias de questões. A título de exemplo, apresento duas tipologias pensadas para o ensino de matemática (Quadro 10.3 e Quadro 10.4).

Questionar: Colocar a pergunta certa é uma arte a ser cultivada por todos os educadores (STENMARK, 1989).

Quadro 10.3 *– Tipologia de questões, quanto a seu propósito*

Tipo de questão	Características
Testagem	Perguntas habitualmente colocadas pelo professor, cujas respostas já conhece.
Focagem	O professor tem uma intencionalidade de dirigir a atenção do aluno para algo.
Inquirição (*Enquiring*)	Uma pergunta sobre a qual se pretende saber a resposta (exemplo, como o aluno pensou).

Fonte: Mason (2002).

Quadro 10.4 *– Tipologia de questões, quanto a seu propósito*

Tipo de questões	Exemplos
Gerir (Procurar que os alunos organizem seu trabalho.)	Quem ficou de registrar na ficha?
Esclarecer (Recolher informação quando não é claro o que os alunos dizem ou fazem, ajudar os alunos a esclarecerem-se.)	O problema fala de perímetro. Alguém sabe o que é perímetro?
Orientar (Procurar que os alunos foquem num aspeto particular do problema.)	Já pensaram em usar uma tabela?
Despertar uma reflexão matemática (Gerar ideias próprias dos alunos.)	Podem explicar por que os dois chegaram a conclusões diferentes?

Tipo de questões	Exemplos
Explicitar um raciocínio algébrico (Levar os alunos a generalizar, explicar, pensar do fim para o princípio.)	O que representa este número na equação?

Fonte: adaptado de Driscoll (2003, p. 174).

O extrato de uma discussão com toda a turma na sala de aula ilustra como o professor pode colocar questões de natureza mais aberta, incentivando o envolvimento do maior número de alunos na discussão.

> *André: Porque é que não passa pelo (0;0)? [Dirigindo-se à professora.]*
>
> *Professora: Boa pergunta! O André está a perguntar porque é que, naquelas funções que vocês fizeram o gráfico, não passava pelo (0;0)?*
>
> *Bruna: Porque não é proporcionalidade direta.*
>
> *Professora: Então na proporcionalidade inversa o gráfico também passa no (0;0)?*
>
> *Vários alunos: Não.*
>
> (SEMANA; SANTOS, 2013b, p. 363)

Nesse extrato, a professora remete a questões colocadas por um aluno para a turma, com o propósito de testagem – a professora sabe a resposta, mas pretende verificar se os alunos a sabem também –, despertando uma reflexão matemática – as duas questões que lança à turma leva os alunos a estabelecer relações entre conceitos matemáticos já anteriormente trabalhados.

É fácil definir o que é uma boa pergunta: uma boa pergunta é toda aquela que incentiva à análise, à reflexão, à explicação de raciocínios por parte dos alunos, que os desafia a pensar em níveis mais elevados e que fornece pistas ao professor sobre o que o aluno já sabe e as dificuldades que ainda tem de ultrapassar. Contudo, levá-la à prática é bem mais complexo. Diversos estudos apontam que, em sua grande maioria, o questionamento que ocorre na sala de aula, nomeadamente de Matemática, é constituído por perguntas fechadas, que sistematicamente repetidas dão indicação ao aluno que sua resposta não está certa. Tal situação leva-o a mudar de resposta, mais tentando descobrir qual a esperada pelo professor do que a baseando em qualquer processo de raciocínio. Assim, sugere-se que, sempre que possível, o professor coloque questões de natureza mais aberta (De onde surgiu esta ideia?; Como pensou?; Em que outras situações este processo poderia ser aplicado?; Se quisesse convencer alguém o que diria?...).

Outro grande desafio que se coloca ao professor é o de saber esperar. Um estudo não recente (ROWE, 1974) contabilizou que o tempo médio de espera entre a formulação de uma questão de professores de ciências no ensino elementar e a nova intervenção da sua parte era de 0,9 segundo! Posteriormente, esse investigador estudou os efeitos decorrentes do aumento do tempo de espera e verificou que: as respostas dos alunos tornaram-se mais longas, eles revelaram mais confiança, passaram a desafiar e/ou contribuir para o aperfeiçoamento das respostas de colegas e passou a existir maior número de respostas alternativas. No entanto, o surgimento de momentos mortos foi considerado pelos professores como "antinatural" e "doloroso". Mais recentemente, um novo estudo, com propósitos semelhantes, envolvendo agora professores de Ciências e de Matemática veio confirmar esses primeiros resultados (BLACK; HARRISON; LEE; MARSHALL; WILIAM, 2003).

Estudo: Estudo desenvolvido por um grupo de investigadores do Assessment Group do King's College, de Londres (Inglaterra), que acompanhou um grupo de professores durante o ano letivo de 1999/2000.

Feedback escrito

Há duas grandes vantagens do *feedback* escrito, quando o comparamos com o oral. Por um lado, o professor tem mais tempo para pensar no que vai escrever. Por outro, pode abarcar todos os alunos de uma turma. Contudo, pode ser mais exigente para o aluno, muito habituado à oralidade na sala de aula de Matemática. A escrita acrescenta-lhe a dificuldade de ter de interpretar a comunicação escrita, nem sempre fácil. Porém, há sempre a possibilidade de completar o *feedback* escrito com um oral na aula seguinte.

Uma vez mais a atribuição de *feedback* escrito é uma prática habitual. É muito frequente o professor de Matemática comentar as provas escritas de seus alunos. Entretanto, a investigação diz que é um trabalho demorado com pouca eficácia. E por quê? Porque os trabalhos que já foram classificados, dando ao aluno a ideia de estarem acabados (e com razão), fazem os comentários escritos não os motivarem. Não tendo uma utilidade imediata, não lhes desperta interesse. Assim, é de todo vantajoso que o professor, quando decida dar *feedback* escrito, faça-o em situações em que prevê que a tarefa vai ter duas versões, intercaladas pelo *feedback*. Vejamos, uma situação concreta.

- Tarefa: Círculo trigonométrico

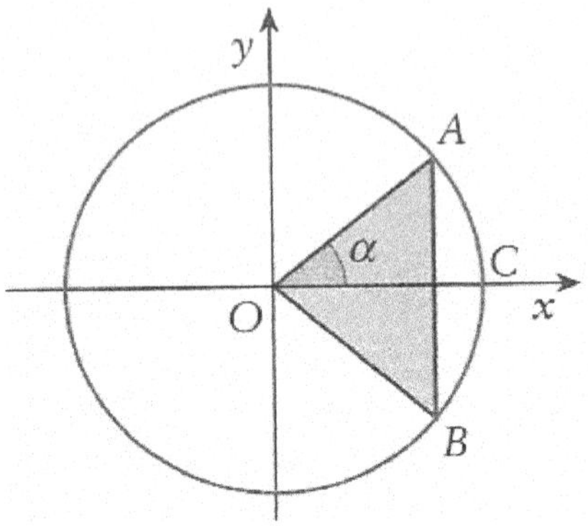

Na figura, estão representados, em referencial o.n. xOy, o círculo trigonométrico e um triângulo [OAB].

Os pontos A e B pertencem à circunferência.

O segmento [AB] é perpendicular ao semieixo positivo Ox.

O ponto C é o ponto de intersecção da circunferência com o semieixo positivo Ox.

Seja α a amplitude do ângulo COA e $\alpha^{\in}$] 0, 90°[.

Considere o ponto D como sendo a intersecção do eixo Ox com o segmento de reta [AB].

1. Mostre que a área do triângulo [OAB], em função de α, é dada pela expressão $\cos\alpha \times sen\alpha$.

2. Utilize as capacidades da calculadora gráfica para resolver as questões que se seguem. Para isso, desenhe o gráfico da função $f(\alpha) = \cos\alpha \times sen\alpha$ utilizando na calculadora a janela de visualização [0, 100] × [-1,6; 1,6].

a) Calcule a área do triângulo [OAB] para $\alpha = 60°$ com duas casas decimais. Classifique o triângulo obtido quanto ao comprimento dos lados. Justifique sua resposta.

b) Para um valor da amplitude do ângulo α, a área do triângulo [OAB] é $\frac{\sqrt{3}}{4}$. Determine esse valor.

(DIAS, 2013, p. 357).

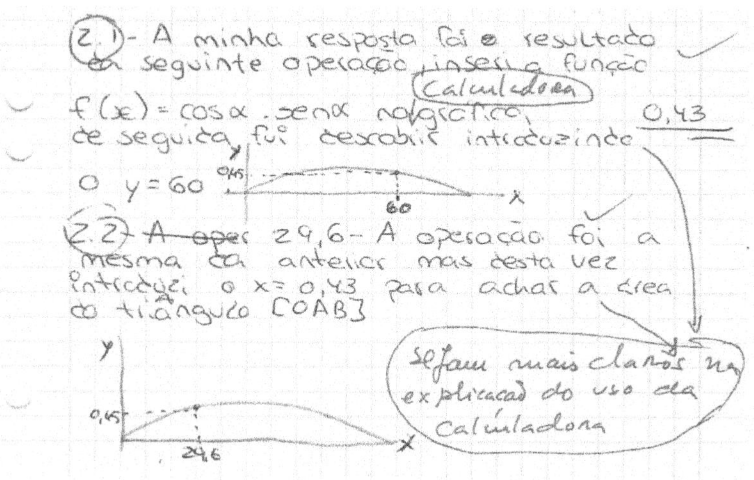

Figura 10.3 *– Resolução da questão 2 de um aluno na primeira fase.*
Fonte: Dias (2013, p. 197).

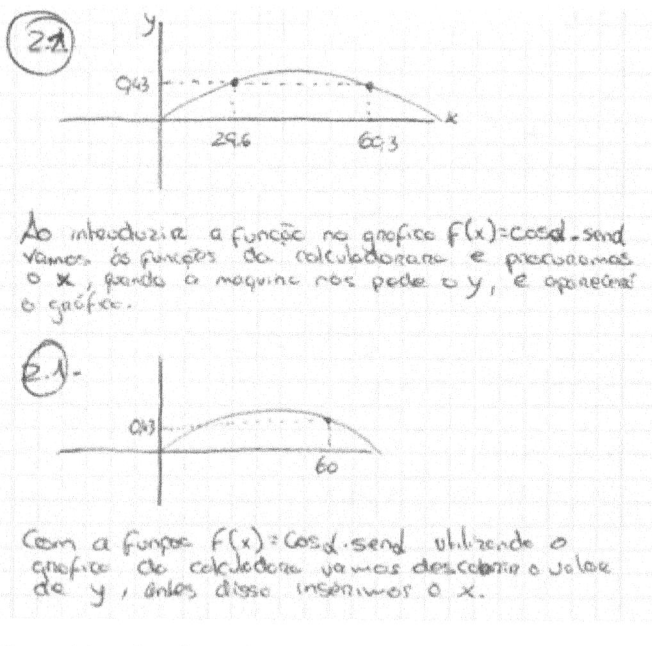

Figura 10.4 *– Resolução da questão 2 de um aluno na segunda fase,*
após o feedback.
Fonte: Dias (2013, p. 197).

Muito do que foi referido sobre *feedback* oral se aplica ao escrito. No caso desse exemplo, embora não se questione o aluno (a forma sintática do *feedback* não está na forma interrogativa, mas poderia estar), o *feedback* atribuído foca o processo, estando assim de acordo com o sugerido na literatura. Por exemplo, Hattie e Timperley (2007) sugerem que quando o foco do *feedback* é a tarefa, o processo ou ainda a autorregulação, sua eficácia tende a ser superior do que quando o foco é o *self*, o aluno como pessoa. Uma escrita avaliativa como "Estava distraído!", "Não estudou" ou "Tem de estudar mais!" são exemplos muito comuns possíveis de serem encontrados em provas escritas, mas são focados no *self*, agravados pelo fato de serem inferências do professor não fundamentadas. Como sabe o professor que o aluno esteve distraído ou que não estudou? Será que o aluno sabe estudar? Para além disso, como esse *feedback* contribui para a aprendizagem do aluno?

O *feedback* escrito deve, ademais de seu foco:

- ser o mais curto possível;
- ser claro, para que possa ser facilmente compreendido pelo aluno;
- apontar pistas de ação futura, de forma que, com base nela, o aluno saiba como prosseguir;
- incentivar o aluno a reanalisar a sua resposta;
- não incluir a correção do erro, no sentido de dar ao próprio a possibilidade de ser ele mesmo a identificá-lo e a alterá-lo, de forma a permitir que aconteça uma aprendizagem mais duradoura ao longo do tempo;
- identificar o que já está bem-feito, no sentido não só de dar autoconfiança como igualmente permitir que aquele saber seja conscientemente reconhecido (SANTOS, 2003).

No entanto, não há garantia de que um *feedback* escrito que respeite todas essas características seja eficaz. Outros fatores em presença no trabalho cotidiano da sala de aula de Matemática podem interferir nesse processo. É o caso de fatores associados aos alunos, como suas crenças e motivações (NICOL; MACFARLENE-DICK, 2006); a percepção que têm sobre a eficácia do *feedback* (GAMLEM; SMITH, 2013); e seu desempenho escolar (SANTOS; DIAS, 2007). Variáveis do contexto devem ser igualmente tidas em conta, nomeadamente o momento em que é dado (WILIAM, 2007), a relação estabelecida entre professor e alunos e a experiência profissional do professor (SANTOS; PINTO, 2010). Independentemente da complexidade de garantir que é possível atribuir um *feedback* eficaz para todos os alunos, é certamente uma estratégia muito promissora do desenvolvimento da capacidade de autorregulação por parte dos alunos.

10.6 INSTRUMENTOS ALTERNATIVOS DE AVALIAÇÃO

Note-se que a prática avaliativa não tem acompanhado a evolução do que se entende por saber matemática, como vem sendo registrado ao longo das últimas décadas. Já em 1980, na agenda para a ação, o National Council of Teachers of Mathematics (NCTM) alertava para a necessidade da aprendizagem dos alunos ser avaliada de uma forma mais ampla do que as provas convencionais. Passada uma década, Romberg, em 1991, em um ICMI Studies sobre o tema da avaliação em aulas de Matemática e seus efeitos, chamava a atenção para a necessidade de se desenvolverem práticas avaliativas que informassem os professores até que ponto seus alunos desenvolviam a capacidade de resolver problemas não rotineiros, de comunicar, de raciocinar e de reconhecer a aplicabilidade das ideias matemáticas em diversas situações da vida real. Mais recentemente, em 2003, Gipps e Stobart reafirmam que os testes tradicionais têm implicações negativas e inesperadas no ensino e no currículo. É, portanto, urgente desenvolver novas práticas avaliativas, nomeadamente por meio de outros instrumentos de avaliação para além dos tradicionais.

National Council of Teachers of Mathematics (NCTM): O National Council of Teachers of Mathematics (NCTM) é uma associação que envolve um largo número de professores, educadores e investigadores em educação matemática que tem produzido importantes obras dirigidas ao ensino e aprendizagem da matemática, como diversos volumes sobre as normas a seguir nesse domínio.

Romberg: Thomas Romberg é um reconhecido educador matemático, professor emérito da Universidade de Wisconsin-Madison, nos Estados Unidos.

Não podendo o capítulo ser exaustivo, em seguida, abordo dois possíveis instrumentos alternativos de avaliação: o relatório escrito e o portfólio. Qualquer um desses instrumentos permitem, em momentos distintos, ilustrar práticas de avaliação formativa e sumativa.

Relatório escrito

Entende-se por relatório escrito todo documento escrito que descreve dada tarefa matemática (o que se pede, os processos de resolução usados e os resultados obtidos), podendo igualmente incluir uma reflexão sobre o trabalho produzido. De forma a apoiar o aluno na produção de um relatório de qualidade, é desejável que o professor acompanhe o pedido de realização do relatório com um roteiro, que explicite a estrutura pretendida, bem como uma tabela com os critérios de avaliação e seus respectivos descritores.

A título de exemplo, destaco um trabalho desenvolvido ao longo do tempo por Sílvia Semana, que dividiu os aspetos a ter em conta para a apreciação da qualidade do relatório em duas partes: a referente ao trabalho do grupo e a parte individual, relativa à reflexão sobre a atividade desenvolvida. A primeira parte considerava a apresentação do relatório, o recurso a estratégias e processos de exploração, a mobilização de informação/conhecimentos, a descrição e explicação da atividade desenvolvida (ver Quadro 10.5) e a linguagem matemática escrita.

***Quadro 10.5** – Possível exemplo de critério e descritores da comunicação matemática*

	0	1	2	3
Descrição e explicação da atividade desenvolvida (comunicação)	Não descreve os passos do trabalho realizado nem a forma como seus membros pensaram. Não descreve nem explica as conclusões obtidas.	Descreve parcialmente os passos do trabalho realizado e a forma como os seus membros pensaram. Descreve as conclusões obtidas, mas não as explica.	Descreve e explica todos os passos do trabalho e a forma como seus membros pensaram, incluindo as tentativas feitas e as conclusões obtidas. Descreve as conclusões obtidas e explica-as de forma incompleta.	Descreve e explica todos os passos do trabalho e a forma como seus membros pensaram, incluindo as tentativas feitas e as conclusões obtidas. Descreve as conclusões obtidas e explica-as na totalidade.

Fonte: adaptado de Semana e Santos (2008).

O relatório escrito pode ser realizado individualmente ou em grupo, na sala de aula ou fora dela. Independentemente da modalidade de trabalho escolhida, que pode variar ao longo do ano letivo, de acordo com os objetivos de aprendizagem definidos, esse instrumento de avaliação, para além de ser em geral bem-aceito pelos alunos, é reconhecido como potencializador de aprendizagens matemáticas. Diversos estudos evidenciam que o relatório escrito é particularmente favorável ao desenvolvimento da capacidade de comunicação matemática (SANTOS; SEMANA, 2015), de capacidades reflexivas e metacognitivas (MENINO, 2004), da capacidade de raciocínio matemático (NUNES, 2005; SEMANA; SANTOS, 2008) e de atitudes de perseverança e sentido de responsabilidade pessoal e de grupo (LEAL, 1992).

Talvez a mais importante de todas as aprendizagens favorecidas pelo relatório escrito:

> *[...] seja o facto de ao se ter de descrever o que se fez, como se fez e porque se fez assim, obrigue o aluno a repensar a sua experiência de aprendizagem e a clarificá-la e reestruturá-la. Uma coisa é saber para si próprio, outra, certamente mais exigente, é explicá-la aos outros. Quando essa explicação passa pela forma escrita representa um nível de exigência e, como tal, também de aprendizagem, superior ao do oral. (PINTO; SANTOS, 2006, p. 147).*

De forma a potencializar a contribuição para a aprendizagem matemática dos relatórios, há toda a vantagem em desenvolvê-lo em duas fases. Os alunos realizam a tarefa e elaboram uma primeira versão do relatório que entregam ao professor. Este analisa-os e fornece *feedback*. Posteriormente, devolve-os aos alunos, que elaboram sua segunda versão, com base no *feedback* recebido. Enquanto o relatório está sendo desenvolvido, uma nova oportunidade de aprendizagem é dada aos alunos, pelo que consideramos que se está em um registro de avaliação formativa. Terminada a segunda versão do relatório, a versão final é sujeita a uma classificação, isto é, passa-se para um registro de avaliação sumativa.

A classificação de um relatório pode ser feita de formas diversas. Pode ser uma prova escrita ou, em alternativa, dada a natureza desse tipo de trabalho, usando uma escala holística, isto é, apreciando cada um dos critérios de avaliação e atribuindo uma apreciação global de todo o trabalho, utilizando preferencialmente uma escala qualitativa.

Avaliação: Nesse caso, a avaliação passa de normativa, referenciada ao grupo ou turma, a criterial, cujo referencial são os critérios de avaliação.

Portfólio

Existem vários significados do que se entende por portfólio. Assumimos, neste capítulo, que se trata de um conjunto selecionado de produções realizadas pelo aluno que procura constituir uma amostra diversificada e representativa de seu trabalho ao longo de um período variável e que seja significativa para ele. Sendo o portfólio propriedade do aluno, deve ser ele, em última instância a selecionar esses trabalhos. Cada entrada, deve ser constituída pelo trabalho selecionado e de uma reflexão pessoal

Portfólio: O termo portfólio deriva do verbo latino *portare* (transportar) e do substantivo *foglio* (folha).

que dê conta do significado que esse trabalho teve para ele. O portfólio assim entendido é, por vezes, designado como portfólio de aprendizagem ou portfólio reflexivo (TILLEMA; SMITH, 2000). Note-se que existe flexibilidade nesse instrumento de avaliação, permitindo ao aluno substituir uma tarefa previamente escolhida por outra, desde que tal decisão seja explicada.

Embora o portfólio decorra de um trabalho individual, podem ser incluídos trabalhos realizados em grupo. Em momentos previamente definidos, como o final de um período letivo, o aluno deve igualmente elaborar uma reflexão global sobre o trabalho desenvolvido e sobre os contributos para sua aprendizagem. Tal como acontecia com os relatórios escritos, também esse instrumento requer um apoio, por parte do professor, quer no esclarecimento do que espera que o aluno faça, quer na realização das reflexões, tarefa sempre exigente, qualquer que seja a idade do aluno.

Uma possibilidade é a do professor fornecer um conjunto de questões que podem orientar a escrita das reflexões, como estas:

> - Qual significado a tarefa teve para você?
> - De que modo esta tarefa o ajudou a aprender?
> - O que você aprendeu?
> - Como você poderia melhorar o que fez?
> - Quais as principais dificuldades com que se deparou?
> - Você conseguiu ultrapassar algumas dificuldades? Como?
>
> (SANTOS et al., 2010, p. 19-20)

Pelas caraterísticas específicas do portfólio, durante o processo da sua realização, esse instrumento é potencializador de uma aprendizagem autorregulada (BELGRAD, 2013), favorecendo, assim, a reflexão e a metacognição. Em um estudo desenvolvido por Célia Dias em uma turma portuguesa do Ensino Médio em Matemática, o portfólio foi sempre desenvolvido fora da sala de aula; os envios das tarefas e dos *feedbacks* fizeram-se em geral por meio de correio eletrônico, e cada entrada teve tantas versões quantas aquelas que o aluno necessitou até obter uma resolução satisfatória. Os resultados evidenciam que o portfólio contribuiu de forma significativa para o desenvolvimento de aspetos cognitivos e metacognitivos do pensamento matemático dos alunos, como processos de orientação, organização, interpretação, desenvolvimento, reflexão, automonotorização e verificação (DIAS; SANTOS, 2016).

Para esclarecer esses resultados, apresentamos, em seguida, o exemplo de uma aluna a recorrer a um processo de interpretação, com rescrição por palavras próprias e apresentação de exemplos concretos (Figura 10.5) e de reflexão (Figura 10.6).

> **Para se verificar se uma sucessão é limitada é necessário tentar reduzir ao máximo o termo geral da sucessão, e compreender entre que valores é que variam os termos da sucessão. Por exemplo, na sucessão definida por $u_n = \frac{n+3}{n+1}$, se dividirmos um polinómio pelo outro, obtém-se $u_n = 1 + \frac{2}{n+1}$. Para verificar se é limitada, temos de (...).**

Figura 10.5 *– Processo de interpretação da primeira versão da sexta entrada de Dália.*
Fonte: Dias e Santos (2016, p. 199).

> **Na última alínea do problema, eu sabia onde deveria chegar e por que passos, mas não sabia como realizar alguns deles, pois não estabeleci a ligação entre a parte geométrica (cálculo da distância) e a parte trigonométrica (fórmulas da trigonometria). Deste modo, aquilo que adquiri com esta entrada, centrou-se mais na forma como é possível interligar os conteúdos do que propriamente com os conteúdos em si, pois a resolução dos exercícios baseou-se em matérias que penso já ter compreendido.**

Figura 10.6 *– Reflexão final da sexta entrada de Dália.*
Fonte: Dias e Santos (2016, p. 199).

Quando o portfólio está terminado, sua versão final permite evidenciar aos outros a evolução das aprendizagens do seu autor, do que é capaz de fazer, dos seus pontos fortes. Torna-se assim um portfólio de evidências ou de produto. Uma vez mais, a avaliação formativa e sumativa ficam relacionadas. Acontecem a partir do mesmo instrumento de avaliação, muito embora em momentos distintos (SANTOS, 2016).

Também da parte do professor o portfólio é vantajoso. Durante o processo de acompanhamento de sua execução, o professor pode ter acesso às dificuldades do aluno, permitindo-lhe atuar de forma a apoiar fundamentadamente a aprendizagem matemática. Para além disso, ajuda a fortalecer a relação entre o professor e o aluno.

Uma vez mais, a classificação do portfólio deve ter por referencial um conjunto de critérios. A título de exemplo, apresentamos possíveis critérios de avaliação, adaptados de Lambdin e Walker (1994):

(i) a organização e apresentação do portfólio, em particular se foi respeitada a estrutura previamente acordada e se sua apresentação é cuidada;

(ii) a seleção das tarefas, verificando até que ponto a amostra construída é ou não representativa da diversidade das experiências de aprendizagem vividas no âmbito da disciplina de Matemática;

Outro critério a se considerar é a "a qualidade das reflexões, em particular se tem uma natureza pessoal, se é problematizada e fundamentada e se é clara" (PINTO; SANTOS, 2006, p. 153).

No caso de as tarefas terem sido aperfeiçoadas para a realização do portfólio, essa dimensão deve ser também considerada.

10.7 PARA FINALIZAR...

No início deste capítulo, apresentei um conjunto de princípios orientadores para a avaliação em aulas de Matemática. Como conclusão, retomo esses princípios de forma a tornar claro se as estratégias avaliativas que fui apresentando e debatendo respeitam ou não os princípios enunciados. São eles:

- Uma das potencialidades do portfólio reside na possibilidade de tornar explícita a relação entre o currículo, a avaliação e os métodos de ensino (KLENOWSKI, 2002). Note-se que o fato de o aluno ter de selecionar um conjunto de tarefas representativas daquilo que se faz na sala de aula de Matemática traz à luz essa relação – respeito pelo princípio da coerência;
- A valorização da vertente formativa da avaliação, permitindo, por exemplo, que os alunos realizem mais de uma versão de uma mesma tarefa e apoiando esse processo com *feedback* – respeito pelo princípio da integração.
- O apelo a uma cultura do erro que o aceite como natural em um processo de aprendizagem é procurar não colocar em risco a autoestima do aluno, desenvolver uma atitude positiva e construtiva em relação à avaliação (CARNEIRO; SPIRA; SABATUCCI, 2006) e valorizar o que o aluno já sabe e é capaz de fazer – respeito pelo princípio do caráter positivo.
- A aceitação de instrumentos de avaliação, que, embora difíceis de classificar, são adequados, nomeadamente ao desenvolvimento de capacidades matemáticas dos alunos, como o relatório escrito – respeito pelo princípio da generalidade.

- Por um lado, a procura de instrumentos de avaliação diversos, adequados às diferentes aprendizagens matemáticas que se espera que os alunos adquiram e desenvolvam; por outro, a preocupação em atender às particularidades de cada aluno, operacionalizando a diferenciação pedagógica, por exemplo, por meio de questionamento apropriado a cada aluno e situação - respeito pelo princípio da diversidade.
- O recurso a critérios de avaliação procura apoiar o aluno na compreensão aprofundada do que lhe é pedido, como igualmente contribui para a criação da transparência dos processos avaliativos. Todos os envolvidos conhecem antes da partida "as regras do jogo" - respeito pelo princípio da postura.

As propostas que aqui deixo não são de simples execução, quer por parte do professor, quer por parte dos alunos. Mudar práticas profissionais e mudar culturas são, em geral, processos lentos e exigentes. No entanto, estou certa de que ao fazê-lo estamos contribuindo para que um dia possamos dizer de forma orgulhosa que auxiliamos na aprendizagem matemática de *todos os alunos* (NCTM, 2014), abrindo-lhes oportunidades para um futuro de sucesso.

10.8 SUGESTÕES DE AMPLIAÇÃO DO TEMA

Além das obras referenciadas no texto, sugiro estas como possíveis leituras para aprofundamento:

AGÊNCIA DE EXECUÇÃO RELATIVA À EDUCAÇÃO, AO AUDIOVISUAL E À CULTURA. **O ensino da matemática na Europa:** desafios comuns e políticas nacionais. Bruxelas: EACEA P9 Eurydice, 2011. Disponível em: <http://www.dgeec.mec.pt/np4/%7B$clientServletPath%7D/?newsId=192&fileName=Mat_PT_RVCP__vers_o_final.pdf>. Acesso em: 15 jan. 2018.

FERNANDES, D. **Avaliação das aprendizagens:** desafios às teorias, práticas e políticas. Lisboa: Texto Editores, 2005.

GARDNER, J.; HARLEN, W.; HAYWARD, L.; STOBART, G. (Ed.). **Developing teacher assessment**. London: McGraw-Hill Education & Open University Press, 2010.

MCMILLAN, J. H. **Sage handbook of research on classroom assessment**. [S.l.]: Sage Publications Inc., 2013.

SANTIAGO, P.; DONALDSON, G.; LOONEY, A.; NUSCHE, D. **OECD reviews of evaluation and assessment in education:** Portugal. [S.l.]: OECD, 2012. Disponível em: <http://www.oecd.org/edu/evaluationpolicy>. Acesso em: 15 jan. 2018.

SANTOS, L. Autoavaliação regulada: porquê, o quê e como? In: ABRANTES, P.; ARAÚJO, F. (Org.). **Avaliação das aprendizagens:** das concepções às práticas. Lisboa: Ministério da Educação, Departamento do Ensino Básico, 2002. p. 75-84.

______. Diferenciação pedagógica: um desafio a enfrentar. **Noésis**, n. 79, p. 52-57, 2009.

SANTOS, L.; PINTO, J. O que pensam os alunos sobre a avaliação? **Educação e Matemática**, v. 74, n. 2, p. 15, 21, 32, 73, 84 e 85, 2003.

SEMANA, S. **Práticas avaliativas de uma professora na promoção da autorregulação da aprendizagem dos alunos em matemática**. 2016. Tese (Doutorado) – Universidade de Lisboa, Lisboa, 2016.

Outra sugestão é o site do Projecto de investigação – A avaliação reguladora no ensino e aprendizagem. Disponível em: <http://area.fc.ul.pt>. Acesso em: 15 jan. 2018.

REFERÊNCIAS

BELGRAD, S. Portfolios and e-portfolios: student reflection, self-assessment, and goal setting in the learning process. In: MCMILLAN, J. (Ed.). **Sage handbook of research on classroom assessment**. [S.l.]: Sage Publications Inc., 2013. p. 331-346.

BLACK, P.; HARRISON, C.; LEE, C.; MARSHALL, B.; WILIAM, D. **Assessment for learning: putting into practice**. London: Open University Press, 2003.

CARNEIRO, M. J.; SPIRA, M.; SABATUCCI, J. **CBC Ensino Fundamental e Médio:** proposta curricular. Belo Horizonte: Secretaria de Estado de Educação de Minas Gerais, 2006.

DIAS, P. **Práticas letivas promotoras da regulação da aprendizagem matemática pelos alunos**. 2013. 380 f. Tese (Doutorado) – Universidade de Lisboa, Lisboa, 2013. Disponível em: <http://hdl.handle.net/10451/9627>. Acesso em: 15 jan. 2018.

DIAS, C.; SANTOS, L. Portefólio reflexivo de matemática enquanto instrumento de autorregulação das aprendizagens de alunos do ensino secundário. **Relime: Revista Latinoamericana de Investigación en Matemática Educativa**, v. 19, n. 2, p. 187-216, 2016.

DRISCOLL, M. The sound of problem solving. In: SCHOEN, H. (Ed.). **Teaching mathematics through problem solving:** grades 6-12. Reston: NCTM, 2003. p. 161-175.

GAMLEM, S.; SMITH, K. Student perception of classroom feedback. **Education: Principles, Policy & Practice**, v. 20, n. 2, p. 150-169, 2013.

GIPPS, C.; STOBART, G. Alternative assessment. In: KELLAGHAN, T.; STUFFLEBEAM, D. L. (Ed.). **International handbook of educational evaluation**. Dordrecht: Kluwer Publishers, 2003. p. 549-576.

HARLEN, W. On the relationship between assessment for formative and summative purposes. In: GARDNER, J. (Ed.). **Assessment and learning**. London: Sage, 2006. p. 61-80.

HATTIE, J.; TIMPERLEY, H. The power of feedback. **Review of Educational Research**, v. 77, n. 1, p. 81-112, 2007.

KLENOWSKI, V. **Developing portfolios for learning and assessment:** processes and principles. London: Routledge Falmer, 2002.

LAMBDIN, D.; WALKER, V. Planning for classroom portfolio assessment. **Arithmetic Teacher**, v. 41, n. 6, p. 318-324, 1994.

LEAL, L. C. **Avaliação da aprendizagem num contexto de inovação curricular**. Lisboa: Associação de Professores de Matemática, 1992. (Coleção Teses).

MASON, J. Minding your Qs and Rs: effective questioning and responding in the mathematics classroom. In: HAGGERTY, L. (Ed.). **Aspects of teaching secondary mathematics: perspectives on practice**. London: Routledge Falmer, 2002. p. 248-258.

MENINO, H. **O relatório escrito, o teste em duas fases e o portefólio como instrumentos de avaliação das aprendizagens em matemática:** um estudo no 2º ciclo do Ensino Básico. Lisboa: Associação de Professores de Matemática, 2004. (Coleção Teses).

National Council of Teachers of Mathematics (NCTM). **An agenda for action**. Reston, VA: NCTM, 1980.

______. **Principles to actions:** ensuring mathematical success for all. Reston: NCTM, 2014.

NICOL, D. From monologue to dialogue: improving written feedback processes in mass higher education. **Assessment & Evaluation in Higher Education**, v. 35, n. 5, p. 501-517, 2010.

NICOL, D.; MACFARLANE-DICK, D. Formative assessment and self-regulated learning: a model and seven principles of good feedback practice. **Studies in Higher Education**, v. 31, n. 2, p. 199-218, 2006.

NUNES, C. **A avaliação como regulação do processo de ensino--aprendizagem da matemática:** um estudo com alunos do 3º ciclo do Ensino Básico. Lisboa: Associação de Professores de Matemática, 2005. (Coleção Teses).

PINTO, J.; SANTOS, L. **Modelos de avaliação das aprendizagens**. Lisboa: Universidade Aberta, 2006.

ROMBERG, T. How one comes to know. **Pre-proceedings of the ICMI study assessment in mathematics education and its effect**. Calonge, 11-16 abr. 1991.

ROWE, M. B. Wait time and rewards as instructional variables, their influence on language, logic and fate. **Journal of Research in Science Teaching**, v. 11, p. 81-94, 1974.

SANTOS, L. A articulação entre a avaliação sumativa e a formativa, na prática pedagógica: uma impossibilidade ou um desafio? **Revista Ensaio: Avaliação e Políticas Públicas em Educação**, Rio de Janeiro, v. 24, n. 92, p. 1-33, 2016.

______. Avaliar competências: uma tarefa impossível? **Educação e Matemática**, v. 74, p. 16-21, 2003.

SANTOS, L. et al. **Avaliar para aprender:** relatos de experiências de sala de aula do pré-escolar ao ensino secundário. Porto: Porto Editora/Instituto de Educação, Universidade de Lisboa, 2010.

SANTOS, L.; DIAS, S. Será que os alunos compreendem o que lhes escrevem os professores? **Educação e Matemática**, v. 94, p. 11-16, 2007.

SANTOS, L.; PINTO, J. The evolution of feedback practice of a mathematics teacher. In: PINTO, M. M.; KAWASAKI, T. F. (Ed.). **PME 34**. Belo Horizonte: PME, 2010. v. 4. p. 145-152.

SANTOS, L.; SEMANA, S. Developing mathematics written communication through expository writing supported by assessment strategies. **Educational Studies in Mathematics**, v. 88, n. 1, p. 65-87, 2015.

SEMANA, S.; SANTOS, L. Teaching practices to enhance students' self-assessment in mathematics: planning a focused intervention. In: UBUZ, B.; HASER, C.; MARIOTTI, M. A. (Ed.). **Proceedings of the Eighteenth Congress of the European Society for Research in Mathematics Education**. Ancara: Midle East Technical University, 2013a. p. 3257-3266.

______. Responder aos alunos em discussões coletivas: oportunidades para a autorregulação da aprendizagem em matemática.

In: FERNANDES, J. A.; MARTINHO, M. H.; TINOCO, J.; VISEU, F. (Org.). **Atas do XXIV Seminário de Investigação em Educação Matemática**. Braga: APM/CIEd da Universidade do Minho, 2013b. p. 359-371.

______. A avaliação e o raciocínio matemático. **Educação e Matemática**, v. 100, p. 51-60, 2008.

STENMARK, J. K. **Assessment alternatives in mathematics:** an overview of assessment techniques that promote learning. Berkeley: Regents/University of California, 1989. (Preparado para EQUALS staff and the Assessment Committee of the California Mathematics Council.)

TILLEMA, H. H.; SMITH, K. Learning from portfolios: ifferential use of feedback in portfolio construction. **Studies in Educational Evaluation**, v. 26, p. 193-210, 2000.

VIAL, M. **Se repérer dans les modèles de l'évaluation**. Bruxelles: De Boeck, 2012.

WILIAM, D. Keeping learning on track. In: LESTER JR., F. (Ed.). **Second handbook of research on mathematics teaching and learning**. Charlotte: Information Age Publishing, 2007. p. 1053-1098.